汉语国际教育系列教材

第二语言习得

高永奇　编著

苏州大学出版社

图书在版编目(CIP)数据

第二语言习得 / 高永奇编著. —苏州：苏州大学出版社，2014.9 (2024.7重印)
汉语国际教育系列教材
ISBN 978-7-5672-0938-1

Ⅰ. ①第… Ⅱ. ①高… Ⅲ. ①第二语言 - 教材 Ⅳ. ①H003

中国版本图书馆 CIP 数据核字(2014)第 217756 号

第二语言习得

高永奇 编著

责任编辑 董 炎

苏州大学出版社出版发行
（地址：苏州市十梓街1号 邮编：215006）
广东虎彩云印刷有限公司印装
（地址：东莞市虎门镇黄村社区厚虎路20号C幢一楼 邮编：523898）

开本 787 mm × 960 mm 1/16 印张 15.5 字数 291 千
2014 年 9 月第 1 版 2024 年 7 月第 5 次印刷
ISBN 978-7-5672-0938-1 定价：45.00 元

苏州大学版图书若有印装错误，本社负责调换
苏州大学出版社营销部 电话：0512-67481020
苏州大学出版社网址 http://www.sudapress.com

汉语国际教育系列教材丛书
丛书编审委员会
（按姓氏笔画排序）

力　量（淮阴师范学院）

王建军（苏州大学）

张亚军（扬州大学）

张竹梅（南京晓庄学院）

金振华（苏州大学）

陈义海（盐城师范学院）

周远富（南通大学）

钱玉莲（南京师范大学）

总 序

张建民

(华东师范大学国际汉语教师研修基地执行副主任、教授、博士生导师)

进入二十一世纪以来,汉语国际教育硕士专业学位的设置和培养问题一直是国内高校的热门话题。从2007年以来,本专业从开始时的24所激增到当下的107所,开设的单位除了部属师范院校外,还有综合性的大学,而省属大学的加入更成为一道风景线。这一状况说明,随着世界上汉语教育的兴起,培养大批适合从事这方面工作的教师已成为时代所需、国家所需。由于学界对本专业的专业名称、专业的学科属性、课程设置、教学方法等方面还没有形成统一的认识,教什么、怎么教成了当前及今后迫切需要解决的问题。这几年,本专业的教材开始陆续出版,但是否适合各地区需求、是否形成体系还有待观察。苏州大学等几所高校教师编写"汉语国际教育系列教材",预期目标就是想通过建立合理的教材体系来反映编写者的专业共识和教学经验,以使更好地服务于汉语国际教育。这种联手探索的精神值得提倡。

就专业名称而言,是用"汉语国际教育"还是"国际汉语教育"?两者又有什么异同?目前学界看法还是不一致。产生这种现象的根本原因在于专业诞生的特定背景:当时可能为了强调汉语教育,而且是汉语的国际教育,就将"汉语"放在了首位。后来也有学者依据"国际英语"的习惯说法,将其称为"国际汉语教育",这一提法得到了我国教育行政管理部门的认可和采纳,如《国家中长期教育改革和发展规划纲要(2010—2020)》中就指出,要"支持国际汉语教育"。由此可见,这两个名称其所指对象并没有实质性的不同,从中倒是可以领略到汉语在使用时的词序特点。现在通行的做法是:作为一个专业,各级高校用"汉语国际教育"名称;作为一项事业,各类文献用"国际汉语教育"名称。"汉语国际教育系列教材"的取名正是从专业角度出发的。当然,这一专业的英语名称定为 Master of Teaching Chinese to Speakers of Other Languages 也给学界留下了探讨的空间。

虽然"汉语国际教育"这一名称出现时间不久,但并非从天而降,它和"对外汉语"这一专业有着密切的联系。"对外汉语"这一专业名称从启用到停用的几十年间也同样存在着争议,论争的焦点之一是该名称指的是"对外使用的汉语"还是"对外的汉语教学",这种分歧导致全国高校在对外汉语专业培养目标方面的巨大差异,有的以培养双语、双文化人才为主,有的以培养汉语教师为主。毫无疑问,对外汉语专业是汉语国际教育专业的源头之一,培养的汉语教师首先必须具备教学能力。不过,我们也要看到,汉语国际教育之所以成立,不是将"对外汉语"简单地换了个名称,而是在理论基础和教学方法上都发生了相当大的变化:对外汉语教学将汉语看作工具,着重研究如何"制作"这一工具;汉语国际教育将汉语看作是文化,着重研究如何发挥这一工具的功能。要发挥好汉语的工具功能,不熟悉工具特性是不行的,否则无法提升它的使用效率。而要真正发挥好汉语的工具功能,无论如何回避不了使用者的价值观。在学界很多人看来,文化即人们的价值观。由此,我们可以勾勒出一条清晰的汉语国际教育途径:汉语→文化→价值观。汉语作为中华文化最基本、最核心的组成部分,可以展示出中华文化的特性。这套教材中的《汉字学》就是力图展现这方面的教学成果。实际上,语言学界早已将语言看作是文化,国外从洪堡特的思想到"萨丕尔-沃尔夫"假说一脉相承,国内从罗常培先生的《语言与文化》到文化语言学的创立也一直绵延不绝。过去的对外汉语教学界由于受到结构主义语言学的影响比较大,在相当长的一段时间内注重语言形式的教学,很多对外汉语教材将文化单列,从而使一部分人对语言形式和民族文化之间的关系不太了解。

一个专业一旦确立,学界就势必要去探讨它的学科属性。一般说来,学科是按知识的分类来划定的,专业是按职业的需求来确定的,两者有紧密联系,亦有区别。从现有实践来看,汉语国际教育的学科交叉性远胜于对外汉语(现也有学者称之为"国际汉语教学"),它所涉及的范围也要比对外汉语宽泛得多,甚至可以包括国际政治、国际经济等。我们认为,国际汉语教育涵盖了国际汉语教学。它既可以从语言学的视角去研究,也可以采用教育学或其他学科的研究视角。正如心理语言学一样,语言学界和心理学界都有学者在研究。作为一门应用性、实践性很强的跨界专业,为促进自身发展、培养更多合格的汉语教师,汉语国际教育应该高度重视并且充分发挥教育学的作用。采用教育学的原理和方法,汉语国际教育专业才能确定教学政策、教学目标和内容、教学组织和实施、教学评估,才能从学生学习态度、学习动机、学习方法等方面去关注他们的学习状况,从而提高教育效果。期待着这套教材在以后的试用过程中能进一步吸收教育学等学科的研究成果,最终成为更有针对性和前瞻性的新型教材和精品教材。

  课程设置决定着教材编写的种类和取向,本专业的课程经历了一个变化过程。现在通行的方案来自于全国汉语国际教育专业学位研究生教育指导委员会,课程设置在总结了对外汉语教学经验后,为体现本专业的特点和要求,尤其注重汉语教学能力、中华文化传播能力和跨文化交际能力的培养。该方案将课程类型分为核心课程、拓展课程、训练课程等。这套教材中的《第二语言习得》、《汉语作为第二语言教学》等反映了这一现实。但是也必须看到,本专业设立以来,教学实践一直都在发生变化,其实际效果的最终检验要看学生能否真正掌握在国际上从事汉语教育的知识、技能和技巧。为了使本专业得到快速发展,国家有关部门一直在鼓励进行汉语国际教育硕士专业学位培养的综合改革,从华东师范大学、北京师范大学、中山大学和天津师范大学的改革试点来看,各个单位都在原有的课程设置基础上作了调整,有的课程不再开设,有的课程以前因种种原因未能设立,但又是本专业必须开设的,就新设了。这套教材的编写者所在单位虽未参加综合改革试点,却已在教材中及时反映出了这一发展动向,难能可贵。例如,《汉语国际教育概论》这门课正是指导性方案中所没有但又确是实际教学中迫切需要编写的教材。本专业的课程设置还有一个现象值得充分注意,那就是指导性方案有两套:一套是给中国学生使用的,一套是给外国学生使用的。由于国际上汉语教育的水平的不断提高,越来越多的外国学生到中国进行汉语国际教育专业学习时,已不存在日常语言交流问题。因此,一部分学校已将两套方案合并为一套,只在公共课中为外国学生开设了高级汉语课程,旨在提升他们的汉语水平。这种既注重培养标准的一致性,又不忽视培养对象的差异性的课程设置显然有利于本土化汉语师资的培养。本套系列教材中即将首推《高级汉语》,表明策划者和编写者注意到了课程改革的趋向。

  课程确定后,教学内容就成了要考虑的主要问题。作为一个中国首创的专业型学位,国内外都缺乏这方面的系统研究成果和教学经验。虽然国内大部分本专业的教师来自于对外汉语或中国语言文学专业,受过一定的对外汉语教学训练,但如何在教学内容上将专业型和学术型加以区别,如何培养出适应国外需求的人才一直困扰着开设此专业的院校。本专业是以职业为导向的,教学内容当然要为这一目标服务。这涉及学生和教师的相互作用问题,学生要认可自己所学内容将来可以用在国际上从事汉语教育,教师要确信所教内容可以让学生胜任本专业的需求。当然,教学内容并不是一成不变的。由于教育的地域差异、文化差异,加之教学资源差异,各地或多或少都会在教学上显示出自己的特色。这套教材充分反映了编写者在这方面的研究、思考,《学习、商务、生活在中国》《中华才艺技能教程》的教学内容就呈现出了一定的地域特色和文化特色。应该说,这套教材的推出和使用,可以帮助学生更深刻地体会到中国社会的文化多元性。

教材编写的目的是为了服务教学,教学方法则可体现在教材中。本专业相当强调案例教学,要求将其引入各个课程,形成主导的教学方式,从而有别于对外汉语教学。案例教学可以让学生通过对汉语教育过程的观察,发现并且掌握解决问题的方法,以便在碰到相同情况时,能够加以回忆和应用。理论上来说,案例教学对培养国际汉语教师不仅实用,而且有效。然而事实却不容乐观,一些专业教学场合对于事例、案例和课例之区别至今还是一片茫然,这种情况不利于案例教学的实施。这套教材的策划者和编写者显然注意到了这个问题,在拟出版的第一批教材中书名带有"案例"的就占了三本:《跨文化交际:理论、方法与案例》《汉语国别教学案例汇总与分析》《汉语课堂教学案例分析与实践》,突显了案例教学的重要性,也彰显了专业特色。

编好本专业的教材实属不易,作为教材,它不仅要传递知识、技能,还要提供培养学生学习习惯、学习方法的建议,更要反映本专业教学的最新成果。现实情况是,就教学内容而言,学界都认为比较容易编写,难就难在如何取舍,因为任何教材不可能将所有内容一一罗列,也不可能脱离自己的理论素养和实践基础。对自己钟爱的部分内容,教材编写者往往会因教材体系的缘故而割爱,这时更需要体现集体智慧。教材常是一种折中、妥协的产物,这套教材也不例外,从首批出版的书名上就可略见一斑。

汉语国际教育硕士专业学位的培养需要研究、探讨的问题很多,在体系的建立、方法的确立上还有很长的路要走。但无论如何,"再苦再难也要坚强,只为那些期待眼神"。承蒙教材编写者的厚爱,我欣然提笔作序,为了这套教材,更为了汉语国际教育事业。相信编写者今后会应教学之需,编写出更多有质量并且管用的本专业教材来。

2014 年 9 月 9 日于丽娃河畔

目 录

第一章 绪 论 /1
第一节 第二语言习得的研究对象 /1
第二节 第二语言习得的基本概念 /3
第三节 第二语言习得的学科性质 /5
第四节 二语习得的历史回顾 /6

第二章 第二语言习得与第一语言习得 /16
第一节 第一语言习得 /16
第二节 第二语言习得与第一语言习得的共同点 /29
第三节 第二语言习得与第一语言习得的不同点 /36

第三章 对比分析与偏误分析 /45
第一节 行为主义的语言观 /45
第二节 对比分析假说 /49
第三节 偏误分析 /54

第四章 中介语理论 /71
第一节 概说 /71
第二节 中介语理论系统 /74
第三节 我国的中介语研究 /82

第五章 第二语言习得序列 /92
第一节 语法语素 /92

第二节 语素研究的问题 /99
第三节 否定结构习得顺序的研究 /103
第四节 汉语作为第二语言的习得顺序研究 /106

第六章 输入输出与互动研究 /112
第一节 输入 /112
第二节 输出 /123
第三节 互动 /129

第七章 语言习得的语言学视角 /138
第一节 引言 /138
第二节 普遍语法的原则参数与二语习得 /144
第三节 基于普遍语法的二语习得研究 /150
第四节 影响和评价 /154

第八章 语言习得的心理学视角 /157
第一节 年龄与性别 /157
第二节 情感 /163
第三节 学能 /167
第四节 动机 /177

第九章 第二语言习得研究的其他视角 /189
第一节 社会语言学视角 /189
第二节 第二语言习得研究的认知视角 /194
第三节 第二语言习得研究的社会文化视角 /211

第十章 课堂环境与二语习得 /217
第一节 课堂交流与二语习得的关系 /217
第二节 课堂教学与二语习得的关系 /223

参考文献 /234

后 记 /236

第一章 绪 论

第一节 第二语言习得的研究对象

第二语言习得研究的是学习者以何种方式学习母语以外的另一门语言。它对学习者的第二语言特征及其发展变化、学习者学习二语时所具有的共性特征和个别差异进行描写,并分析影响二语习得的各种因素。[①]

第二语言习得涉及学习者、所学语言以及学习者的第一语言、学习方法等。目前的第二语言习得研究大体上分为两个研究对象:① 对语言学习本身的研究。包括第一语言对第二语言习得的影响,第二语言的输入、处理和输出,语言的习得过程,语言知识的构成等。② 对语言学习者的研究。包括学习者的年龄、个性、性别、学习动机、学习方法、认知特点等。

比如,对语言学习本身的研究。研究表明,儿童在习得母语的过程中对一些语音和语法结构的掌握都遵循一定的顺序。以英语语音的习得为例,儿童通常先学会唇音,如/p/、/b/、/m/和齿音,如/t/、/d/,后学会软腭音,如/k/、/g/;习得英语语法规则时儿童也遵循一定的顺序,如进行时态词缀"-ing"比冠词"the""a"等先习得。那么,在二语习得的过程中学

---

① 黄冰.第二语言习得入门[M].广州:广东高等教育出版社,2004:1.

习者是否也会像在自然的语言环境中那样遵循一种天然的学习顺序呢？研究表明,二语习得过程中学习者所犯的错误与自然环境中的习得者所犯的错误非常相似。在自然环境中较早习得的语言结构在课堂中也很快被掌握,在自然环境中较晚习得的语言结构在课堂上学生也感到吃力;在二语习得的过程中,学习者似乎也遵循着一种天然的学习顺序,且使用的策略与母语习得有相似之处。

同时,二语习得过程中,学习者也存在不少差异。在同一课堂里学习,学习者的成绩有优有劣;学习者的态度各异,有的兴趣浓厚,有的却心存抵触;在学习方式上,更是千差万别,有的喜欢小组讨论,有的喜欢单独学习,有的喜欢老师多讲授,有的则希望多进行角色扮演。

第二语言习得,不光涉及所学的语言系统本身,还要受学习者的母语系统、认知心理、个体差异(如年龄、性别、学习态度与动机、学习能力等)、语言的学习和使用环境等诸多因素的影响,这就使得二语习得研究不可避免地要考察这些因素和它们之间可能存在的关系,以及其对学习者二语能力发展的影响。

影响二语习得的这些因素,同时也是其他独立学科(如理论语言学、心理语言学、社会语言学、认知心理学、社会心理学、社会学、教育学等)的研究对象。因此,其他学科的相关理论和研究方法,甚至具体的研究发现,也常为二语习得研究所借鉴。对第二语言习得的研究,可以从多个不同的角度进行考察,并借鉴这些不同领域有关的研究方法。

二语习得研究跨学科的性质不可避免地带来了其研究对象的多样性。埃利斯(Ellis,1994)将这些对象分为四大类,即学习者语言的特点、学习者外部因素、学习者内部机制和学习者个体差异。[①]

影响二语习得的内、外部因素。内部因素方面,研究者们着重探讨三方面内容:一是语言习得机制(language acquisition device, LAD),二是语言迁移(language transfer),三是学习者的认知特点。

人们在习得母语时人人都能获得成功。为了解释这一现象,揭示其中的奥秘,许多研究者从不同方面都做了积极探索。乔姆斯基的解释是:人脑中存在一个具有遗传性的语言习得机制。这种机制使我们具有关于人类语言的特点和结构的基本知识,使我们能顺利地学会母语。然而到了二语习得阶段,这种语言习得机制是否还存在,且仍起作用呢？这是目前二语习得研究领域的热点问题之一。另外,习得第二门语言时,学习者已具备了一定的母语知识,这种知识对二语习得是否有影响呢？研究表明,习得二语时,习得者会不由自主地套

[①] 吴旭东.第二语言习得研究——方法与实践[M].上海:上海外语教育出版社,2006:4.

用母语的语言规则来理解、运用二语,因此导致语言迁移,有些迁移是促进二语习得的,有些则会阻碍二语习得。近些年来,随着心理语言学的迅猛发展,人们也已注意到学习者的认知特点对语言习得的影响,因此开始从认知的角度来研究习得者理解、加工语言输入,并产生语言输出的心理过程。

影响二语习得的外部因素主要有两方面,一是社会因素,二是语言输入。语言习得的成败在某种程度上受到社会因素的间接影响。自然的语言环境和正规的课堂环境对学习者习得二语的影响自然会不同;另外,学习者所处的社会阶层、学习者的国家对二语的态度等均影响到他们的二语习得。学习者的国家与目标语国家之间的文化差异也或多或少会影响其目标语的学习。

另一方面,学习者所接触的语言输入对习得也产生一定的影响。质的方面,母语习得中儿童接触到的语言输入多是一些加工过的语言,这些语言形式简单,便于儿童理解,对儿童顺利习得母语起了一定的作用。而事实上二语习得者却很少接触到类似的语言,因为人们不再把他们当儿童看待,然而二语习得同样也需要可理解的语言输入。量的方面,母语习得过程中儿童是在语言的海洋中泡大的,他们几乎每时每刻都有机会接触到大量的自然语言输入,而二语习得过程中,学习者主要通过课堂学习来获得外语输入,所获得的输入量毕竟有限,且常常是非自然的语言输入。这些对二语习得都会产生一定影响。

第二节 第二语言习得的基本概念

一、第一语言和第二语言

第一语言:学习者从小首先接触和掌握的语言,母语通常被称作第一语言。本族语(native language)和母语(mother tongue)多数情况下是从幼儿时期首先习得的语言,因此是第一语言(first language,L1)。例如,我们土生土长在汉语语境中,我们的第一语言是汉语。如果我们土生土长在英语语境中,则我们的第一语言是英语。

第二语言:第二语言(second language,L2)指的是在习得母语之后再学习的另一种语言,是相对第一语言而言的。

第二语言习得(二语习得)(second language acquisition,SLA):学科的通名。一般来说,二语习得是指学习本族语后学习另外一种语言的过程,有时指学习第三种或第四种语言。二语习得指的是在学习本族语后学习一门非本族语,二语指一语学习之后的任何一种语言,不管它是第二、第三、第四或第五种语言。

第二语言的习得有可能发生在自然的语言环境中,比如母语为汉语的英语学习者在英国学英语;也有可能发生在正规课堂环境中,比如我们在中国的课堂里学英语。在后一种情况下,第二语言又被称作外语(foreign language)。外语是从国家角度界定的,第一语言和第二语言则是从个人角度按习得语言时间的先后顺序定义的。

目标语(target language)指的是学习者正在学习的语言,如母语为汉语的中国学生正在学习德语,则德语就是他的目标语。

二、"习得"与"学习"

"习得"(acquisition)与"学习"(learning)是获得语言的两种途径。"习得"是指在自然状态下下意识地、非正式地学习语言。"学习"是指有意识地、正式地学习语言。即学习者有意识地学习语言的规则,如语法规则等。这种学习相对于习得来说,需要耗费时力。

语言习得往往指母语习得,指的是儿童在自然的语言环境中自然而然地(潜意识地)习得母语。语言学习指的是在正规的教学环境下,学习者对第二语言(或称外语)有意识地学习。20世纪70年代中期,语言学家克拉申把语言习得与语言学习明确区分开来,前者发生在自然的语言环境中,而后者则发生在课堂环境中。在克拉申看来,不仅母语能习得,第二语言在自然语言环境中也能习得。

在一些文献中,对"二语"和"外语"、"习得"与"学习"往往不做区分。

"习得"一词意义广泛,有些人或许更倾向于使用第二语言研究(second language studies, SLS),因为这个术语指使用或习得第二语言或外语的任何情况。

三、"能力"和"表现"

在语言研究中"语言能力"(linguistic competence)和"语言表现"(linguistic performance)往往有很大区别。能力是由语言规则在脑中的图像组成。语言规则构成说话和听话者的内部语法,表现由语言的理解和输出组成。语言习得研究——不管是第一还是第二语言习得——都对能力怎么发展感兴趣。不过,因为我们不能直接考察学习者内化的规则,我们必须考察学习者的表现。

表现是对能力的实际运用,可以直接进行观察。表现主要是指学习者的输出。学习者的输出内容为我们考察内部规则提供了一个窗口。所以,就某种意义来说,二语习得研究就是关于输出的研究。它要看学习者实际说出的话,这些被看成是学习者脑子怎么想的证明。

在进行第二语言习得研究时,应特别注意两个层面的区别与联系。这两个层面,一个是实际语言层面,一个是心理层面。可以从实际的语言现象来探讨说话者的心理活动或内部机制,也可以分析学习者的内部心理机制,探讨实际语言的表现。

第三节 第二语言习得的学科性质

一、学科性质

二语习得研究不是一门单一的学科,具有跨学科的特点。它从众多相关学科中吸取营养,但又并非这些学科的简单综合。二语习得研究除了从语言学、心理语言学、社会语言学、认知语言学、跨文化交际学、心理学、教育学等学科借鉴和吸收有益的理论、方法和研究手段为自己所用外,它还从哲学、社会学、社会心理学、认知心理学等社会科学以及神经系统科学、神经生物学、神经语言学等自然科学中吸取营养。

第二语言习得,是一门具有研究性质的学科。它的目标不但是对理论的介绍,还要讨论如何进行相关问题的研究。所以,很多此类著作中都用大量的篇幅介绍研究者的研究方法和研究成果,并对这些研究做出一定的评价。

二、学科属性

关于第二语言习得的学科属性,目前至少有四种观点:

(1) 认为它属于语言学/应用语言学。是国内外传统观点,至今多数学者仍持这种看法。

(2) 认为它属于教育语言学。

(3) 认为它属于认知科学。

(4) 认为它是一门独立的学科。[1]

显然,关于该学科的属性仁者见仁、智者见智。国内外语言学界的传统观点一直认为它属于应用语言学,但近年来不少人对此提出了质疑,认为该学科应属于教育语言学。[2]

首先,从该学科的起源来看,第二语言习得研究起源于20个世纪60年代末70年代初,由于乔姆斯基的理论在语言学界和其他相关的领域里爆发了一场革命。

在二语习得研究早期,不管是塞林克(Selinker,1972)的"中介语"假设,科德(Corder,1967)的"偏误分析"理论,拉多(Lado,1957)的"对比分析"理论,还是克拉申(Krashen,1982;Krashen,1985)的监控理论,都深深印有乔氏理论的印记。比如,塞林克在探讨二语学

---

[1] 杨连瑞,张德禄.二语习得研究与中国外语教学[M].上海:上海外语教育出版社,2007:1—2.
[2] 俞理明,袁平华.应用语言学还是教育语言学?——对二语习得研究学科属性的思考[J].现代外语,2004(3):65—76.

习者的石化(fossilization)原因时,提出了第二语言学习者在学习过程中有一个和第一语言习得机制(language acquisition device)相对应的东西起作用,叫作"心理结构"(Psychological Structure),而石化就是"心理结构"萎缩(atrophy)所致。所谓"语言习得机制"正是乔氏提出的假设。同样,科德的偏误(error)和失误(mistake)的区别的假设则大量借鉴了乔氏对语言能力(linguistic competence)和语言表现(linguistic performance)之间的区别的论述。至于克拉申的"监控理论",其"习得"不同于"学习"的论点曾引起二语习得界广泛争议,而"习得"这个假设正是乔氏理论体系的一个核心。正是因为二语习得理论的形成和乔氏的语言理论体系有着千丝万缕的联系,人们普遍把这一学科属性归到应用语言学领域。

图1-1 语言习得的学科地位

其次,该学科在发展过程中许多成果的取得离不开其他多种学科的研究成果。

最后,在实践中,学者们从不同角度对第二语言习得进行研究,取得了不同的研究成果。打开不同二语习得方面的著作就会发现,有人从社会学角度进行研究,有人从语言学角度进行研究,有人从心理学角度进行研究,有人从认知科学角度进行研究,有人从文化交际角度进行研究。也可以说,在它的发展过程中,它涉及语言学、教育学、心理学、社会学、人类学、认知学和跨文化交际学等多种学科。

我们认为,随着第二语言习得研究成果的不断丰富,目前它已经成为一门独立的学科。

在实践方面,将第二语言习得作为一门独立的学科,既可以引起人们的重视,加强相关问题的深入研究;又对我国高校研究生课程设置,培养出一支高素质的二语习得理论队伍和高水平的师资队伍具有重大的现实意义。

同时我们也应该清楚,既然第二语言习得研究的领域涉及多种学科,因此对本学科相关问题的深入研究,也应该从不同的角度及时结合并吸收相关学科的理论成果,来充实和发展本学科。

总之,经过半个多世纪的发展,二语习得已经成为涉及多种学科的一个独立领域。

第四节 二语习得的历史回顾

二语习得研究始于20世纪60年代末70年代初,之后发展迅猛,出现了大量关于二语习得者的言语特征和言语变化的实验性研究,也相应地建立了不少理论框架。迄今为止,二语习得研究的发展可概括为三阶段。

一、早期研究（20世纪60年代前后）

在20世纪50年代和60年代初，对二语习得的分析研究主要是为辅助语言教学服务的。

20世纪50年代和60年代，乔姆斯基革命影响到语言学及语言习得领域。最初引起人们兴趣的是对母语习得的研究，后来逐步扩展到外语教学领域。有些影响一直持续到今天。

直到20世纪50年代，语言学习理论都是以结构主义为基础的。这种方法的特点是：确信语言的系统包括一组有限的"模式"或结构作为模型，可以产生无限数量的同样构造的句子；相信可以形成准确、流利的语言习惯；鼓励学生交流自己的想法。

当时在语言学习理论占主导地位的是行为主义。

1. 行为主义的学习观

行为主义的学习理论建立在"刺激—反应"心理描写的基础上，认为任何一种学习都是需要经过反复训练，然后达到熟练的程度。受行为主义影响，在语言学领域同样认为，语言学习同样也是一种"刺激—反应"过程。

该观点认为，人类的许多行为都处于很多刺激的环境中，如果这种刺激不断进行，相应的反应将会增强。通过反复强化，一定的刺激会引起同样的反应，并形成一种习惯。因此，任何技能的学习都被看作是习惯的形成。

语言学习也一样，当人发出一句问候语，如果得到听话人的理解并做出回应，说话人的话语就会加强，就会逐步习得这句话。反之，就无法习得。学习者将做出另一个新的尝试。

行为主义的理论和方法，在50年代和60年代影响甚广。行为主义者认为，二语学习者就像孩子们学习他们的母语一样学习第二语言。第二语言的学习也要经过一个反复训练的过程。在课堂上，老师经常要求学生模仿和句型重复，有时候不一定要注重意义。

2. 对比分析

语言学习被视为习惯的形成。当孩子学习母语时，这个过程是相对简单：他们所要做的就是根据环境刺激形成一套习惯。然而，当学习第二语言时，他们遇到了新的问题：他们已经有一套行之有效的母语的"习惯"，因此学习第二语言的过程就涉及用新的习惯代替那些旧的习惯。如果新的语言跟母语一致，那么习得母语时形成的习惯对新的习惯的形成就有帮助；但如果新语言的规则跟母语不一致，就会对他们的学习形成干扰。

一种称为对比分析的研究方法应运而生。为了确定其中哪些"习惯"可能会造成干扰，人们就要运用结构主义方法对这两种语言的结构系统进行对比。

对比分析法的目的之一就是通过语言之间的对比以确定潜在的错误。拉多(Lado,1957)指出,对比的最终的目标就是预测学习者的难点。学习者的母语与目的语之间的差异被认为是二语学习者困难的主要来源。这就是对比分析假说。

毫无疑问,学习者的母语对二语学习有一定的影响。但研究者也发现,并不是所有的错误的都是对比分析假说所能预测到的。实际上,二语学习者的不少错误似乎与他们的母语和第二语言无关,不同的母语学习者也经常犯同样的错误。

尽管对比分析在60年代曾经盛极一时,但是,对比分析在理论上和教学实践中都存在一些问题,所以从70年代初开始受到批评,走向衰落,并逐步被偏误分析所取代。

二、中期成就(20世纪70年代和80年代)

70年代初,行为主义理论和方法受到人们的质疑和批评,特别是对比分析理论对二语习得者错误的预测出现问题,从而导致新理论的出现,在第二语言习得领域出现了系统的大量的研究。这些实证研究的结果,推翻了当时关于第二语言习得的一些观点。这一时期先后出现的理论和方法有:偏误分析、中介语理论、监控模型假说、习得顺序假说、文化适应模式等。

1. 偏误分析和中介语的诞生

人们注意到,通过对比分析做出的预测在实践中似乎无效。教师们发现,语言之间的差异并不一定是学生学习中最困难的,同时,母语跟目的语之间的共同点也不一定是学习上容易之处。这些问题很快就得到有关研究人员和教师们的关注。

对比分析预测,所有的错误都是由母语干扰引起的,此种观点毫无根据。二语习得研究证明,学生所犯的大多数错误无法追溯到母语。那么,学习者的偏误跟什么有关?什么原因造成这些错误呢?于是,一种以分析学习者二语偏误为主要研究对象的研究方法便应运而生。这就是偏误分析。

科德(Corder,1967)开始注重学习者的错误,研究表明,大多数英语学习者所犯的错误并不是来自他们的母语。因此,他提出学习者使用的第二语言本身也应该被视为一个独立的语言系统,而不是存在各种错误的语言,因为"错误"是相对于标准的目的语来说的。

二语习得研究者开始将学习者的各种错误分类,并跟孩子学习母语时的情况做比较。在儿童语言研究中,儿童的语言被视为研究的对象,而不是成人语言的模仿形式。不可否认的是,第一语言确实在影响第二语言,但不能以此作为出发点来预测第二语言误差。

1972年,塞林克提出学习者的语言,或者说"中介语"的观点。中介语是指所产生的二语学习者的语言,是一个动态的、可以以系统的规则加以描述的系统。中介语包含两个基本概念:通过学习者产生的语言本身就是一个系统;它是一个动态的系统,随时间不断变化。中介语研究使得第二语言习得研究向前迈进了一大步,它要研究的是学习者的语言系统,而不仅仅是有错误的那部分。

可以说,二语习得中的偏误有些来自母语的干扰,通过对这些错误分析,教师可以提高教学效率。研究学习者的中介语,不是为了发现新的教学方式,它希望进一步研究人们学习第二语言的一般规律。

因此,20 世纪 70 年代和 80 年代的多数研究仍以实际需求为目的,希望解决教学中的实际问题,多数带有经验特征。这个时期,也有学者想将这些学习者的问题全面地加以概括总结,尝试建立全面概念化这些问题的一个模型,这就是克拉申的监控模式。

2. 克拉申和他的监控模型

20 世纪 70 年代末,克拉申发表了一系列二语习得研究的文章和著作,其中提出了他的"监察模式"假说。此后,经过不断改进和扩展,在 20 世纪 80 年代初,形成了以五个基本假设为基础的一般理论。这五个假设是:① "习得"与"学习"假说;② 监控假说;③ 自然顺序假说;④ 输入假说;⑤ 情感过滤假说。

(1)"习得"与"学习"假说。这一假说产生了极大的影响,至今仍存争议。克拉申声称,"习得"与"学习"是两个独立的过程。"习得"指的是在自然交际环境中使用语言,它是一种潜意识的语言发展过程;而"学习"则是第二语言学习者有意识地学习语言规则的过程。"习得"主要发生在以传递信息为主要目的的语言自然交际环境中,参与者关注的是"意义",而不是"语言形式"。与此相反,"学习"主要发生在课堂上,其关注对象是语言形式和语法规则,发现错误和纠正错误往往是学习过程中的重点。

他对"有意识"与"潜意识"的定义较为模糊,曾受到批评。尽管如此,将"习得"与"学习"区别开来仍有很大的影响。但二者是否各自独立地、通过不同途径获得知识,今天依然是有争议的话题。

(2)监控假说。监控假说指出,通过学习获得的语言知识在头脑中起监控语言的作用。监控就是指说话者对自己所说的语言进行检查和控制,也就是说,用所学的有意识的语言规则、知识等对所说的语言进行质量检查。这种检查可以在话说出之前,也可以在话说出的同时,或者之后(也就是我们常见的自我改正)。一个人使用监控的程度取决于多种因素,这包括他在用语言做什么事情。如果是在做语法填空练习,那么监控的使用程度是会很高的。一个人的性格也会影响使用监控的程度。另外,语言使用者所受的时间限制也会影响监控的使用。

然而监控假设也受到批评,因为它无法通过实证研究得到验证。

(3)自然顺序假说。毫无疑问,自然顺序假说是得到实证证据支持的。学习者习得语言的规则,有一定的顺序,一些规则的习得早于另外一些规则。

然而,克拉申并没有对自然顺序形成的原因进行深入的讨论。他也认为自然顺序并不一定是一种严格的线性顺序,并提出在自然顺序的基础上同时会存在一些语言发展的分支。

(4)输入假说。克拉申认为,人类只通过一种方式获得语言,那就是对信息的理解,通过吸收可理解的输入信息来获取语言知识。只要学习者听到有意义的语言信息并设法对其进行理解,就会产生语言习得的效果。如果语言信息并没有什么意义与内容,或者由于某些心理障碍,有意义的语言信息无法进入学习者的头脑,那么就不会产生任何语言习得效果。克拉申认为听这一活动是对语言习得至关重要的。他主张输入的语言信息既不能过难,也不能过易。他用 $i+1$ 的公式来代表他的主张,i 指学习者目前所处的语言水平,$i+1$ 是学习者下一步应达到的水平。为了使学习者有所进步,向他输入的语言信息只能略微超出他目前所处的水平。

克拉申认为,输入假说的观点是他理论的核心。

(5)情感过滤假说。克拉申认为,学习者需要接受可理解的输入语言习得,这并不够。输入的语言信息还需要"让输入"。克拉申断言,在人类头脑中会出现语言的堵塞现象,使学习者常常无法理解所接受的语言输入信息。他称这种堵塞为"情感过滤"。

当一个学习者没有学习的动力或积极性、没有信心、非常焦虑、精神和身体状况不佳等的时候,都会启动情感过滤,使语言信息无法通过,达不到获得语言知识的效果。如果情感过滤关闭,学习者就能够充分利用所输入的语言信息。克拉申推测,在人体发育的青春期前后,情感过滤的作用力会有巨大的增长,成年人会有更多的情感变化和自我意识。在第二语言习得中,这也是成年人与儿童的重要区别之一。

虽然研究人员和教师认为情感因素在二语习得中扮演着重要的角色,克拉申的情感过滤仍然是模糊的理论。比如:① 如果青少年缺乏自尊、自觉,也许大概就是有一个"高"的过滤,那么,他们就学不好语言了吗?② 相反,那些性格外向,对自己充满自信的人(即有一个"低"的过滤)就能够学好语言吗?显然不是。所有这些问题都需要证据和进一步的研究。

(6)克拉申监控模型综述[①]。语言习得装置(LAD)在克拉申的理论中占有重要的地位。克拉申认为该装置是由人类头脑中学习自然语言的各种能力组成的。在学习第一语言时,

---

① 袁博平.第二语言习得研究的回顾与展望[J].世界汉语教学,1995(4):52—62.

人们可以对其进行充分利用,而在第二语言习得中,语言习得装置的作用取决于情感对语言信息过滤的程度和输入语言信息的可理解性。当输入的语言信息被吸收至语言习得装置,语言习得装置就可以对这些信息进行处理。在这个基础上学习者构成自己为第二语言准备的一套语法。克拉申认为,第一语言对第二语言的影响并不是一种必然的现象,在第二语言习得中出现第一语言转移的现象是由于学习者缺乏足够的第二语言知识来表达思想的结果。由于用来表达思想的语言和所要表达的思想存在着差距,因此第二语言学习者常常不得不借助于第一语言。出现第一语言转移的原因往往正是由于在某些课堂练习活动中,或者在某些场合,第二语言学习者被迫过早地使用第二语言来表达他们的思想。克拉申还认为,在第二语言习得初期总是有一段"无语期",在"无语期"内,学习者保持静默状态,极少用所学语言讲话。他们只是通过听和读来理解向他们输入的语言信息,用这种办法来不断增强自己的语言能力。

克拉申的思想对许多研究影响深远,大大推进了人们更好地了解二语习得的步伐。例如,克拉申主张,向学习者输入的语言必须是能够被其理解的语言,不能太难也不应过易。他的这一观点的正确性是不言而喻的——无法理解的语言信息,当然是无助于语言学习的。

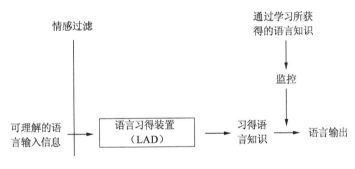

图 1-2 克拉申五个假设的相互关系

克拉申对"学习"和"习得"的区分,实际上反映了他对人类头脑有不同分工的主张。通过学习而获得的语言知识和通过习得所获得的语言知识在人类头脑中起着不同的作用。这一主张支持了目前较为流行的一种观点,即人类大脑的各个不同部分是有不同分工的,有的负责数字,有的负责推理,有的负责语言等。但是,把通过学习获得的语言知识和通过习得获得的语言知识看成是毫无联系的两种知识是难以找到事实根据的。到目前为止,还没有任何人通过实验证明,语言习得与语言学习是截然分开的。

3. 舒曼的混杂语言或文化适应模式

20世纪70年代以来,还出现了其他一些二语习得研究成果,同样尝试推论不同的理论模型。其中一个模型,它从一个完全不同的角度看待二语习得,在随后的几十年中,也仍然有影响力。这就是舒曼(Schumann)的研究。

由舒曼创建于20世纪70年代末的文化适应模式理论从社会环境因素和学习者个人的心理因素的视角对第二语言习得的动力机制及学习者语言的洋泾浜化现象做出了独到的解释,为学习者深入了解第二语言习得规律,创造有利的习得内外部环境提供了理论依据。

舒曼认为,文化适应取决于社会距离和心理距离两个因素;文化适应的程度取决于第二语言习得的进程。社会距离的构成包括:社会主导模式、融入策略、封闭程度、文化相似性、群体大小、凝聚程度、态度、打算居住时间。心理距离的构成包括:文化休克、语言休克、学习动机、语言疆界的渗透性。

三、近期成就(20世纪90年代以来)

到了20世纪80年代中期,二语习得研究不再从属于课程发展与教育的语言教学法的现实要求。它已经发展成为一个更加独立和自主的研究领域,有其独立的研究内容、理论取向和研究方法。

1. 探索不同的研究方法

一方面,二语习得研究与其他相关学科的联系并没有消失;另一方面,开启了许多新的研究领域。二语习得研究与语言结构和语言使用的研究继续广泛开展,表现为语言变异和变化的研究。也有一些研究人员开始寻找第二语言习得的序列和发展顺序的方法。有如下一些研究方法和途径:

第一种方法是检查学生的偏误是否随时间变化。但没有语言学习偏误的总的误差分析,也没有成功地提供有确凿证据的清晰发展模式。

第二种方法是在一段时间内检查样本和收集学习者语言的数据,以确定具体的语言特征出现的时候。按照这种方法,"采集"定义为"第一次出现",它被广泛地应用在母语习得,但不太常见于二语习得研究。

第三种方法是强制性的场合的分析,为确定和描述的发展模式的一种常用方法。程序如下:

(1)收集自然发生的学习者语言样本。

(2)确定具体的语言功能的使用场合。

(3)计算正确使用的百分比。

（4）提供一个功能是否已获得的可操作的定义。

第四种方法是地道的分析。它是强制性的分析的延伸。它的设计要考虑到在特定的语法特征的上下文中确定错误使用的情况。

第五种方法是频域分析，二语习得研究涉及识别一个给定的特征及其变种发生变异的频率的方法。例如，学习者使用（A）"动词+疑问语气"，（B）"动词+吗"，和（C）"V不V"形式表示疑问的频率情况。

第六种方法是通过使用一系列的统计程序推断出从横向研究数据的发展顺序。例如，通过计算不同的语言特征的精度，来求得相应的习得顺序。

第七种方法称为封闭实验。它旨在利用不同学习者有不同的获得情况，为学习者的变化建立一个具有不同层次结构的特征，根据收集到的数据，分析每个学员的习得特征。

2. 寻求各种相关的因素

新的研究已经跟认知科学、神经心理学和社会文化框架等联系起来，极大地丰富了二语习得研究的视角和概念。但二语习得研究仍然对一些基本问题进行了研究。

（1）语言习得机制的作用。首先，母语和第二语言习得过程的相似程度怎样？语言习得机制是否仍然起作用？如果具体语言的参数是重要的，它们怎么能实现最优化？其次，在认知方面，二语学习和处理在多大程度上跟学习自己的母语或学习其他复杂的技能相似？

（2）第一语言的作用。从一个人的母语到二语习得，语言迁移在哪些点上是选择性的？每个人的母语迁移与别人的母语迁移是否一样？今天语言迁移的研究仍然是一个重要领域。

（3）心理变量的作用。这些变量包括二语学习者个体特征的情感方面的研究，如年龄、性别、动机、个性、语言能力、教育背景，这些因素在第二语言学习的过程所用的情况怎样？

（4）社会和环境因素的作用。这些因素的需求研究与二语习得相似的洋泾浜语，并对二语学习者语言学习过程的整体社会化有关。

（5）输入的作用。输入对二语习得起着重要的作用。可理解的输入和内部学习机制之间存在着密切的关系。因此，课堂互动模式可以促进二语学习。

四、总结

以上是二语习得几十年来发展的基本线索，到了近期阶段，二语习得呈现出向深处和细处发展的趋势。同时，结合不同学科的多视角研究越来越多。其发展线路大致如下：

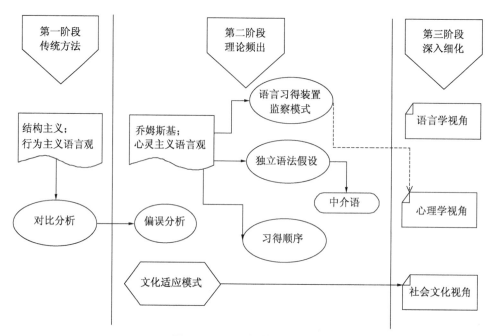

图1-3 二语习得的发展阶段

相信,随着研究的深化和细化,将来势必将出现一次整合,将各种研究整合为一套理论体系。同时,整合之后又将是一轮新的全方位开放式研究。

 思考和练习一

一、填空题

1. 目前的第二语言习得研究大体上分为两个研究对象:(　　)、(　　)。埃利斯将这些对象分为四大类,即(　　)、(　　)、(　　)和(　　)。

2. (　　)是指在自然状态下、下意识地、非正式地学习语言。(　　)是指有意识地、正式地学习语言。

3. 乔姆斯基对语言习得的解释是:人脑中存在一个具有遗传性的(　　)。

4. 影响二语习得的外部因素主要有两方面,一是(　　),二是(　　)。

5. 学习者正在学习的语言称为(　　)。

6. 语言能力是由语言规则在脑中的(　　)组成。

7. 汉语普通话的音节一般是由(　　)、韵母和(　　)构成的。

8. 克拉申监察模式的五个假说是:(　　)、(　　)、(　　)、(　　)和(　　)。
9. 舒曼认为,文化适应取决于(　　)距离和(　　)距离两个因素。
10. 克拉申认为,(　　)假说的观点是他理论的核心。

二、连线题

1. "中介语"假设　　　　　　　　A. 科德
2. "偏误分析"理论　　　　　　　B. 乔姆斯基
3. 语言习得机制　　　　　　　　C. 塞林克
4. "对比分析"理论　　　　　　　D. 舒曼
5. 文化适应模式　　　　　　　　E. 克拉申
6. 监控理论　　　　　　　　　　F. 拉多

三、名词解释

1. 第一语言
2. 第二语言
3. 行为主义
4. 习得与学习
5. 表现与能力
6. 规定语法与描写语法
7. 语言习得装置

四、简答题

1. 第二语言习得的两个研究对象是什么?
2. 汉语的句法有什么特点?
3. 汉语的词法和词汇有什么特点?
4. 简述克拉申监察模式的情感过滤假说。
5. 简述语言习得装置在克拉申理论中的地位。

五、论述题

1. 试述二语习得的学科性质。
2. 汉字对汉语词形有哪些影响?
3. 第二语言习得的研究方法有哪些?
4. 为了帮助学习者学习语言,一些电台、电视台都开设有慢速语言节目。如 VOA(the voice of America)的 Special English。试分析这种慢速节目有助于语言学习的理论基础是什么。

第二章　第二语言习得与第一语言习得

在大多数情况下,第二语言学习者是在掌握了第一语言之后学习第二语言的。第二语言习得与第一语言习得同属于语言习得,它们之间既有共同点,也有不同点,了解两种语言习得之间的异同和相互关系,可以揭示第二语言习得的特点。

第一节　第一语言习得

一、儿童语言习得的阶段

每个人不管其出生地何处,家庭环境怎样,出生后所接触的语言是什么,智力发展水平怎样,几乎在儿童时期都能习得语言,且习得语言的过程大致一致。

一般认为,儿童习得语言的过程可以分为以下几个阶段:

1. 呢喃语阶段

婴儿出生后半年至1岁左右,能自言自语似地发出不一定表示意义的各种声音,这个阶段也就是通常所说的"咿呀学语阶段"。这时的婴儿已能理解大人的一些面部表情和语调[①]。如果大人对他大声呵斥,他就会号啕大哭。这时的婴儿也能够对大人的某些手势或简

[①] 王士元引用 Mampe 等的一篇文章,文章说法国的婴儿跟德国的婴儿的哭声重音的位置,跟法语、德语重音的位置相配。参见:王士元.语言、演化与大脑[M].北京:商务印书馆.2011:80.

单的指令做出反应。当大人对他挥手,或者说"笑一笑""摆摆手",他也会做出相应的动作。

2. 单词句阶段

儿童开始说话的时间有早有迟,早的为 10 个月,晚的要到 1 岁半,最迟的是 2 岁前后。多数情况下女孩较早,男孩较迟。单词句阶段通常延续半年时间。在这一阶段,儿童说出的句子由一个单词构成,随语境的不同可以表示多种意义。例如"球球"在幼儿的语言中可以表示"我要皮球""这是皮球""皮球在滚动",等等。

3. 电报句阶段

约 2 岁半以后,儿童进入所谓"电报句阶段"。电报句指是只用实词不用虚词组成的句子,字数可以超过两个。例如:"Truck go floor"等。这种句子和成人打的电报相仿。在这个阶段,儿童开始掌握语言的语法系统,往往出现语法过度概括现象,例如英语中,构成动词过去时形式时,在不规则动词上加词缀"-ed"(come-comed, go-goed);汉语中,则是靠实词的组合,表示多种语法关系。"妈妈鞋"可以表示"这是妈妈的鞋子",也可以表示"妈妈我要穿鞋子""妈妈的鞋子在这儿""妈妈刚买的鞋子"等等。

4. 完整句阶段

大约 5 岁以后,儿童进入完整句阶段。这时幼儿习得语言的过程已基本完成,虽然他们掌握的词汇还为数有限,但基本的语法已经掌握,已经能够分辨正确的表达方法和错误的表达方法,能区别语句的同义关系和歧义关系。这时,幼儿对语言的运用已不限于表示眼前的事物。他已经能够谈论以前发生的事情,也能谈论他们计划要做的事情,甚至谈论一些实际上并不存在的事情。

上面几个阶段并不是截然划分开来的,各个阶段之间往往有重叠的地方。

二、儿童语言词义的发展

词义的理解是儿童正确使用语言和理解语言的基础,是语言发展中极为重要的方面。儿童获得词义的过程比获得语音、句法的过程缓慢。严格地说,词义的发展将贯穿于人的一生。

儿童如何逐步获得词义的问题,近年来已受到研究者的重视。下面简单介绍一些词类的词义发展特点:

(一)普通名词

1. 中等概括

同一个物体往往可用不同概括水平的名词来称呼,如可将狗称为"动物""狗""猎狗""狼狗"等。儿童用词的特点是倾向于用中等概括水平的词,如用"狗"称呼而不用更为概括的"动物"或更为专门的"猎狗"。

2. 范围扩张

在儿童早期词汇中普遍表现出词的使用范围的扩张。或以物体的外部特征,或以物体的动作和功能为根据,根据儿童对事物的认识进行扩张。如,儿童不仅把狗称为"狗",也会把牛、马、羊等四足动物都称为"狗"。有的儿童扩张的范围非常广泛,会把圆形图案、圆的饼等圆东西也都叫月亮。

对于扩张产生的原因,解释一是"语义特征"说。克拉申就认为,成人理解一个词的意义,可以分成很多特征,有些特征是一般的特征,有些是特殊的特征。儿童学习词时不是一下子掌握词是全部特征,他们把某些特征当成词义来理解,这样词的使用范围就会扩张。如"狗",有[＋四足]、[＋能行走]两个特征,如果将全部具有这两个特征的事物都叫"狗",就出现了范围扩张。解释二是"临时借用"说。斯劳宾则认为,在一个时期,儿童尚未习得"马"和"羊"等词,而这些动物又类似于狗,因而临时借用已习得的词"狗"来称呼它们。

3. 范围缩小

在儿童词义发展中,还有一种与扩张相反的情况,即词的使用范围缩小。如"桌子"一词单指自己家里的方桌,"妈妈"则仅指自己的妈妈。而对某些概括程度较高的词如"动物""蔬菜"等,往往只用于该范畴中最典型的对象。如把"狗"和"猫"称为"动物"而不承认蝴蝶也属"动物"。这是由于儿童对某类事物的认识尚未达到适当的认知水平。

词的使用范围的扩张和缩小在2～6岁儿童中普遍存在。随着年龄增长、知识增加和认知发展,对具体名词词义的理解日趋完善,但理解抽象名词的词义尚须时日。

(二) 动词①

2岁左右的孩子所使用的语言,其主要意思是指示该事物的机能或行为。调查结果显示,动词词量占了学龄前儿童词汇总量的20%。

3～6岁学前儿童的常用动词词汇有三类:一类反映人物动作和行为,一类反映人物心理活动和道德行为,一类反映趋向和能愿等活动和行为。

反映人物动作和行为的词汇量,在学龄前期的各个年龄阶段,均占各该年龄动词词汇总量的80%以上,是学龄前儿童动词词汇的最主要的组成部分。通过感官能够直接感受的动作和行为,最易为学前儿童所注意和察觉,因而代表这类动作和行为的词汇,也最易于为他们所理解、接受、巩固和运用。它充分反映了具体形象思维占主导地位的学龄前儿童的年龄

---

① 朱智贤.中国儿童青少年心理发展与教育[M].北京:中国卓越出版公司,1990:106—107.

特点。

各类动词的词汇内容有其自身的发展规律,也有其相通的共性。学龄前儿童活动范围的不断扩大,行为所作用的对象逐渐增多,动作的目的日益多样,观察和注意等心理水平的不断提高,直接影响动词词汇内容的范围和质量。

例如,学龄前期开始阶段,反映人物外部动作和行为的词汇,其内容多为人物最基本的活动,如:"坐""站""走""跑""跳""吃""睡""看""听""玩""打""叫""喊""拿""碰""开""关"等。4岁以后,同样是表达人物日常活动的词汇,但内容范围却明显得到扩大,如"捞""揣""叠""传""围""堵""套""绕""布置""劳动""参观""旅行"等。

又如,学龄前期最初阶段,动词常用词汇的含义比较笼统。4岁以后,含义指向比较确切的词汇随着年龄而不断增加。譬如,表达动的意义,从4岁前的词汇"动",进一步明确为"走动""移动""挪动"。表达给的意思,从4岁前的词汇"给",进一步明确为"交给""传给""丢给""递给"等具有更加明确意义的词汇。

再如,反映心理活动和道德行为的动词词汇,4岁前儿童常用的有"喜欢""生气""想""忘记""帮助"等,含义直接、单一、笼统。4岁以后所增加的该类词汇,不但含义确切,而且形式多样,表现含蓄,如"爱护""爱惜""关心""回忆""想念""怀念""打算"等。

至于反映趋向和能愿等活动和行为的词汇,在整个学龄前期,主要是以在少数中心词的基础上不断扩展的形式,使其内容逐步丰富多样。例如"来"和"去",是趋向动词的中心词。在4岁以前,以单独出现的情况居多。4岁以后,由于儿童空间方位概念的发展,便得到了扩展,如"出来""出去""进来""进去""上来""下去""过来""过去"等。

双音词和叠音词逐渐增多,致使动词词汇更加生动,也是学龄前期动词词汇内容逐渐发展的一个明显标志。例如,4岁以前经常出现在儿童口语中的"动""碰""吵"等单音动词词汇,在4岁以后,在许多时候,则是以"动来动去""碰来碰去""吵吵闹闹"等形式出现的,客观上增强了词汇的生动性和形象性。

总之,学前儿童的动词词汇是以差异显著的大幅度增长率逐年增加的,并且是以内容的进一步明确和使用形式的多样化为特点向前发展的。

(三)形容词

2岁至6岁半儿童使用形容词的数量随年龄增长而发展,从4岁半开始增长较快。

儿童使用形容词发展过程有如下特点:

1. 从特征描述词到情境描述词

儿童最早使用的是描述物体特征的形容词。其中颜色词出现较早,其顺序大致为:

(a)红→(b)黑、白、绿、黄→(c)蓝→(d)紫、灰→(e)棕。其次使用的是描述味觉、温度觉和机体觉的形容词。在描述味觉的词中,出现顺序依次为:(a)甜→(b)咸、苦→(C)酸→(d)辣。描述温度觉的词出现顺序依次为:(a)烫→(b)热和冷→(c)凉。描述机体觉的词出现顺序依次为:(a)痛、饱、饿→(b)痒、馋。接着使用的是描述动作(快、慢、轻轻地)和人体外形的词(胖、瘦、老年、年轻、高、矮)。最迟使用的是描述情感及个性品质的词(高兴、快乐、好、凶、坏、认真、勇敢)和描述事件情境的词(便当、危险、难)。

从出现频率看,凡使用越早的词其出现频率也就越高,反之亦然。

2. 从单一特征词到复杂特征词

以人体外形特征中"胖—瘦"与"老—年轻"两对形容词为例,前者3岁半就能使用,后者则到4岁半、5岁半才先后能使用,"胖—瘦"是单一的特征,而"老—年轻"则是人的外形的多种特征的综合。

3. 从方言词汇到普通话词汇

在同义词中,幼儿往往先使用方言词汇,然后使用普通话口语词汇,最后才使用书面或接近于书面语言的词汇。有些方言词在年幼时使用随年龄增长,幼儿学会讲普通话后就逐渐少用或不用了。

4. 从简单形式到复杂形式

简单形容词是形容词的基本形式,如单音形容词和一般双音节形容词。复杂形式包括形容词重叠式,加语素于基本形容词前后(如雪白、红彤彤),中间嵌入数字或配音字的短语形式。儿童在语言发展过程中一般先学会使用形容词的简单形式,而复杂形式往往要很久以后才能习得。

中国儿童获得空间维度形容词的情况:

(1)空间维度形容词"大/小、长/短、高/低"等的获得有一定顺序。中国儿童获得顺序为:(a)大、小→(b)高矮、长短→(c)粗、细→(d)高、低→(e)厚薄、宽窄。这一顺序和国外研究的结果大同小异。这种获得顺序的普遍性可能取决于两个因素:一是形容词词义的复杂性,二是形容词在成人和儿童语言中的出现频率。

(2)成对的两个形容词不一定同时获得。成对的形容词表现出两极性的特点,一端为积极形容词,另一端为消极形容词。如在"大/小、高/矮、长/短"中,"大、高、长"为积极词,"小、矮、短"为消极词。儿童先习得积极的一方。其原因有:第一,按照标记理论,积极形容词往往是无标记的,消极形容词则往往是有标记的。儿童最先获得的是无标记的形容词。第二,无标记项的频率高于有标记项,因此儿童对接触这些词的频率有差别。

(3) 儿童在词汇发展过程中容易发生不同维度形容词的混淆,如:以"大"代"高",以"小"代"短",以"短"代"矮"等。

（四）时间词

对表示时间阶段的时间名词,3~6岁儿童先理解"今天、昨天、明天",然后向更小的阶段(如"上午、下午、晚上")和更大的阶段(如"今年、去年、明年")逐步发展,到6岁已全部掌握。对"正在"、"已经"、"就要"这三个常用副词,先理解"正在",然后理解"已经",最后为"就要",以现在为起点,逐步向过去和将来延伸。

单一的时间"先、后"比合成时间词"以前、以后"先掌握。另外,同一个词由于语境不同,儿童在理解上有难易之别。

（五）空间方位词

儿童获得空间方位词的过程体现了一个逐渐分化的过程。儿童最初把几个表示不同维度的词混淆在一起,以后逐渐分化出表示各个维度的空间词,最后又在各个维度表示相反方位的词之间分化。

儿童掌握空间方位词的水平随年龄增长而提高,提高最快的是在3~4岁之间。大致顺序为"里"→"上"→"下"→"后"→"前"→"外"→"中"→"旁"→"左"→"右"。如词表示的是简单位置的词,不涉及两个物体按某特定方向相联系的概念,该词的获得就早,反之则迟。

（六）指示代词

我国的有关研究发现,幼儿对"这""这边""那""那边"的理解没有先后差异。但是,语言情景及儿童的自我中心对指示代词的理解具有明显的影响。研究表明:幼儿真正掌握这两对指示代词在各种语言环境中的相对指称意义有较大困难,即使7岁组的儿童,在和说话者面对面时,对四种指示代词的理解正确率还是很低。

（七）人称代词

人称代词中的"我""你""他",以及与之相对应的物主代词"我的""你的""他的"的所指意义和一般名词不同,具有明显的相对性,需随语言环境和交谈者角色(说话者、受话者、第三者)的变化而变化。

我国学者考察了儿童在各种情境下对人称代词的理解[①],结果表明:幼儿不论其作为其他三人交谈的旁观者或是自身实际参加三人交谈,充当受话者和第三者的角色,都对"我"理解最好,"你"次之,"他"最差。特别是在自身参加交谈充当第三者时,即使是5岁半左右的

---

① 朱曼殊等.幼儿对人称代词的理解,载:儿童语言发展研究[M].上海:华东师范大学出版社,1986:114—125.

儿童也难以理解别人听说的"他"就是指自己。

（八）量词

量词是表示事物或动作单位的词。它按表示事物单位和表示动作单位的不同而分成物量词和动量词两大类。物量词又可根据其使用特点分成个体量词、临时量词和集合量词等。

量词运用的普遍化和多样化是汉语的一大特点。我国已有研究表明，各年龄儿童对三类量词的掌握是不平衡的，表现出一定的发展顺序。四五岁儿童最初掌握的是个体量词，其次为临时量词和集合量词。

物量词的使用必须遵从"数词+量词+名词"的公式。三四岁儿童仅能使用少量高频量词"只""个"，并表现出对它们的过度概括。实际上，他们尚未对量词和名词的搭配加以注意。

6岁儿童已能初步根据事物的共同特征进行分类，因此不少儿童就根据事物的类别标准来选择量词。如把"车""飞机"等统统以"辆"计量，因为都是交通工具。

7岁儿童开始认识事物间的简单关系，说明已掌握了临时量词的使用规则，因而能正确地选择相应的量词。

三、儿童语言的获得理论①

儿童能在短短的几年内掌握复杂的语言系统，似乎并不费力，这使心理学家感到十分惊奇并表现出很大的兴趣。为了解释这种现象，他们提出了各种理论。由于学者们对这些问题所做的解释不同而形成了各种关于语言获得的观点和理论。至今，有关儿童如何获得语言的问题仍然是一个热门话题。各种理论存在的分歧，主要表现在对语言规则系统获得的解释不同上。影响最大的有三派理论，每一派中又有各种不同的分支。

图 2-1　儿童语言获得的三种理论

---

① 李丹.儿童发展心理学[M].上海：华东师范大学出版社,1987：147—159.

(一) 环境论

环境论者强调环境和学习对语言获得的决定性影响。环境论有以下几种：

1. 模仿说

模仿说认为儿童学习语言是对成人语言的模仿，儿童的语言是成人语言的简单翻版。

这种观点在 20 世纪 20 年代到 50 年代之间一直很流行。研究者看到成长着的儿童的语言与成人的语言越来越相似，就把这种结果归因于模仿。这种研究存在明显的问题，就是将结果和过程混淆起来，以儿童习得语言的结果代替习得语言的过程。自乔姆斯基(N. Chomsky)对行为主义的语言学习理论提出批评，并强调儿童在语言获得过程中的主动性和创造性以后，模仿在语言获得中的作用问题引起了争论。学者们着重从模仿对于儿童语法获得的作用进行了观察研究，并提出了不同意传统模仿说的证据。他们从两方面提出论据：

(1) 许多事实证明，如果要求儿童模仿的某种语法结构和儿童已有的语法水平距离较大时，即使反复模仿也无济于事。儿童总是用自己已有的句法形式去改变示范句的句型，或顽固地坚持自己原有的句型。一个经常举的例子是一位妈妈同一位儿童的对话。

　　儿子：No body don't like me.

　　母亲：No, say "nobody likes me".

　　儿子：No body don't like me.

　　母亲：No, say "nobody likes me".

　　如此重复七次之上。

　　母亲：No, now listen carefully, say "nobody likes me".

　　儿子：Oh, nobody don't likes me.

我国学者朱曼殊等也做了相关的研究，他们曾对 1 岁半到 3 岁半的儿童进行追踪研究。如对一名 1 岁零 8 个月的儿童进行一个月的追踪调查，每天向她提问"××是谁买给你的？"一类的问题，一连十几天，她总是回答"××是××(妈妈、阿姨、老师等)买给你的"。虽然每次都教她纠正，仍不能把"买给你的"转化为"买给我的"。

(2) 儿童经常在没有模仿范型的情况下产生和理解许多新句子。而且按语言能力的发展顺序说，理解总是先于产生，即在儿童能说出某类句子之前，已能理解该类句子，也就是说理解是产生的基础。还有一些儿童因特殊原因从小就不能说话，却能正常地理解别人的语言。这些事实都无法用传统的模仿来说明。因为模仿常常是模仿形式，理解却无法模仿。

2. 强化说

从巴甫洛夫的经典条件反射学说和两种信号系统学说到斯金纳的操作性条件反射学

说,都认为语言的发展是一系列刺激反应的连锁和结合。斯金纳在其《言语行为》一书中提出了两个主要论点:

(1) 主张对言语行为进行"功能分析"。认为环境因素,即当场受到的刺激和强化历程,对言语行为的形成和发展具有决定性影响,主张对言语行为进行"功能分析",即辨别控制言语行为的各种变量,详述这些变量如何相互作用来决定言语反应。也就是说,只要能弄清外界刺激因素,就能精确预测一个人会有什么言语行为。

(2) 强化是语言学习的必要条件,也是使成人的言语反应继续发生的必要条件。强化刺激的出现频率、出现方式,对于言语行为的形成和巩固非常重要。

关于强化对言语行为的作用,在《言语行为》(1957)和《关于行为主义》(1974)中均有阐述,但重点有所转移。

斯金纳 1957 年在《言语行为》一书中广泛应用"强化"一词来解释各种言语行为,并提出"自动的自我强化"这一概念。下面是他提出的"自我强化"的一些例子。如"一个幼儿听到别人的话之后,独立在别处发出同样的声音,就会自动地强化自己那个试探性的言语行为","一个孩子模仿飞机、电车等的声音,会自动地受到强化"。总之,似乎用强化来解释一切言语行为。这与行为主义严格的强化概念是有区别的。

斯金纳在《关于行为主义》中,特别强调用"强化依随"的概念来解释各种行为(包括言语行为)的形成过程。强化依随是指强化的刺激紧跟在言语行为之后,它有两个主要的特点:

① 最初被强化的是个体偶然发生的动作。如婴儿偶然发出[ma]声,母亲就笑着来抱他,抚摸他并答应他等。反应和强化之间只是一种时间上的关系,并非"目的"或"意志"的作用。

② 强化依随的程序是渐进的。若要儿童学习一个复杂句子,不必等待他碰巧说出这句话以后才给予强化,只需他所说的稍微接近那个句子就给予强化,然后再强化更加接近该句的话语,通过这种逐步接近的强化方法,儿童最终能学会非常复杂的句子。

"刺激—反应"链和强化学说对语言学界和心理学界都曾发生过很大影响,但从 20 世纪 60 年代开始,已越来越多地受到批评。主要批评意见如下:

第一,斯金纳的这些话所根据的不是实际的观察,而是从对较低级的动物做实验后得出的类比。乔姆斯基认为,人类社会的语言行为和实验室里的动物"行为"不同,"刺激""反应""强化"等是拿动物做实验得来的、有严格定义的概念,不能把它推广引申到言语行为的研究。

第二,强化既是渐进的、累积的过程,就意味着在儿童语言发展中不会出现突变,这将如何解释儿童在短短几年内迅速获得听、说本族语言能力的事实?与此相联系,按强化说,儿童在学话过程中,受到强化的是一个个语句,而非语法规则。但真正促进儿童语言迅速发展的却正是一系列语法规则。

第三,罗杰·布朗等观察记录了成人和儿童的交谈情况,发现成人通常对儿童语句中的语法错误并不介意,关心的是语句内容的真实性,只要内容真实,即使语法错误,也会得到强化,这种强化如何能解释儿童语言最终向成人语言发展?人的语言具有独自的特点,如创造性。即小孩子不可能一句句地学成人的话,小孩说出的话,常常是形式上与成人的话相同,却有他自己的含义。

3. 社会交往说

社会交往说认为儿童不是在隔离的环境中学语言,而是在和成人的语言交往实践中学习。J. 布鲁纳(Brunner)等人认为,和成人语言的交流是儿童获得语言的决定性因素。儿童在发出第一个词之前很久就已经学到了和成人做非语言交流的规则。他们知道怎样使自己的需求被照看的人所理解,如用手势、姿势等;他们也能理解照看他的人的意图。这种前语言的交往框架,已为获得语言做了准备。成人常用手指点某个物体以引起七八个月内婴儿的注意,随后不久,婴儿也能用指点的姿势作为早期交流的方式。到了单词语和双词语阶段,儿童用语词和动作相结合的方式作为和他人交往的手段,还会用不同声调表示不同意图,最后进入完全用语言进行交往的阶段。

如果从小儿童就无与成人语言交流的机会,儿童就不可能学会说话。有研究发现,一名听力正常而父母聋哑的儿童,由于父母身体不好,不能让他外出,他就整天在家里通过看电视学习正常人的语言。由于他只是单向的听,没有语言交流实践,最终没有学会口语,而只能使用从父母那里学来的手势语。

苏联的鲁利亚曾观察一对同卵双胞胎,他们智力有点缺陷。两人总处在一起,对话极其简单,常用半句话叫喊,因此语言发展很缓慢,直到5岁时,80%的语言还是无组织的叫喊,其他智力活动也很落后。后来分开放进幼儿园,并给其中一个以语言训练,结果他进步很快。其中受过训练的儿童语言尚有44%不易理解,而未受过训练的儿童仍有60%不能被理解。至于狼孩的情况则更是众所周知的绝对剥夺人类社会交往的结果。

(二) 先天论

先天论否定环境和学习是语言获得的因素,强调先天禀赋的作用。

1. 先天语言能力说

先天语言能力说,主要是由乔姆斯基提出的。他认为,决定人类幼儿能够说话的因素不是经验和学习,而是先天遗传的语言能力,这里的"语言能力"指的是语言知识,即普遍的语法知识。乔姆斯基驳斥经验和学习理论的根据如下:

（1）儿童获得语言的过程在4岁内就能完成。在如此有限的时间内掌握本族语的基本语法现象，不可能是归纳过程的结果。因为属于一个语言集体的每一个幼儿都获得同一种语言，而且各族儿童获得语言的顺序都基本相同，即单词语→双词语→简单句→复杂句。这证明不是每个儿童自己进行归纳的结果。

（2）语言是一个有高度组织性的抽象规则系统。这是人类先天具有的普遍语法能力（人类具有先天的普遍观念、原则），亦即先天的普遍语法知识。这种先天的语言能力，即是对语言语法的了解。知识不是经验的结果，而是经验的前提。这些普遍规则并非一定存在于所有语言之中，也不能直接生成任何语言的句子。但是，每一种语言似乎都会从这些规则的可能的组合中做出自己的选择。它可以规定和描写人类个别语言的语法，能够规定各种人类语言的句子应该如何构造、如何理解。正因为如此，不同种族、不同语言环境的儿童都能按基本上相同的方式和顺序掌握本族语言。

（3）语言的获得过程就是由普遍语法向个别语法转化的过程。这个转化是由语言获得装置（LAD）实现的。语言获得装置是以生来就有的普遍语法作根据，对具体的少数语言素材——输入的本族语言素材，提出一些初步的语法假设，然后再将这些假设逐个和具体素材的结构加以匹配和检验，接受彼此相合的假设，修改不符合的假设或重新建立新的假设，最后建成一套个别语法系统。这个过程是儿童自己完成的，并非周围使用语言的人所强加的，但儿童对此过程并不能意识到。所以，乔姆斯基认为儿童生来就是语言学家，获得语言的过程就是由普遍语法向个别语法的发展获得的。此过程即LAD过程。

（4）儿童获得的是一套支配语言行为的特定的规则系统，而不是像行为主义所假设的那样是一大堆具体句子，即不是句子的表层结构，而是这些句子的实质，其深层结构，因而能产生和理解无限多的新句子，表现出很大的创造性。

先天语言能力说自20世纪60年代提出后，在学术界引起了强烈的反响，展开了热烈的争论。其最大贡献是掀起了研究儿童语言获得的热潮，根本改变了儿童被动模仿的看法，注意了儿童本身的特点。

对于乔姆斯基的理论，学术界存在着如下评论：

第一，乔姆斯基的理论在方法论上是思辨性的，在观点上是先验的、唯理论的。他所提出的先天普遍语法规则（知识），以及由语言获得装置建立语法假设的设想都是没有事实根据的。语法规则和知识只能在幼儿和环境的相互作用中，在与他人的交往中，通过实际活动和语言交流而获得。决定幼儿言语发展的是幼儿的实际活动，而非天生的结构（知识）。

第二，根据先天普遍语法理论，似乎幼儿在语言获得的开始阶段就具有了一套成人的语法系统,因而"一下子"就能获得成人语言。但实际上儿童语言具有自己的特点和模式,和成人语言很不一样,即使表面上有某些相似之处,而使用功能和含义往往差别很大。儿童言语的实验研究表明,"儿童语言"并不是从"成人语言"派生出来的。幼儿的言语活动不是按"成人"语言规则进行的。如关于"大、小","先、后"的理解,实验中分积木给老师和儿童,分给老师少些,儿童多些,然后问:"谁的多?"儿童回答:"老师的多。"而同样的情况在两个小朋友之间比较时,他又会说"我的多"。这里,该儿童并非不能分辨多少,而是认为"多"就是好,"少"就是不好。再如分给小朋友电影票,大孩子分的是早上看电影的票,小孩子分的是下午的票。然后问:"谁先去看电影?"回答说拿下午票的小朋友先看,因为他们小,小的应该先看。这些事实就推翻了乔姆斯基关于语言是在先天观念的基础上"一下子"获得的观点。

第三,先天能力说表面上非常强调儿童本身在获得语言过程中的主动性和创造性,但既然人类生来就拥有一套现成的、可以规定本族语言如何理解和产生的普遍规则系统,就无须儿童本身再做什么探索和发现了。这无异于是从和行为主义相对立的另一个极端来否定儿童在语言获得中的主动性和创造性。

2. 自然成熟说

列尼伯格(E. H. Lenneberg)也赞成先天论,但在理论基础上和乔姆斯基不同,他是以生物学和神经生理学作为理论基础的。其主要观点如下:

(1) 生物的遗传素质是人类获得语言的决定因素,人类大脑具有为其他动物所没有的专管语言的区域,故语言为人类所独有。语言是人类大脑机能成熟的产物,当大脑机能的成熟达到一种语言准备状态时,只要受到适当外在条件的激活,就能使潜在的语言结构状态转变成现实的语言结构,语言能力就能显露。

(2) 语言以大脑的基本认识功能为基础,人类大脑的基本功能是对相似的事物进行分类和抽取。语言的理解和产生在各种水平上都能归结为分类和抽取。

(3) 语言既是大脑功能成熟的产物,语言的获得必然有个关键期,约从2岁开始到青春期(11岁、12岁)为止。过了关键期,即使给以训练,也难以获得语言。同样,大脑的单侧化也是在关键期内出现的。

列尼伯格的自然成熟说和乔姆斯基的先天能力说有许多相似之处,他们都否定环境和语言交往在语言发展中的重要作用,他的潜在语言结构和现实语言结构与乔姆斯基的普遍语法和个别语法亦颇相似,这种理论无法解释何以生活在不同语言社会的儿童会获得不同的语言系统,能听、说不同的语言,也无法解释本身听力正常而父母聋哑的那个儿童为什么不能学会正常人的口语而只能使用聋哑人的手势语。

日本一位医生角田信男,用了 15 年的时间研究脑的左右两半球的支配问题。他发现,人类大脑两半球对语音刺激的支配方式是受本族语言影响的结果。他发现日本人和波利尼西亚人的右耳(左脑)对元音和音节起支配作用,而其他人则是左耳(右脑)对元音起支配作用,右耳(左脑)对音节起支配作用。因为日语和波利尼西亚语有一个共同特点,即二者都有大量词是单由元音组成或由两个和两个以上的元音与辅音组成的。在这些元音占优势的语言中,元音在识别单词和句子中的作用和辅音一样重要。

因此,元音是在他们的左脑,即"言语"半球进行处理的,"在日本人中,与感情有关的声音是在左脑进行处理的,左脑这一支配作用,随着讲话能力的提高而牢固地确定下来",造成两半球对声音支配方式不同的原因,显然是听觉的和语言环境而非遗传因素。这无疑是对成熟说的潜在结构提出的严重挑战。

(三) 认知论

以皮亚杰(Piaget)为代表的一派主张从认知结构的发展来说明语言发展,认为儿童的语言能力仅仅是大脑一般认知能力的一个方面,而认知结构的形成和发展是主体和客体相互作用的结果。他们的主要观点如下:

(1) 语言是儿童许多符号功能中的一种,符号功能是指儿童应用一种象征或符号来代表某种事物的能力。语言同延迟模仿、心理表象、象征性游戏、初期绘画等符号功能一样,都出现在感知运动阶段的末尾,即约 1 岁半到 2 岁之间。儿童在开始发出语音时,是把一个对象的"名称"当作该对象的不可分的一部分来看的。随后发展到能用语词称呼那些当时不在眼前的事物,能把作为符号的语词和被标志的事物加以区分,再把它当作事物不可分的一部分时,就开始有了语言。

(2) 认知结构是语言发展的基础,语言结构随着认知结构的发展而发展。由于儿童的认知结构发展顺序具有普遍性,相应地,儿童的语法结构发展顺序也具有普遍性。

(3) 个体的认知结构和认识能力是不断发展的,它来源于主体和客体之间的相互作用。主体作用于客体的活动,动作是一切知识的源泉。1975 年,皮亚杰与乔姆斯基在法国有过一次面对面的争论,也进行过访问笔谈。皮亚杰派多次指出他们和乔姆斯基在语言获得理论上的根本分歧,在于乔姆斯基是预成说(先验论),而他们是后成论,他们特别强调主体作用于客体的活动和动作的意义。皮亚杰派认为人的活动最初来源于一些本能动作(如婴儿的吸吮、抓握等动作),这些单个动作逐渐协调起来就构成动作的结构(格式),婴儿一产生动作格式之后,马上就利用这个工具去改造周围事物。如把吃奶动作加以推广,出现了吃手指头、吃衣角、吃被头、吃一切能抓到的东西,皮亚杰认为这就是同化。格式首先是主体物质运动的结构,它以符号(表象、语言)形式逐步内化到头脑中,成为狭义的认知格式。

(4) 儿童的语言结构具有创造性。根据罗杰·布朗等提供的儿童语言资料,皮亚杰认为儿童不是通过被动模仿来掌握造句规则,他们在造句中不仅有概括性的同化作用,而且还有创造性。皮亚杰学派从主客体之间的相互作用来说明儿童认识能力和语言能力的发展,有其合理的方面。但在他们过分强调认知发展是语法发展的基础时,必然要遇到认识发展和语言发展的关系是否是直接的和单向的等等难题。

我们认为,儿童语言是在个体与环境相互作用中,尤其在与人们语言交流中,在认知发展基础上发展起来的。儿童语言富有创造性,但模仿、学习在语言获得中仍起着不可低估的作用。因为创造必须有一定的范型为基础,它是对已有范型的概括和新的组合。新的句子既是新颖的,又是以模仿到的范型为基础的。因此,选择性模仿可能是语言获得的重要模式。斯金纳的强化理论不能解释语言获得的全部现象,尤其不能解释语言的创造性。而乔姆斯基的先天能力、先天普遍语法知识更是缺乏事实依据的唯心论观点。

如果说存在着某种人类的"语言获得装置"的话,那也决非天生的、现成的语法规则系统,只能是人类独有的、高度组织起来的大脑的分析、综合机能。不具备这样的大脑,即使经过长期精心设计的强化依随的训练,如黑猩猩,充其量也只能学会极其有限的词汇和句子结构,终不能达到人类3岁幼儿的水平。但仅仅具有这样一个有特殊机能的大脑,而没有和社会环境的交往,没有语言实践的机会,也不可能获得语言。

语言发展必须以一般的认识发展为基础,但语言能力还具有它自身的特点,二者的关系不可能是直接的和单向的。

从现有的研究水平看,要对语言获得过程及其机制提出结论性意见,还为时过早,有待于跨学科的进一步探索。

第二节 第二语言习得与第一语言习得的共同点

关于第二语言习得与第一语言习得的共同点,我国学者提出如下一些看法。

刘润清认为第二语言习得与第一语言习得的共同特点有[①]:

第一,学习者必须具备习得语言的条件;

---

① 刘润清.刘润清论大学英语教学[M].北京:外语教学与研究出版社,1999:166.

第二,学习者必须有习得语言的环境;

第三,不论习得第一语言还是第二语言,都必须习得语言的三大要素:语音、词汇和语法;

第四,习得任何语言都要习得其语用规则和文化。

杨玉林、崔希智在《英语教育学》,肖德法、张积家在《第二语言习得与外语教学》中,说法相同,他们都认为第二语言习得与第一语言习得的共同点在于①:

第一,习得者都必须具备习得语言的条件和能力;

第二,都必须有语言习得的环境;

第三,都需要习得语音、词汇和语法;

第四,都需要习得语用规则和文化。

刘珣(2000)认为有四点相同之处②:

第一,要掌握一种语言,不论是第一语言还是第二语言,都需要具备一定的主观、客观条件,主观条件是指学习者必须具备健全的大脑和言语器官,客观条件指一定的语言环境;

第二,两种语言习得都是为了培养言语交际能力;

第三,两种语言习得都必须掌握语音、词汇、语法等要素和受文化制约的语用规则,都必须形成一定的听说读写的技能;

第四,两种语言习得大体上都经过感知、理解、模仿、记忆、巩固和应用阶段。

吕必松(1996;2007)指出有五点相同之处③:

第一,都需要建立声音和意义的联系;

第二,都需要建立形式结构和语义结构的联系;

第三,习得一种言语现象都需要经过感知、理解、模仿、记忆、巩固和应用这样几个阶段;

第四,语法习得有一定的顺序;

第五,都是主观条件和客观条件相结合的结果。

陈昌来(2005)指出④:

---

① 杨玉林,崔希智.英语教育学[M].北京:旅游教育出版社,1994:353—356;肖德法,张积家.第二语言习得与外语教学[M].成都电子科技大学出版社,1994:94。
② 刘珣.对外汉语教育学引论[M].北京:北京语言文化大学出版社,2000:179。
③ 吕必松.对外汉语教学概论(讲义)[M],北京:国家汉办编印,(内部资料):39—42;汉语和汉语作为第二语言教学[M].北京:北京大学出版社,2007:63—65。
④ 陈昌来.对外汉语教学概论[M].上海:复旦大学出版社,2005:50。

第二语言教学和第一语言教学对于学习者来说,都是为了获得语言的交际能力;学习第一语言和学习第二语言存在着某些相同的学习策略;学生都要掌握基本的语言规律;学习大体上都要经过感知、理解、模仿、记忆、巩固和应用等阶段;都应该是有意义的学习,而不应是脱离意义的机械性的操练。

陈宏、吴勇毅(2003)认为[①]:

第一,都是为了获得语言能力和语言交际能力;

第二,都需要建立声音和意义之间的联系;

第三,都需要建立形式结构和语义结构的联系;

第四,习得一种言语现象都需要经过感知、理解、模仿、记忆、巩固和应用这样几个阶段;

第五,语法习得都有一定的顺序;

第六,都使用某些相同的学习策略;

第七,都是主观条件和客观条件相结合的结果。

表2-1 各家分析母语习得与二语习得的共同点

	具备习得条件	习得的环境	习得语言要素	习得语用、文化	培养言语能力	经过六个阶段	语法习得顺序	相同学习策略	有意义的学习
刘润清	+	+	+	+					
杨、肖	+	+	+	+					
刘珣	主观条件	客观条件	+	+	+	+			
吕必松	主观条件	客观条件	形式和意义的联系				+	+	
陈昌来			+		+	+		+	+
陈宏	同吕	同吕	同吕		+	+	+		

各家观点,总结如下:

第一,外语界专家的看法高度一致。

第二,除陈昌来没有提及外,各家在习得的"前提条件"方面是一致的,都认为两种语言习得少不了主、客观条件。

---

① 陈宏,吴勇毅.对外汉语教学理论与语言学科目考试指南[M].北京:华语教学出版社,2003:36.

第三，在习得的"目标内容"方面有出入。外语界专家认为有两个方面，一是"语音、词汇和语法三要素"，二是"语用规则和文化"。对外汉语界几位学者的看法与此观点在前一点上一样，在后一点上不太一样。

刘珣的说法是"受文化制约的语用规则"，同时强调了"听说读写的技能"。吕必松的看法跟刘珣的也不完全一样，在语言本体方面他用了比较概括的两个"联系"。他没有提到"语用""文化"方面。陈昌来、陈宏等这一条没有提及。

第四，刘珣的说法中有单独的一条"培养言语交际能力"，同时他在习得内容方面也强调了"听说读写的技能"，可见，他突出强调"技能""能力"等应用性问题。陈昌来、陈宏等都提到了"语言交际能力"。

第五，对外汉语界的几位学者强调了习得一种语言要经过的六个阶段。

第六，吕必松、陈宏提到了"语法习得顺序"问题，其他学者都没有这一点。

我们就各家观点有出入的地方简要谈一下。

首先，是不是两种习得都要习得"文化"？

作为第一语言习得，儿童在习得语言的同时，由于"客观条件"的影响，在自然环境中沉浸在母语文化氛围中，不知不觉中不仅习得了母语，同时也会习得与母语有关的文化以及母语背景下的其他文化。但是，第二语言习得往往是在课堂中进行的，在习得语言的过程中，如果不是特意给学习者输入相关的文化信息，二语习得者很难像母语习得者那样习得较为全面的文化信息。刘珣先生的说法"受文化制约的语用规则"指出了"习得文化"的不准确之处，"受文化制约的"除了语用规则，其他一些规则也可能包含文化信息，如词汇。当外国学生在习得汉语的成语时，自然要习得汉语成语中包含的文化信息。这一点第二语言习得跟第一语言习得基本上是一致的。

其次，关于"六个阶段"。

是不是第一语言习得跟第二语言习得都要经过六个阶段？外语界几位学者的说法中没有提到这方面，但对外汉语界的几位学者都提到了这一条。这个六阶段说，显然是受到行为主义学习理论的影响。

再次，关于"语法习得顺序"。

习得顺序是语言习得研究的一个热点问题。不同的学者从不同角度，都在积极探索儿童的习得顺序与成人二语习得的顺序。目前的看法是，不管第一语言习得还是第二语言习得，它们都有一定的习得顺序。

至于"学习策略"和"有意义的学习"，是一些学者在自己的研究中提出的看法。儿童的学习策略与二语学习策略有哪些共同点？有哪些区别？二语学习者每个人的学习策略对他们的习得结果有怎样的影响,这些还都是值得进一步研究的问题。

综合各家观点,我们认为,第二语言习得跟第一语言习得之间的不同点有四条:

第一,都需要具备一定的主观、客观条件。

第二,为了获得语言能力和语言交际能力,都必须掌握语音、词汇、语法等要素,建立起语言的形式和意义之间的联系,学习语言语用规则。

第三,习得一种言语现象都需要经过一定的阶段。

第四,语言各要素的习得都有各自一定的顺序。

一、主观、客观条件

两种语言习得都必须具备一定的主观条件和客观条件。任何语言习得都是学习者主体与客观环境相互作用的结果,不论是第一语言的习得还是第二语言的习得,概莫能外。

语言习得的主体是人。作为主观条件,主体必须具备健全的大脑和语言器官,如果大脑受损伤或发声器官、视听器官有缺陷,语言习得都会受到影响。聋哑人一般在生理上不具备学习听或说的条件,大脑不健全或损伤、病变也会给语言习得带来严重的影响,甚至完全丧失习得语言的能力。

作为客观条件,必须具备一定的语言环境。人具有先天的习得语言的能力,但语言的获得却是后天通过与环境的作用而实现的。语言习得是学习者主体和客观环境相互作用的结果。研究表明,儿童生下来具有学习任何语言的能力,这种能力是天赋的,咿呀学语阶段各语种儿童的发声也没有多大差异。然而,在以后几年的生活里,生活在英语环境中的儿童学会了英语,而生活在汉语环境中的儿童却学会了汉语,这就显示出后天语言环境的影响。狼孩由于与人的语言环境隔绝,虽然有先天的习得语言的能力也无法获得语言。成人习得第二语言也必须有一定的语言环境,即使不能置身于目的语的自然语言环境中,至少也必须有提供一定目的语输入的语言环境(如课堂、教师或对话者)。

二、习得语言要素

两种语言习得都需要习得语音、词汇和语法,学习语言语用规则。

语音是语言的物质外壳,是语言的外部形式,语言中的任何词和语法形式都是依靠语音这种物质材料而存在的。有了语音,语言才能更好地为人们所感知,语言才能更多地发挥交际工具的作用。要习得一种语言却不习得语音,就获得不了听和说的能力,语言对学习者而言也就成了哑巴语言。除聋哑儿童外,一个健康的儿童在语言环境中至少能获得一种语言的语音。在第二语言的习得者中,许多人所习得的第二语言也许会是"哑巴语言",这由他们的学习动机与学习目的所致。语言具有交际的功能,习得语音是进行言语交际的必要条件。所以,如果第二语言的学习者在习得过程中不习得语音,那么,他就不可能获得第二语言的全部功能。

词汇是语言的建筑材料,没有建筑材料是不能建成建筑物的。因此,我们说没有词汇就没有语言,不习得词汇也就不能习得语言。

语法是词形变化法和句法规则的总和,词汇只有通过语法规则组织起来,才能表达人类的思想。没有语法规则的语言是不存在的。语法是人类思维长期抽象化工作的成果,它是人类思维规律和逻辑关系的反映。例如,"你写了作业了吗?""你写作业了吗?",不同的"了"表示什么样的意义,什么时候用,什么时候不用,不管是第一语言习得还是第二语言习得,这些都是要学习的。

同样,语言是交际工具,习得语言的目的都是为了交际。两种语言习得都是为了培养语言交际能力。儿童习得母语是为了满足生存和认识周围世界、进行交际活动的需要,成人习得第二语言也是为了从听、说、读、写方面运用目的语进行交际。语言除了受语言规则的制约以外,还要受语用规则和所学语言集团的文化的制约。美国社会语言学家戴尔·海姆斯(Dell Hymes,1971)曾指出,一个人的语言能力不仅包括语法能力,还应当包括交际能力;不仅应让自己的语言合乎语法,而且应让自己的言语能为人接受,语法不仅应包括形式的规则,还应当包括文化风俗的规则,前者是形式的语法,后者是文化的语法。[①]

所以,语言受两套规则系统制约,一是语言规则系统,一是语用规则系统。语言规则系统保证了语言的正确性,语用规则系统保证了语言使用的得体性。

三、经过一定阶段

习得一种言语现象都需要经过感知、理解、模仿、记忆、巩固和运用几个过程。

感知就是听到或看到,这是学习一种言语现象的前提条件。

理解就是懂得感知的言语现象的意思,就是明白这种言语现象的形式结构和语义结构。这是习得一种言语现象的前提条件。无论是学习第一语言还是学习第二语言,不理解的言语现象一般是学不会的,即使暂时学会了,也不能算真正习得了这种言语现象。

模仿就是照着某种样子做。幼儿开始学习语言的时候,首先是重复别人的话,别人怎样说,他也跟着这样说,这就是模仿。学习第二语言也需要模仿,主要是模仿老师的发音和话

[①] Dell Hymes. On Communicative Competence. In Pride, J. & J. Holmes(eds.) Sociolinguistics[M]. London: Penguin, 1971: 269—293.

语,模仿课本上的话语。老师发一个音,学生跟着发,老师说一个字词或一个句子,学生跟着说,照老师说的句子或课本上写的句子造一个同样类型的句子,等等,都属于模仿。

能够理解和模仿的言语现象不一定能够记住,如果记不住,还是不能学会。曾经有过这样的情况:上课时老师指着一个学生问他旁边的一个学生:"他在你的哪边?"那个学生回答说:"他在我的上边。"听到别人大笑,他马上改口说:"他在我的下边。"最后又说:"他在我的里边。"这里的错误就是记忆上的问题,分不清"左边、右边、上边、下边、里边"的不同的意思。由此可见,记忆也是习得一种言语现象的必要条件。

记忆有长时记忆和短时记忆之分,短时记忆很容易遗忘。所谓巩固,就是使短时记忆发展为长时记忆。巩固的主要方法是反复练习和运用。

运用就是把学过的言语现象用于交际。这既是学习语言的目的,也是巩固所学言语现象和最终习得所学语言的一种手段。也就是说,学习语言是为了运用,也只有通过运用才能把"学习"转化为"习得"。幼儿之所以能学会第一语言,原因之一就是他们总是在不停地运用学到的言语。学习第二语言也要经常运用。运用往往不是照搬已经学过的句子,而是把学过的语言知识和语用知识综合起来,进行灵活运用。因此,运用也就是活用。

四、各有一定顺序

语言各要素的习得都有各自一定的顺序。

语音习得方面,儿童通常先学会唇音和齿音,后学会软腭音;先学会纯元音韵母,后学会元音加辅音的韵母。词汇方面,儿童先学会无标记的词汇,后学会有标记的词汇。语法方面,幼儿习得第一语言的语法也有一定的顺序。有些语法结构先学会,有些语法结构后学会。先后顺序不是任意的。

中介语(interlanguage)研究的结果也证明:成年人习得第二语言的语音、词汇、语法也都有一定的顺序。有些方面,这种顺序与儿童习得第一语言的顺序相似;有些方面,这种顺序还需进一步的研究。

温宝莹(2008)考察了汉语普通话元音在二语习得与母语习得中的先后顺序,具体情况如下①:

普通话的儿童首先习得的是人类语音中普遍存在的元音/a/、/i/、/u/,然后才是人类语音中出现频率较低的元音/ɿ/、/ɤ/、/y/。普通话的儿童元音发展中出现的第一个元音是开口度最大的元音/a/,然后是开口度最小的元音/i/,构成发音部位的高低对立/a/～/i/,然后

---

① 温宝莹.汉语普通话的元音习得[M].天津:南开大学出版社,2008:200—201.

再产生后高元音/u/,构成发音部位前后的对立/i/~/u/,由此产生世界各语言中都有的最小元音系统/a/~/i/~/u/;圆唇前元音/y/的习得在非圆唇的前元音/i/和圆唇后元音/u/之后;舌尖元/ʅ/、/ɿ/的习得在舌面元音之后。

美国学生习得七个汉语一级元音的顺序为:/i/ > /y/、ʅ、ɿ/ > /u/、a、ə/。日本学生的习得顺序为(这里只讨论女生):/a/ > /y/、ʅ、ɿ、i/ > /u/、ə/(" > "表示早于)。

第三节 第二语言习得与第一语言习得的不同点

上一节我们讨论了第二语言习得与第一语言习得的共同点。然而,第二语言习得与第一语言习得还各有它们自身的特点。第二语言习得与第一语言习得在习得方式、习得过程、习得环境、习得者的个体因素、习得的目的和动机诸方面都存在着明显的差异。

关于第二语言学习和第一语言学习的不同点,学者们的看法基本一致,都认为有四个方面的不同:① 学习环境和学习方式不同;② 学习目的和学习动力不同;③ 学习者理解和接受能力不同;④ 语言习得过程不同。

刘珣认为除有上述四点之外,多了一点:文化因素习得的不同。[①]

陈宏,吴勇毅(2003)认为有六点不同,它们是:① 学习的主体不同,理解和接受能力不同;② 学习的起点不同;③ 学习的条件、学习环境、学习方式不同;④ 学习的目的和动力不同;⑤ 语言输入的情况不同;⑥ 语言习得过程不同。[②]

可以看出,六点不同跟四点不同本质上是一样的,只是学者们划分的详细程度不同而已。因此,我们综合各家之说,同意四点不同的说法。[③]

一、学习能力不同

两种习得学习者年龄不同,年龄的差异表现为认知能力的差异。这种认知能力的不同是造成第二语言习得与第一语言习得差异的重要原因。

认知是个体对客观世界的认识。人的认知主要包括他的高级的、属于智力性质的心理过程,诸如思维、想象、创造、智力、推理、概念化、计划和策略的制定、问题的解决等。较广义地讲,它也包括注意、记忆、学习、知觉以至有组织的运动、人在社会交往中和个体认知中所

---

① 刘珣.对外汉语教育学引论[M].北京:北京语言文化大学出版社,2007:180.
② 陈宏,吴勇毅.对外汉语教学理论与语言学科目考试指南[M].北京:华语教学出版社,2003:36—38.
③ 以下四点不同的论述,主要参考:肖德法,张积家.第二语言习得与外语教学[M].成都:成都电子科技大学出版社,1994:99.

使用的言语等。一般认为,人的认知能力主要包括观察能力、记忆能力、思维能力、想象能力、注意能力,其中思维能力是核心。

人的认知能力是不断发展的。由于第二语言习得在习得顺序上晚于第一语言习得,它的学习者一般是年龄大些的儿童、青少年或成人,所以,在认知能力的发展方面,与第一语言的习得者相比,第二语言的学习者明显占优势。

儿童习得第一语言是从零开始的。当婴儿从母体中呱呱坠地之后,他们对世界上的一切事物或现象,包括语言的或非语言的事物或现象,都一无所知。出生以后,儿童的认知能力迅速发展,首先是儿童认知结构的发展。婴幼儿的认知结构主要是由感觉和运动组成,所以叫感觉运动性认知结构,以后直至青年期,儿童逐步掌握了符号、语言、概念以至逻辑的命题,逐步能对直接感知的具体事物以至抽象的概念进行运算,与此相应,他们发展了运算性认知结构。其次是儿童认知范围的扩展。儿童最初的认知首先是以他自身作为出发点和参照物,然后随着发展逐步由近及远扩展其范围。再次是儿童认知程度的深入。认知发展的总的趋势是由浅入深,由认识事物的表面现象逐步达到认识事物的本质。最后是儿童信息加工容量的增加。表现为注意范围和记忆广度的增大,信息加工的速度增快,能采取较好的信息加工策略,并利用有助于注意、记忆和问题解决的策略和方法等。儿童的认知发展与语言发展紧密联系、相互促进:认知发展为语言发展提供了基础和可能,语言是思维的工具,语言的发展反过来又使儿童的认知水平和能力得到进一步的提高。

年长儿童、青少年和成人在开始学习第二语言与儿童学习母语不同。首先,他们的认知能力的发展已达到较高的水平或已经成熟,因此第二语言习得与认知发展不是同步进行的。其次,由于认知能力的提高或成熟,能够较容易地概括和掌握第二语言的规则,并运用这些规则来指导自己的第二语言习得,因此,第二语言习得的质量与速度会大大提高。最后,由于在第二语言习得中认知与语言相对分离,第二语言对于学习者而言不是思维的工具。学习者能运用第二语言生成一些话语,但话语的思想内容仍是学习者运用第一语言进行思维的产物。也就是说,在这种情况下,思维用的是第一语言,而表达用的是第二语言。从第一语言的思维脱胎出来的思想或概念,必然带有第一语言的特征。这就是为什么第二语言初学者的话语既像第一语言又像第二语言,既不像第一语言又不像第二语言的原因。如果思维时使用的是第二语言,那样就不会产生第一语言的干扰。

由于第二语言习得时语言与思维分离,不利于对第二语言规则和知识的掌握,也会产生语言之间的干扰,所以有人认为,第二语言的学习应尽早开始,年龄小的学习者比年龄大的学习者更适合学习第二语言。甚至有人认为,12岁之前是第二语言习得的关键期①(critical period)。在12岁之前学习第二语言较为容易,在此之后就变得相对难了。

二、环境方式不同

儿童习得第一语言可分为两个时期,即自然习得时期和学校教育时期。儿童基本的第一语言的听说能力是在自然习得时期获得的。儿童所处的大环境给儿童提供了接受大量的语言输入和经常输出语言的机会。从输入方面说,儿童第一语言习得的环境十分广阔的,家庭、街头巷尾乃至整个社会都是儿童习得第一语言的环境。这些输入不仅仅有针对学习者的话语,而且包括学习者所听到的各种话语。从输出方面说,学习者同时也是言语交际活动的积极参加者,他们通过参与现实的交际活动习得语言。

在学校教育时期,学习者在继续提高听说能力的同时,着重提高书面言语(读、写)的能力和言语交际的能力,还要学习与语言理解和语言使用有关的文化知识。在学校里学习第一语言,儿童不需要从最基本的听说开始,而是以识字和读写为主。学校的教育是有计划、有组织的。在学校学习环境主要是课堂,与自然情境下的习得的环境相比显得很微小,但是,课堂的小环境是属于同一语言的大环境包围下的小环境,两种环境并不冲突。学习者在小环境中习得的知识,又可以放到大环境中去运用。

但是,除了在目的语国家或地区习得第二语言外,二语习得的课堂的小环境与社会的大环境是相冲突的。由于在社会的大环境中缺乏使用和练习的机会,所以,学习者在课堂的小环境中学得的第二语言知识,不仅不会得到巩固和加强,反而因为废用的缘故被遗忘和削弱。

另外,课堂的环境中学习者接触语言的时间很短,言语也不像在第一语言习得里那样丰富和真实。这样,学习者接受第二语言的输入和输出第二语言的量就很少很少了。这与第一语言习得时接触语言的时间是无法比拟的。

第二语言习得与第一语言习得在习得方式上也有不同。人们习得第一语言,是先习得口语,再习得书面语言,其语法的习得也是自然而然地进行的。而第二语言的习得则要从最基本的语音、词汇和语法开始,口头语言和书面语言(听、说、读、写)同时起步。所有这些方面的学习任务几乎是同时承担的,这样就增加了学习的难度。

三、目的动机不同

幼儿习得第一语言是出于人的本能,是出于生存和发展的需要。要生存就要认识他们

---

① 关键期假说,见"中介语"一章的讨论。

赖以生存的世界,就要认识周围的事物和它们之间的关系。人是社会动物,要在社会中生活,就要同其他人进行交际,通过集体的协作来生活、劳动。要完成这两个方面的任务,都离不开语言。因此,幼儿的第一语言习得的目的是天然的和原发的,它会产生巨大的动力作用,推动着儿童第一语言的习得与发展,使第一语言习得具有明显的主动性。儿童为了满足认识和交际的需要学习语言,需要的满足又会进一步强化他的学习动机,儿童便在学习语言中获得了益处和乐趣,这种动机与乐趣反过来又促使他进行新的学习。如此循环往复,儿童便习得了第一语言。

与第一语言的习得不同,人学习第二语言的需要并不是为了满足认知和生存的需要。人们学习第二语言的目的也是多种多样的,如为了求职、升学、科研和出国深造等。不学第二语言,学习者照样可以认识世界,照样能与其他人进行交际。例如,我国的英语教师常常会发现,当学生用英语同教师交际感到很困难时,便会立刻改用汉语同教师交际。但幼儿在用第一语言同别人交际出现困难时,却没有这个退路,他们必须硬着头皮以各种方式(包括语言的和非语言的方式)来表达自己的意图,以达到交际的目的。此外,与第一语言习得的主动性相比,第二语言习得则相对说来是一种较为被动的行为。外语通常是学校里的一门课程,也是升学、晋升职称考试的科目,学生往往把语言习得视为完成一项学习任务,在心理上往往有某种负担和压力,对语言的兴趣主要属于间接兴趣(即对第二语言学习的结果感兴趣),直接兴趣(即对语言学习本身感兴趣)不多,因此学习起来也颇感吃力。

出于求职、升学、阅读科技资料、通过晋升职称的考试等目的而进行的第二语言学习常常具有片面性。当学习者的目的到达之后,便会出现语言发展的停滞、僵化,甚至倒退的现象。目的和动机的差异的确是造成第一语言习得与第二语言习得效果差异的重要因素。

四、具体过程不同

上面谈到,不管是第一语言习得还是第二语言习得,都要习得一种语言的语音、词汇和语法等。但两种习得的具体过程各不相同。

(一) 语音习得过程的差异

婴幼儿习得第一语言的语音是从单词为基础的音节形式开始的。如汉族的儿童习得汉语的语音时,首先从"bàba""māma"等词语的语音形式开始。后来随着语言能力的发展,语音习得逐步扩展到词组成的短语和句子,如"māma, wǒ yào chī fàn"(妈妈,我要吃饭)。儿童并不知道语音可以切分为更小的语音单位,更不知道每个音的发音特性。直到儿童入学以后,等他们学习了汉语拼音,他们才慢慢对汉语的语音结构有所了解。他们在学习了汉语拼音知识之后,便利用这些知识去拼读字词。

在非目的语国家的课堂环境里学习第二语言的语音,学习者往往是从识别单个语音开始的。例如,我国学生学习英语,习惯上先从学习单个语音开始,其中包括发音方法的学习和发音动作的练习。如英语中的[m]是个双唇音,发音时要双唇紧闭,气流震动声带,气流从鼻腔中流出。学习者懂得了发音要领之后,开始模仿发音;单个音基本上掌握之后,再学习语音组合,即学习发出单词的读音,如[mæp](map)、[neim](name)等。单词读音基本掌握以后,学习者便开始掌握更大单位的语音组合,即学习句子的读音。然后,经过反复的练习,最后达到无意识地、自动化地运用英语的语音的程度。

第一语言语音习得和第二语言语音习得的过程可归纳为:

表2-2 第一语言与第二语言语音习得的过程

第一语言语音习得	单词音节→音节组合→单个语音→语音运用→语音获得
第二语言语音习得	单个语音→单词音节→音节组合→语音运用→语音获得

(二)词汇习得过程的差异

词表示一定的概念或意义,是音、形、义的统一体。学习者要习得一个词,要建立两个方面的联系:一是要建立词的意义与它代表的事物和现象的联系;二是要建立词的音、形、义之间的联系。

人对于词汇的习得,主要有两个时期:一是学前期,二是学校教育时期。在学前期,儿童习得词汇的主要任务是学习词的音和义,在思维中建立词的音、义之间的联系,并在记忆中储存下来。上学以后,儿童面临两个任务:一是要把已经建立了音、义联系的词与词的书写形式联系起来,这一任务的核心是记忆词形,相对来说比较容易;二是学习新词,同时建立词的音、形、义三方面的联系,这一任务相对难些。我们可以将儿童习得第一语言的词汇的过程归纳为:

词的音与义的习得→词形的习得+新词的音、形、义的习得。

这是儿童习得第一语言词汇的第一个特点。

儿童习得第一语言词汇的第二个特点是对思维过程的依赖。例如,儿童在成人的帮助下,将成人所说的"沙发"一词和具体的沙发这种事物建立了联系,此时,词与沙发这种事物是简单的一一对应的关系。后来,他看到形状各异、大小不同的沙发都能与"沙发"一词相联系,词的标志范围就进一步扩大,标志某些性质相类似的事物。此时,"沙发"一词不再只代表具体的沙发,而是概括地标志"一种坐具"的任何形式的沙发。可见,儿童的词义发展是与儿童的概念发展联系在一起的。儿童获得第一语言的词汇不只是建立音与义的联系,而且包括词所代表的概念的概括水平的增加。这是儿童习得第一语言词汇的第二个特点。

年长儿童、青少年和成人习得第二语言的词汇则不同。他们在开始习得第二语言的词汇时,头脑中已经贮存了大量的有关事物或现象的概念或意义。因此,第二语言学习者在学习第二语言的词汇时,往往不需要经历词义由具体到抽象、由片面到全面、由现象到本质的过程,可以集中精力于建立词的音、形、义三方面的联系。

学习者在学习第二语言时,往往以第一语言的词作为与词所代表的概念或意义联系的中介。由于两种语言的语言形式不同,第一语言中的词与第二语言中的词与概念或意义的关系也是复杂的。以汉语和英语而言,两种语言中的词汇与概念之间的关系有完全对应、部分对应与完全不对应三种情况:

1. 完全对应

两种语言中都可以找到反映同一概念的词。如"计算机"与"computer"、"电视"与"television"、"书"与"book"、"走"与"walk"等。这种完全对应的情况在汉英两种语言中占很大的比例。学习者获得这一类型词汇的过程为:

第二语言词汇的音与形(如:"television")→第一语言的相应词汇所代表的概念("一种接收电视广播的装置")→第二语言词汇的概念("电视机")→第二语言词汇的获得("television")。

2. 部分对应

两种语言中代表同一概念的词只有部分的对应关系。如汉语中,"把它拿过来"和"把它拿过去"都用了"拿"这一动词,但在英语中,"把它拿过来"的对应形式是"Bring it here","把它拿过去"的对应形式是"Take it there"。这表明,汉语中"拿"这词包含了英语中"bring"和"take"两个词的概念的内涵。换言之,英语中的"bring"和"take"只具有汉语中"拿"的部分词义。又如,汉语中,"祖父""外祖父""祖母""外祖母""叔叔""舅舅""姨姨""姑姑"都是专有的名称,它们分别指称个人的不同的亲属,父系与母系区分明确。但在英语中,"祖父"与"外祖父"都是"grandfather","祖母"与"外祖母"都是"grandmother","叔叔"与"舅舅"都用"uncle","姑姑"与"姨姨"都用"aunt",父系与母系不做区别。学习者习得这种与第一语言中的词汇部分对应的第二语言的词汇时,往往要修正第一语言中词的概念,保留相对应的部分,补充缺少的部分,去掉不相对应的部分,在此基础上形成第二语言词的精确概念。因此,对第二语言中与第一语言的词汇部分对应的词汇的获得过程应为:

第二语言词汇的音与形→第一语言中有关词的概念→修正第一语言中词的概念→第二语言中词的概念→第二语言词汇的获得。

3. 完全不对应

即第二语言中出现学习者在第一语言中完全没有接触到的新词,也即音、形、义全新的词,例如,汉语中用"您"表示尊称,英语中没有类似的对应词,只能用"you"。第一语言是英语的人在学习汉语中"您"这个词时,不仅要学习它的字形和语音,还要习得它的意义。又如第一语言是汉语的人在学习英语里"sandwich"等词时,也有一个概念形成的问题。因此,习得第二语言中上述类型词的过程是:

    第二语言词的音和形→第二语言词的概念→第二语言词的习得。

(三)语法习得的过程不同

婴幼儿习得第一语言的语法要经过"单词句→电报句→完整句→复杂句"的过程。在这一过程中,儿童对语法的习得是无意识地进行的。儿童在学前期习得语法,包含了"模仿→初步发现语言的规则→不规范的语法规则的使用→修正语言的规则→语言规则的较正确的使用→再度修正语言的规则→发现正确的语言规则"的过程。儿童入学以后,还要继续学习语法。此时的语法习得是在教师的指导下进行的,学生习得时多数情况下是有意识的。从这个角度上说,第一语言语法习得经历了一个从无意识到有意识的过程。

年长儿童、青少年和成人在课堂情境下习得第二语言的语法所经历的过程则不是如此。它是一个从简单句到复杂句的过程。与儿童习得第一语言相比,学习者习得第二语言没有经过单词句、电报句两个阶段,而是从规范的简单句开始,如一开始就学习"This is a book""That is a table"之类的句子。但是,在第二语言语法习得的很长一段时期内,学习者往往不能按照所学语法规则去组织句子。例如,以英语为第二语言的学习者虽然已学习了动词第三人称单数的变化规则,但在学后很长一段时间内并不能正确地去使用它,以至于常说出"*She go to work"之类的句子来。学习者要在不断使用和纠正的过程中才能逐渐获得它。因此,我们可以把第二语言语法习得的过程归结为:

    规范的语法学习→不规范的语法使用→纠正→不规范的使用→再纠正→规范的使用(即获得)。

其中不规范的使用不是一两次纠正就能够奏效的,有时还要经过多次反复才能达到获得。

另外,儿童获得第一语言话语的意义,是从话语直接到语义的理解,而获得第二语言的话语的语义,在第二语言习得的初级阶段,往往要经过第一语言的中转,其过程为:

    第二语言的话语→第一语言的话语+语义理解。

只有到了语言习得的高级阶段,才能从第二语言的话语直接达到语义的理解。此时,第一语言的这一中转站才会消失。

总之,第二语言习得与第一语言习得虽同是语言习得,但它们还是有许多不同点。了解这些不同点,将会有利于对第二语言习得特殊规律的探讨与掌握,从而有利于第二语言教学和学习效率的提高。

思考和练习二

一、填空题

1. 一般认为,儿童习得语言的过程可以分为以下几个阶段:(　　)、(　　)、(　　)和(　　)。

2. 成对的形容词表现出两极性的特点,一端为积极形容词,另一端为消极形容词,儿童先习得(　　)的一方。

3. 我国学者考察了儿童在各种情境下对人称代词"我""你""他"的理解,结果表明:幼儿都对(　　)理解最好,(　　)次之,(　　)最差。

4. 3岁、4岁儿童仅能使用少量高频量词"(　　)""(　　)",并表现出对它们的过度概括。

5. (　　)说认为儿童学习语言是对成人语言的临摹,儿童的语言是成人语言的简单翻版。

6. 布鲁纳等人认为(　　)是儿童获得语言的决定性因素。

7. 习得一种言语现象都需要经过(　　)、(　　)、(　　)、(　　)、(　　)和(　　)这样几个过程。

二、排序题

1. 颜色词出现较早,其顺序大致为:
　　　　棕　紫、灰　黑、白、绿、黄　蓝　红

2. 中国儿童获得空间维度形容词的顺序为:
　　　　高矮、长短　厚薄、宽窄　粗细　高低　大小

三、连线题

1. 经典条件反射学说　　　　A. 斯金纳
2. 操作性条件反射学说　　　B. 布鲁纳
3. 社会交往说　　　　　　　C. 巴甫洛夫

4. 先天语言能力说　　　　　　D. 皮亚杰

5. 自然成熟说　　　　　　　　E. 乔姆斯基

6. 认知论　　　　　　　　　　F. 列尼伯格

四、名词解释

1. 过度概括

2. 电报句

3. 模仿说

4. 强化

5. 语言能力

6. 关键期

7. 语言习得装置

五、论述题

1. 试述第一语言习得和第二语言习得的不同点。

2. 试述第一语言习得和第二语言习得的相同点。

第三章 对比分析与偏误分析

当听到一个人带有浓重方言味道的普通话时,人们会根据其方音去推测其家乡。这种说话时带方音的现象,反映了语言之间的相互影响,在二语习得领域中被称为语言迁移。

人们在学习外语的时候,都会觉得不同母语背景的学生学习不同的外语难易不同。比如说,母语为英语的学生学习法语就比学习汉语简单。这种现象引起了研究者、教师、语言学习者等多方面的兴趣。对这一问题的解释和探讨,使得语言迁移成了当时解释语言学习的一种主流观点。

要理解为什么语言迁移会成为解释语言学习的主流观点,就要从当时的心理学和语言学思潮说起。

第一节 行为主义的语言观

一、行为主义学习理论

行为主义产生于20世纪初的美国,代表人物是华生和斯金纳。他们认为,行为就是有机体用以适应环境变化的各种身体反应的组合,具体的行为反应取决于具体的刺激强度。

行为主义理论家确立的学习过程有三种:经典条件反射、操作性条件反射和观察学习。

经典条件反射是由俄国生理学家伊万·巴甫洛夫(Ivan Pavlov,1849—1936)在研究消化腺的实验中发现的。他认为,形成条件反射的基本条件,无关刺激物与无条件刺激在时间上的结合,这个结合过程也叫强化。强化次数越多,条件反射越巩固。长期不予强化,条件反射就会逐渐消退。

继巴甫洛夫之后,美国心理学家斯金纳(B. F. Skinner,1904—1990)提出了操作性(工具性)条件反射理论(operate conditioning)。斯金纳认为,动作的形成是以动作的结果为强化的。强化有正负之分:正强化具有奖赏的作用,它可增加先前的反应再次发生的可能性;负强化是指没有该强化时,可使行为再次出现的可能性增加。惩罚有时充当负强化的角色,因为在某些时候,没有惩罚会增加行为发生的可能,但它又不完全等同于负强化,因为它的出现会减少行为出现的可能。操作性条件反射也可解释很多行为的习得,例如撒谎。一个小孩做错了事,他如实告诉父母时,却换来一顿呵斥。下次犯错时,他不敢再说真话,却被父母接受。这个小孩将会根据自己的行为后果判断形成相应的行为方式,即撒谎的习惯。

观察学习理论的提出者是阿尔伯特·班杜拉(Albert Bandura)。所谓观察学习就是人们通过观察他人的行为及行为的后果而间接进行的学习。由于观察学习理论主要关注的是个体社会行为的习得和个体社会化的历程,因此又称为社会学习理论。班杜拉认为,观察学习的过程受到注意、保持、动作再现和动机四个子过程的影响。注意过程调节着观察者对示范活动的探索和知觉;保持过程使得学习者把瞬间的经验转变为符号概念,形成示范活动的内部表征;动作再现过程是以内部表征为指导,把原有的行为组合成信念的反应模式;动机过程则决定哪一种经由观察学得的行为得以表现。班杜拉的基本观点是,通过对认知过程的仔细分析,能对行为做出最确切的科学观测。

行为主义心理学家在学习是如何发生的认识上有许多相同之处。比如,他们都认为学习必然包括行为的变化。他们断言,新的信息必然引发行为的变化。为什么会产生某种行为呢?他们认为行为是源于人们环境中的经历。行为主义心理学家强调,具体的行为反应取决于具体的刺激强度,因此,他们把"刺激—反应"作为解释人的一切行为的公式。而学习必然包含刺激与反应的联结。通过联结进行学习被称为接近学习(contiguity learning)。刺激与反应的发生有时间间隔,幼儿需要及时的反馈,而较大的儿童与成人更愿意等待更长的时间。他们认为,不同物种的学习过程十分相似。行为主义的研究从不关注种族、性别、社会经济地位的不同或者是人类中的多样性问题。根据传统行为主义的观点,无论你是男人、女人、黑人还是白人,所有人类的学习行为都有同样的机制。

二、语言学背景

布龙菲尔德在其经典著作《语言论》(Language,1933)中,对行为主义的语言观做了最为详尽的描述。

典型的行为主义观点是,语言的特征首先是说,而不是写,说是写的前提条件。这一观点的理据有两点:① 没有认知缺陷的儿童在学习书写之前学会说话;② 虽然所有社会都有口头语言,但其中许多社会并没有书面语言,不存在只有书面语言而没有口头语言的社会。

行为主义语言学认为,说话包含模仿和类比。我们在儿时就建立了一套习惯,并通过对我们所知的东西做出类比或通过模仿他人言语继续发展我们的语言能力。但是,是什么让我们开口并进行会话呢?

这要在行为主义框架内找到这个问题的答案,先看下面的文字[①]:

> 假设杰克和琪儿正沿着一条小路走去。琪儿饿了。她看到树上有个苹果。于是她用她的喉咙、舌头和嘴唇发出一个声音。杰克就跳过篱笆,爬上树,摘下苹果,把它带到琪儿那里,放在她的手里。琪儿就这样吃到了这个苹果。

这一系列行为可以分为三部分:

(1) 言语行为前的现实事件(如饥饿感、看见苹果);
(2) 言语行为(用喉、舌和唇发出声音);
(3) 听话人的反应(杰克越过篱笆,摘下苹果并放在琪儿的手里)。

我们把饥饿和看到苹果当作一种刺激,用 S 表示,朝苹果方向走去,就是一种反应,用 R 表示,这个过程可以表示为公式:S→R,这是没有语言的行为方式。但是现在有了语言就成了另一个方法,琪儿不用自己去摘苹果,而是做出一些发音动作,即言语的反应,这个反应用小写字母 r 表示。这种刺激引起反应的方式可以表示为公式:S→r。空气中的声波冲击了杰克的耳膜,杰克听到了言语,他的反应不是对实际刺激的反应,而是对言语刺激的反应。我们用小写字母 s 表示,这种刺激引起的反应可以表示为公式:s→R。把上面三个公式连接起来,布龙菲尔德提出了一个著名的刺激—反应公式:

$$S \rightarrow r \cdots s \rightarrow R$$

其中 S 是实际刺激,R 是实际反应,r 是替代性反应,s 是替代性刺激。

布龙菲尔德对儿童学习语言的过程大致分为以下几个阶段:

在各种刺激下,小孩发出一些声音,用 da 来代表它。孩子不断重复发出的音形成了习惯,每当有相似的音冲击他的耳膜式,他就做同样的发音动作。

当母亲给孩子洋娃娃,她就说"doll",看到洋娃娃和听到"doll"这个词多次一块儿出现,小孩便形成了一种新的习惯:当他看到洋娃娃时,他就说"da",再看到洋娃娃就发"da",这

---

① (美)布龙菲尔德.语言论[M].袁家骅等译.北京:商务印书馆,1980:24.

又形成了一个习惯。

小孩在洗完澡后给他洋娃娃,并且重复"da"这个音,那么他就有了洗完澡发"da"这个音的习惯。

小孩说"da"说得好,父母便懂得他的意思,给他洋娃娃,小孩的言语由于获得效果便逐渐完善。

小孩在一个习惯下便学会了说话,这个过程是刺激—反应的过程,因此,语言不是本能的,而是后天的产物。

三、学习的迁移

在日常生活中我们可以观察到,学会了骑自行车,有助于学习驾驶摩托车;学会了一种外语,有助于掌握另一种外语;儿童在做语文练习时养成爱整洁的书写习惯,有助于他们在完成其他作业时形成爱整洁的习惯。这些都是我们常见的学习迁移的现象。由此可以看出,动作技能、知识、情感和态度都可以迁移。

一般心理学教科书都把先前的学习对后继学习的影响称为迁移,现在看来,这一定义并不能概括全部迁移现象,因为后继学习也可能对先前的学习发生某种影响。前一种迁移,可称为顺向迁移,后一种迁移,可称为逆向迁移。不论是顺向迁移或是逆向迁移,都有正负之分,凡是一种学习对另一种学习起促进作用,都叫正迁移;凡是一种学习对另一种学习起干扰或抑制作用都称负迁移。

四、语言即习惯①

这种观点认为:

(1)语言作为一种符号系统,是经一定社会集体约定俗成,长期使用固定下来的习惯。每一成员都必须遵守这个习惯,交际才能完成。每一种民族语言都有自己特有的习惯,外语是不同于母语的另一种习惯。既然是习惯,在许多地方就没有多大道理可讲。

(2)社会集体成员,即每个个人为交际而对语言系统或结构的使用(所谓言语活动)和使用能力(言语能力)也是一种习惯,这种习惯是在长期使用中养成的。使用外语的习惯不同于使用母语的习惯,要掌握好外语就得另外再培养一套新的习惯。

简言之,语言系统是习惯,语言的使用亦是习惯。

从心理学的角度来看,培养新习惯要受到先前已有习惯(以下简称老习惯)的影响和制约。老习惯在培养新习惯的过程中的作用表现为两个截然不同的方向:有一部分起促进作

---

① 俞约法.俞约法集[M].哈尔滨:黑龙江大学出版社,2008:260—261.

用,其效果是正向的,可作正迁移;另一部分则起干扰作用,其效果是负向的,可作负迁移;老习惯中同所要建立的新习惯中相同的、可直接或间接借用的部分,常起正迁移作用。

将这种观点用于语言学习,便可以得出如下结论:

(1) 幼儿学习母语是建立一套习惯,青少年和成人学习第二语言是建立一套新的习惯。

(2) 幼儿学习母语伊始,没有别的语言习惯和语言经验可资利用和"迁移",因此情况比较简单。

(3) 青少年和成人学习第二语言,是在他们已有一套长期形成的母语习惯和丰富的母语经验的条件下进行的。这种已有的母语语言习惯和经验,不能不对第二语言学习——建立一种新的语言习惯发生正反两方面的巨大作用。

如果要讨论用一组习惯(比如意大利语的习惯)来替代另一组习惯(比如英语的习惯),就需要比较两种语言的"规则"并据实描述。因此,对比分析便应运而生了。

第二节 对比分析假说

一、对比分析的原则

什么是对比分析? 对比分析是将学习者的本族语与其所学的第二语言进行对比,描述它们之间的异同,特别是不同之处,旨在为第二语言教学提供反馈,预测学习困难和错误,并有针对性地提出解决的方法。

可见,对比分析是为确定潜在偏误而对不同语言进行比较的一种方法,其终极目标是对第二语言学习环境中需要学习与不需要学习的内容做出分离。拉多认为,对两种语言的语音系统、形态系统、句法系统甚至文化系统做结构对结构的比较,目的是发现相似点与不同点,最终目标是预测学习者容易学会或者难以学会的领域。

即使像德语和英语这样联系紧密的两种语言,在形式、意义和语法结构分布上也会有显著不同,由于这一点,也由于学习者往往会将本族语结构中的习惯迁移到外语中,学习外语结构才会有难学或容易学的情形。那些相似的结构容易学习,因为它们会迁移到外语中,也许会充分地发挥功能。而那些不同的结构则很难学会,因为迁移到外语中之后,它们不能充分发挥作用,因而必须改变。

由对比分析产生的教学材料基于一系列假设:

(1) 对比分析基于"语言即习惯"这一语言理论,这种理论认为语言学习包含着建立一组新习惯。

（2）在第二语言的产出或者接收中,偏误的主要来源是本族语。

（3）通过对比一语和二语的不同,可以对偏误做出解释。

（4）由第三条推导出的结论是,两种语言的差别越大,产生的偏误越多。

（5）在第二语言学习中,学习者学习的是两种语言的不同处,对相似处可以放心地忽略掉,因为它没有包含新的学习任务。换言之,两种语言之间的不相似处是必须学习的。

（6）学习的难易分别取决于相对照的两种语言之间的不同与相似。

二、对比分析的内容

对比分析假设的理论阐述包括三个方面,即对比分析的基本假设、分析方法以及对比分析的两种观点。

对比分析的基本假设是语言迁移。这一假设的基本内容包括三方面:① 学习者在第二语言习得中会把母语的语言形式、意义及其分布,连同与母语相联系的文化迁移到第二语言系统中去(Lado,1957)。② 当学习者的目的语与母语结构特征相似时,就会产生正迁移,学起来比较容易;当目的语与母语结构特征有差异时,就会产生负迁移,也就是母语干扰,学起来就比较困难。母语干扰是引起困难和偏误的主要原因或者唯一原因。③ 差异(difference) = 困难(difficulty),差异与困难相对应,差异越大困难越大,这种差异构成了语言习得的难度等级。

对比分析的分析方法,顾名思义是对比和分析,系统对比学习者的母语系统和目的语系统。其中,拉多提出的对比研究体系包括音位、语法、书写、文化等方面,但在实践中,文化对比在当时并没有引起学者们的关注。对比的内容主要是学习者的母语和目的语的语言系统,而且语音、语法的对比较多。

由对比分析假说框架衍生出两种观点,即所谓的强势论观点(与弱势论或先验论与经验论,预测型与解释型等)。根据强势论观点,人们能够基于两种语言间的比较对学习做出预测,进而预测语言教学材料会否成功。弱势论从分析学习者经常出现的偏误开始,换言之,它从学习者的表现开始,之后再基于本族语和目的语之间的区别尝试对这些偏误做出解释。弱势论成为偏误分析的组成部分,并由于预测型对比分析法的失败而被人接受。前一种方法对学习者语料(即偏误分析)的重要贡献是:它强调学习者自身、学习者产出的语言形式以及达到中介语形式而采用的策略。

三、对比分析的步骤

20世纪60年代,对比分析研究处于鼎盛时期,研究者试图通过对比学习者的母语及其目标语来预测他们将会遇到的学习困难,以此来设计有关课程并促进外语教学。对比分析涉及四个步骤：

① 描写→ ② 选择→ ③ 比较→ ④ 预测

描写，即对学习者的母语与目标语的语言形式进行描写；选择，就是从两种语言中选出要进行详细比较的语言项目；比较，是分析学习者的母语与目标语在所选出的语言项目上的异同；最后一步预测，来决定哪些项目有可能引起学生犯错。

在第③步"比较"时，研究者又把学习者的母语与目标语的异同分成了如下不同的等级(degrees of similarity and difference)①：

等级1：某个语言特征在两种语言中不存在差别。例如汉语和英语的陈述句语序都是"主语+谓语+(宾语)"，因此母语为汉语的英语学习者可以照搬母语的相关规则，不存在学习困难。

等级2：同化现象[convergence phenomenon，即母语中的两个(甚至多个)项目在目标语中合并为一个]。例如汉语的"姑妈、姨妈、舅妈、伯母"等在英语里都表达为"aunt"。

等级3：本族语中存在的项目，目标语中不存在。例如汉语的量词英语中不存在，汉语里的"一张床、一盏灯、一本书"分别对应于英语的"a bed, a light, a book"。

等级4：母语和目标语都有同一项目，但各自的分布不同。例如/k/、/p/、/t/等音在汉语和英语里都能找到，但在汉语里这几个音只作声母，出现在音节开头(如 kàn、pàn、tàn)，不出现在音节末尾；而这几个音在英语中既可以出现在音节开头也可以出现在音节末尾(如/tuk/、/kæp/、/dit/)。

等级5：目标语中的项目和母语中的完全不同。例如英语里的时态变化、名词复数标记、第三人称单数等汉语里都没有，这些对于学习者来说都是全新的项目。

等级6：分化现象[divergence phenomenon，即母语里的一个项目对应于目标语中的两个(或多个)项目]。例如汉语里的"看"在英语里有不同的表达法，如"watch TV"(看电视)、"read a book"(看书)、"see a movie"(看电影)等。

研究者认为等级1的项目最容易学，等级6的项目最难学。将学习难度与语言差异这两个概念等同起来是对比分析假设的致命弱点。人们发现属于同一等级的项目其学习难度并非一样，如汉语中的动词既没有过去时态，也没有完成时态，两者同属等级5，但是对于说汉语的英语学习者来说，完成时态比过去时态更难学。有学者认为，差异与难度不属于同一概念，前者来自语言描述，后者则源于心理过程。

---

① Ellis, R. Understanding Second Language Acquisition[M]. Oxford: Oxford university Press, 1985:26.

对比分析所描述的难度等级在教学实践中有很大的影响。如,方言区的人学习普通话,在普通话教学中一般都是以采取对比分析为基础,指出方言与普通话的异同,然后指出哪些是方言区学习者的难点,哪些不是难点。

四、对比分析的项目

根据对比的内容,语言对比分析分成两大类:语外对比和语内对比。①

所谓语外,是指与语言发生联系的一些外部因素。例如:① 物质实体。包括说话人的发音器官、性别、年龄等差异。例如,语音的分析就可以从说话人的生理、物理和心理三个方面来进行。性别的差异在发音及用语上也有体现。② 语境。指的是语言使用的场合、环境及话语参与者之间的关系等。③ 文化背景。语言本是文化组成的一部分,语言的使用上不同程度地负载着文化色彩、风俗习惯等。

所谓语内,则是指与语言本身的内部组织机构有关的一些因素。例如:① 语言结构。语言结构是指语言元素或单位以一定的组合方式结成的横向组合模式。② 语法功能。语言单位之间特定的语法联系。③ 篇章功能。篇章功能主要指一些语言手段在组句成篇中的功能。

进行具体的语言对比分析,结合语内和语外的因素,应该就语音、词汇、语法、篇章及语用—文化等几方面进行对比分析。

语音对比。如音位系统的对比,包括:相同的音位、完全不同的音位、相似的音位、音位的区别特征、音位的使用频率,以及超音段音位对比等。音节结构的对比,包括:结构类型的对比、音位搭配关系的对比。另外,还有语流音变的对比。

词汇对比。词汇形态对比,包括:词界对比、形态特征对比、构词法对比。词汇语义对比,包括:理据性对比、词义对比。

语法对比。词类对比,包括:不同的词类、相同的词类。句子成分的对比,包括:主语对比、谓语对比、宾语对比、定语对比、状语对比、补语对比。另外,还有对疑问句、否定句、祈使句的句类功能对比。

语用—文化对比。社交用语对比,包括:问候语、告别语、赞扬及对赞扬的反应、邀请及对邀请的反应、致谢语、致歉语等。人际用语对比,包括:亲属称谓语、非亲属称谓语、敬辞和谦辞、禁忌语等。

还有篇章粘连性对比和篇章连贯性对比等方面的篇章对比,这里就不再一一列举。

---

① 黄国营.英语教育学[M].南昌:江西教育出版社,1997:182—184.

五、对比分析的评价

反对强势论对比分析法的人很快就能指出,有许多预测的领域并没有在学习者现实的语言产出中得到证实。

在20世纪60年代,行为主义的语言和语言学习理论受到挑战,人们开始从结构化规则而不是习惯的角度来看语言,学习不再被看作是模仿,而是积极的规则建构。

认识到行为主义语言理论的缺陷对第二语言习得有重要影响,因为如果儿童在学习语言时不模仿,而且强化对其没有很大影响,那么第二语言学习者也不会是模仿。当研究者开始审视学习者偏误时,这一点变得清晰起来。

杜雷和伯特(Dulay & Burt)总结了四种偏误类型。第一类是由母语干扰形成的偏误,也就是对比分析认为是最主要或者唯一的偏误类型;第二类是第一语言发展类型偏误,这种偏误在第一语言习得中同样存在;第三类是类型混淆的偏误,是指既不能归在第一类又不能归在第二类的偏误;第四类是特殊类型的偏误,指那些不能反映第一语言特征同时在第一语言习得中也没有的偏误。他们统计了各类偏误的比例,其中第一语言发展类型偏误占85%,特殊类型偏误占12%,最少的是由母语迁移带来的偏误,仅为3%。

对比分析作用的另一条批评与难度的概念有关。对比分析假说的根本原则就是差异意味着难度,而相似意味着容易。根据这个观点,难度等同于差异。第二语言教学研究和实践表明,对比分析对学习者语言习得的难点的预测并不完全可靠。表现之一为,有些通过对比预测的难点在实际教学中并未出现,而实际出现的难点有些并没有被预测到。比如,汉语有声调,英语没有声调,所以,汉语的四个声调对英语学习者来讲,难度应该是相同的。如果按照"难度等级"汉语四个声调的难度等级均为三级。但是研究表明,四声中阳平、上声较难习得,阴平、去声容易习得。所以对比分析很难准确地预测四个声调的难度。

关于对比分析的局限,王建勤总结为如下三点[①]:

(1)对比分析的心理学基础是行为主义心理学,它的核心思想"刺激—反应"理论已经受到乔姆斯基的激烈抨击和批判。人有语言学习的能力,语言的产出是创造性的,语言学习是一个能动的过程,而行为主义学习理论将人的语言习得等同于动物通过刺激形成反映的机械学习过程,忽视了人作为语言获得的主体的主观能动性,另外,将语言的获得过程等同于建立在刺激—反应基础上的习惯的形成过程也是不符合实际的。

(2)结构主义语言学并没有为对比分析找到解决问题的出路。正如埃利斯指出的那

---

① 王建勤.第二语言习得研究[M].北京:商务印书馆,2009:33—34.

样,对比分析与结构主义语言学结成了"奇怪的伙伴"。① 如果进行比较的语言系统之间不存在共同的语言范畴,那么有效的对比从何谈起呢?结构主义语言学本身强调对不同语言范畴进行科学描写的重要性,但是基于语言表层结构的描写和对比往往不具备可比性。汉语中有而英语中没有的语言现象,是否具有可比性?如汉语中有"把"字句,英语中没有;反之亦然。两种语言中相似但实则不同的语言现象是否具有可比性?如英语中的卷舌音和法语中的小舌音,表面上看起来相似,实际上属于两个完全不同的音位系统。因此,尽管结构主义语言学为对比分析提供了语言描写的工具,但是正如布龙菲尔德指出的那样,语言间的差异太大,以致使我们无法建立任何适用于各种语言的分类系统。

（3）对比分析将两种语言系统的"差异"等同于语言习得的"难度"是不符合逻辑的。简单地说,"差异"属于语言学问题,而"难度"是心理学问题。显然,语言差异和心理上感觉的难易不能简单地画等号。语言教学和语言习得的经验告诉我们,当两种语言或语言特征存在很大差异的时候并不是很难学,相反,越是差异不大的语言特征越容易混淆,难度更大。比如,日语和汉语有一些看起来相同的汉字,但是有些细小的差别,如汉语的"气"和日语的"気",日本学习者在书写时常常会出错;但有的汉字是日语没有的,如汉语的"我",日本学生在书写这类汉字时,出错率常常低于前者。这些例子说明,语言差异与语言习得的难度往往不是完全对应的。因此,有学者认为,对比分析是用语言学方法解决心理学问题。

第三节　偏误分析

一、偏误分析的产生

偏误分析是一种聚焦学习者出现的偏误的语言分析。与对比分析不同,偏误分析是从学习者的语料出发,对学习者的目的语中出现的错误与目的语本身作比较,分析错误的多少、类型、产生原因,它是支持教学策略的一种分析方法。

20世纪五六十年代,第二语言研究的重心是教学问题,1967年,科德发表《学习者偏误的重要性》(*The Significance of Learners Errors*)一文,研究者的研究兴趣开始转移。科德认为偏误不能仅仅被视为应该消除的东西,而应当重视偏误自身的研究。偏误在概念和重要性上有了不同的角色。偏误提供窥探一个系统的窗口,即反映学习者二语知识的证据。在某种意义上,聚焦偏误标志着第二语言习得这一领域的开始。偏误分析研究的出现,不仅是由

---

① Ellis, R. Understanding Second Language Acquisition[M]. Oxford: Oxford University Press, 1985:25.

于教学的要求,更有着其心理学和语言学等学科的理论基础。

偏误分析的心理学基础是认知理论,语言学基础则是乔姆斯基的普遍语法理论。第二语言习得过程被看成是规则形成的过程,即学习者不断从目标语的输入中尝试对目标语规则做出假设,并进行检验与修正,然后逐渐向目标语规则靠近并建构目标语的规则体系。

随着认识的深入,研究者发现,用迁移理论不能解释学习者的全部错误。这样,人们逐渐对对比分析失去了热情。乔姆斯基不断提醒人们,语言能力是人区别于动物的主要标志,语言运用是一个由规则支配的、创造性的过程,刺激—反应无法解释语言学习和语言运用的全部。研究者已经发现,儿童习得母语也是一个创造性过程。比如博克1958年的wug实验(wug test)。这个实验说明,儿童并不是简单地重复并记住从成人那里听到的词语,而是在输入材料的基础上抽象出关于复数的规则,然后再把规则运用到自己的话语当中。儿童一开始得出的规则不一定都是正确的。研究者由此得到启发,认为第二语言习得也是一个创造性的过程。这一看法,完全不同于行为主义的习惯形成说。在此基础上,逐渐形成了一种新的语言学习理论,这就是偏误分析。

wug实验是检验小孩语法能力的一个好方法:给小孩看一张图,画着一只小鸡一样的动物,告诉他/她,这是一个"wug",然后再给他看另一张有两只动物的图,问小孩这是两只什么东西。讲英语的四岁小孩会回答"wugs",这证明小孩不是鹦鹉学舌("wug"是生造的字,小孩不可能听过别人说"wugs"),而是真正掌握了"复数后面加s"的语法规则。

二、偏误、失误的区别

科德对偏误(error)和失误(mistake)做了区分。偏误是系统性的,也就是说,它可能屡次发生而且学习者不能认定其为偏误。而失误近似于口误,即通常只出现一次的事件,出错的说话人能够识别失误,如果有必要还能改正。偏误分析和研究的对象是前者,而不是后者。

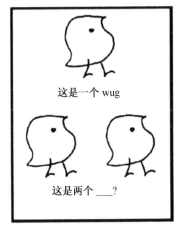

图 3-1 wug 实验

偏误的出现,反映出的问题是学生的语言知识和能力不足。例如:

* Does Tom can dance?

这个句子表明学生初步具备了使用助动词提问的能力,但他的错误表明他这种能力还没有完全正确地形成。

失误,是由说话和写作时精神不集中、疲劳、紧张、粗心、厌烦、激动或其他行为而导致的,即通常所说的口误和笔误。失误是充分掌握语言的人的偶然性错误。在脱口而出的场合,失误是难免的,这种失误不是系统的,并不能反映说话者的语言能力,操本族语的人也常出现这样的错误。这种错误的特点是,一旦这种错误出现后,说话者有能力自我改正。例如:

I majored in Chinese literature.

*I majored in Chinese lavatory.

由于心理紧张,一个中国学生在课堂上回答问题时,把"literature"(文学)说成了"lavatory"(厕所),当引得全班同学哄堂大笑时,他自己也会意识到错误并马上予以更正。这就是失误。

由此可见,偏误和失误是两种性质不同的错误,区分这两种错误对外语教学具有重要意义。有关偏误分析的许多研究工作都是在课堂教学环境中进行的,目的显然是辅助教学。

偏误只是从教师和研究者的角度看才是偏误,而不是从学习者的角度看的。因为学习者已经将某一偏误形式(从目的语的角度看)融入了自己的系统,而他本人并没有意识到这种"误"。同时,偏误只有在目的语参照时才是偏误,从中介语的角度看,它是构成这一中介语系统的部分。

三、偏误分析的步骤

科德(Corder,1974)提出偏误分析的五个步骤:即收集学习者语言的样本(collection of samples of learner language)、辨别偏误(identification of errors)、描述偏误(description of errors)、解释偏误(explanation of errors)和评估偏误(evaluation of errors)。加斯(Gass)将其概括为六个步骤:

(1)收集语料。尽管收集的通常是书面语语料,但是口语语料也是研究的依据。

(2)确认偏误。什么是偏误?比如偏误的时态顺序、偏误的动词形式、单数动词和复数主语用在一起等。

(3)为偏误分类。如:是一致方面的偏误,还是不规则动词上的偏误?

(4)偏误的量化。有多少一致方面的偏误?有多少不规则动词上的偏误?

(5)分析来源。分析偏误产生的根源。(见下文"国内学者的分类"部分。)

(6)修正。在分析偏误的类别和频率基础上,进行教学干预。

下面我们讨论科德提出的五个步骤。

1. 收集样本

偏误分析的第一步就是决定用什么样的学习者的语言样本来分析和怎样收集这些样本。学习者的错误受到各种因素的影响,例如学习者由于母语的不同,所犯的特定错误也不同。这就说明收集有明确定义的学习者的样本的重要,以便于做出清晰的陈述,在什么样的条件下会产生出哪些种类的错误。下表中列出了一些需要考虑的因素。

表 3-1 收集样本时考虑的因素

因　素	描　述
A 语言	
媒介、方法	学习者的语言可能是口头的,还是书面的
体裁、类型	学习者的语言对话、演说、散文、书信等
内容	学习者交流的主题是什么
B 学习者	
水平	初级、中级、高级
母语	学习者的第一语言是什么
语言学习经验	是课堂,还是自然环境,抑或是两者结合

不过许多偏误研究没有对这些因素给予足够的关注,结果对偏误的解释变得很困难。

另一方面,收集自然的语言材料也有很大困难。一般研究多多少少都有人为干涉或操作。同时,样本材料是如何产生的?是否出自自然的?即时性的语言运用还是通过某些方式诱发出来的?这些都是偏误分析应注意的问题。

收集样本的另一个重要环节是对样本材料的收集方式,是"横向研究"的方式还是"纵向研究"的方式。横向研究方式节省时间,能在较短时间内得到足够的材料,但其弊端是很难准确地确定学习者在语言发展各个阶段所犯错误的情况。

2. 鉴别偏误

偏误可以定义为对于目标语言规范的偏差。因此首先要明确什么样的目标语能够充当规范。一般说来,鉴别偏误需从语法和交际两个方面来进行,首先要看句子是否符合语法,如果不符合,则有偏误;如果句子符合语法,还要进一步检查它在该交际语境中是否用得恰当,如果不恰当,也应看成是偏误。要注意区别反映语言能力的偏误和一时的口误。

其实,要准确地鉴别出偏误并不是一件容易的事,即使具有本族语者的语感,人们也无法立即对偏误做出判别,因为偏误并不具备人们想象中那样明显可辨的特征,对偏误的界定牵涉到诸多的因素。科德曾提出一套辨认偏误的标准。这套标准区分了三种不同类型的偏误:需要从形式上解释的偏误、需要从主观上解释的偏误、需要从得体性方面解释的偏误。这跟后来语言研究的语形、语义、语用三方面大体一致。

3. 描述偏误

描述学习者的偏误,主要是根据学习者在中介语中想要表达的意思,重构出目标语的句子并进行比较,对其出现的问题进行描写。

对偏误进行归类的方法主要有三种。

第一种方法是"表层特征分类"(surface feature of errors)。表层特征分类法是指按照目的语范畴对学习者的偏误进行描写和分类。比如,汉语可分为语音、词汇、语法三个范畴,各范畴下又有子范畴,像语音可分为声、韵、调,声调又可以分为阴平、阳平、上声、去声。如果是考察声调偏误,就要根据汉语声调的表层特征进行描写,从而发现偏误产生的原因。目前汉语习得研究领域的偏误分析,大都采用这种偏误描写的方法。

第二种方法是"表层策略分类"(surface feature of strategy)。表层策略分类法是根据学习者偏误产生的方式对偏误进行描写和分类,包括"省略""添加""错误信息""错误词序"。

表3-2 表层策略分类

分类	描述	例如
省略	缺少必须出现在完整句型语句的词目	She sleeping.
添加	出现不能出现在完整句型的词条	*We didn't went there.
错误信息	语素或结构的用错	*The dog ated the chicken.
错误词序	不正确替代语素和一组语素	*What daddy is doing.

有学者认为,这种方法反映了学习者在语言表达中改变语言表层结构的方式,是学习者对语言的操作策略,所以在某种程度上反映了学习者的认知策略和认知过程。

第三种方法。科德和艾伦(Allen & Corder)从中介语发展的角度提出学习者的偏误可以分为三种类型:表明学习者没有意识到目标语的特定规则的前系统性偏误(pre-systematic),表明学习者发现了某条规则但却是错误的系统性偏误(systematic)以及显示学习者知道目标语的正确规则然而使用时没有保持统一的后系统性偏误(post-systematic)。

表3-3 学习者偏误的三种类型

发展阶段	错误类型	改正可能性	解释可能性
系统前阶段	系统前偏误	否	否
系统阶段	系统偏误	否	可能
系统后阶段	系统后偏误	可能	可能

科德的分类方法需要研究者对学习者进行访谈,才能知道他们的偏误是什么时候出现

的,以及他们是如何运用目的语规则的。此描写方法比较笼统,操作性不强,因而用得很少。

4. 解释偏误

鉴别出偏误,并对之做了描述和分类后,接下来就需对学习外语的学生为什么会犯这些偏误做出解释。这就是说,要设法找出产生这些偏误的原因。对偏误进行科学解释需要从语言学和心理学两个方面进行,解释学习者学到了什么,如何学到的,并据此进一步改进研究和教学。不过目前对偏误的解释还不能令人满意。

5. 评估偏误

评估学习者的错误主要是从听话者或读者的角度来看错误对理解的影响程度,错误的严重程度是指错误对交际所产生的影响。影响的大小往往取决于错误的性质:有些错误对交际影响不大;有些错误会使交际渠道不畅引起误解;有些错误则会严重到妨碍思想交流。例如:

① 小李结婚了上个月的那个女孩儿。
② 小李结婚了,因为那个女孩儿上个月认识了。

句①仍意思清楚,而句②却令人费解,因此,句②比句①中的错误严重。

四、学生偏误的种类

对偏误可以从不同角度进行分类。有的主张按语言范畴(如声调、词汇、词组、句法等)进行分类,有的主张按表层结构(如增多、减少、代替等)进行分类,有的主张按学习策略(如误类比、误分析、规则应用不完全等)进行分类,有的主张从言语失误的原因(如母语干扰、过度概括、教师或教材影响等)进行分类。

下面先介绍一下外国学者的研究,然后介绍一下中国学者的分类情况。

(一)国外学者的分类

1. 科德的分类

科德(Corder)把偏误分为语言能力偏误(error of competence)和语言使用偏误(error of performance)两大类,并且在语言能力错误中再分出语内偏误(intralingual)和语际偏误(interlingual)两类,从而建立起偏误分析的基本理论框架。①

$$\begin{cases} 语言能力偏误 \begin{cases} 语内偏误 \\ 语际偏误 \end{cases} \\ 语言使用偏误 \end{cases}$$

图 3-2 偏误分析的基本理论框架

---

① Corder, S. P. Idiosyncratic dialects and error analysis[J]. International Review of Applied Lingnistics 9,1971(2):147—159.

在科德的两级分类中,第一级的语言能力偏误和语言使用偏误的区分,是以语言学习过程理论为基础的。第二级语内偏误和语际偏误的区分是以语言学理论为基础的。

2. 理查兹的分类

理查兹(Richards)在接受语内偏误和语际偏误的同时,提出发展性偏误(developmental errors)的分类①。Richards同意语内偏误指由目标语语言规则自身特征造成的偏误,语际偏误指由母语的语言规则特征干扰造成的目标语使用偏误。但是,他指出,发展性偏误是学习者在有限的目标语语言知识的条件下对学习目标语所建立的各种规则假设。这一分类基础是认知科学的,并且是以目标语为核心的。

其结果产生了对语内偏误的四种下位分类:过度泛化性偏误(over-generalization)、规则限制无知偏误(ignorance of rule restrictions)、规则非完整应用偏误(incomplete application of rules)和概念假设偏误(false concepts hypothesized)。

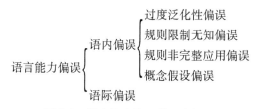

图 3-3 语言能力偏误的分类框架

3. 埃利斯的分类

埃利斯(Ellis,1997)把知识性偏误归到知识能力范畴,把疏忽性偏误归到运用能力范畴。在这样的对应条件下,他把目标语使用偏误分成两类五种。涉及知识能力的偏误有迁移性的、语内的、特殊性的,运用能力方面的偏误涉及处理的问题和交际策略。另外有学者还提出了特殊性偏误,即由教学造成的诱导性偏误(induced error)。

泰勒(Taylor,1986)则提出了偏误的根源(error sources)的四个平面:心理语言学平面,涉及目标语语言系统的本质和学习者使用目标语语言的能力;社会语言学平面,涉及学习者在社会情境中调适他们的目标语语言的能力;认知平面,涉及学习者的已有知识能力和对新知识的认知能力;语篇平面,涉及用目标语把信息组织成连贯的文本的能力。同样是一个系统分类,泰勒的分类以直接相关语言学习的四个方面而不同于科德的分类。

---

① Richards, J. A non-contrastive approach to error analysis[J]. English Language Teaching Journal, 1971(25):204—219.

（二）国内学者的分类

从原因方面进行的分类。根据学习者使用语言的情况来探讨偏误产生的原因不免带有很大的猜测性。尽管如此，偏误分析还是取得了一些令人瞩目的成就。

1. 语间干扰(interlingual interference)

语间干扰指学生已掌握的语言体系(母语)对目前正在进行的语言(二语)学习的影响。学生在学习新的语言规则时，常做一个母语与二语相一致的潜在假设。在许多情况下，特别是当学生想表达的概念超过了他目前掌握的新语言规则的范围时，他们常常求助于母语的规则系统。因此来自母语的影响不可避免，这种影响成了偏误的根源之一。相同母语背景的学生在学习同一外语时会犯相似的偏误，这便是语间干扰的表现。以下是母语为汉语的初学者受语间干扰影响所犯的偏误：

他的身体很好。

*His body is very healthy.

He is very healthy.

现在是五点钟。

*Now is five o'clock.

It's five o'clock (now).

语间干扰在学习第二语言的开始阶段尤为明显，已掌握母语的成年人受语间干扰影响最多。当在母语的语言环境中学习外语而输入量又极有限时，母语干扰就大幅度增加。

2. 语内干扰(intralingual interference)

所谓语内干扰，是指学习者根据已获得的、有限的、不完整的外语知识和经验，对语言做出的不正确的假设，从而类推出偏离规则的结构。Burt 等人称这种偏误为发展中的偏误(developmental errors)，它们并不能反映母语的特点，Burt 等人认为这类偏误占很大的比例。不同母语背景的学生在学习同一语言时会犯相似和相同的偏误，这一现象正是语内干扰的表现。学生在学习外语时往往以归纳为主，过分扩大外语某一规则的使用范围，以致创造出一些偏误的语言结构。因此，过度概括(over-generalization)是语内干扰的根源。例如，学生学习了被动语态后把根据有限的语言材料归纳的规则应用于更大范围的语言材料上去：

*This novel is worth being read.

This novel is worth reading.

*A car accident was taken place in the street in the morning.

A car accident took place in the street in the morning.

在这些偏误中,我们难以发现母语的影响,但却明显地看出学生受着自己归纳的规则的支配。

3. 文化干扰(cultural interference)

语言受文化的制约,语言跟文化的关系就像车辆和交通指挥灯的关系,车辆行驶要受到交通指挥灯的限制。在学习外语的过程中,如果学习者对所学语言国家的文化特征缺乏认识和了解,就会导致判断失误、相互误解、交际受阻等现象出现。

(1) 语言形式方面。例如,对一个问题的否认,英、汉采取不同的表达方式,如:"你不喜欢中国菜吗?"汉语否定回答是:"不,我很喜欢。"而英语的回答是:"Oh, yes, I do!"如果英语的说法对汉语学习产生负迁移,就可能说出:"噢,是的,我很喜欢。"

(2) 语用方面。例如,汉族人遇上相识的人,常用"吃了吗?"来打招呼,英美人对这种招呼方式很不习惯。在他们看来,这并不表示友好。

关于文化因素对第二语言学习的影响,还有许多方面可以深入研究。例如对服装色彩的看法,按照旧风俗,汉族人忌讳在喜庆日子里穿白色衣服,因为白色使汉族人联想起丧服;而英美人却喜欢白色,认为象征了纯洁。中国北方的老农在冬天喜欢穿黑色的衣服,而英美人却认为黑色象征了悲哀,可能使人联想到他们的丧服。在姓和名的方面,英美人常根据英语中姓名的表达方式把汉族人的姓误以为名,从而对越是熟悉的汉族人就越喜欢用姓来打招呼。

考察由文化制约因素引起的偏误,既不能夸大,也不宜缩小,更不能牵强附会。不能把许多由其他原因引起的矛盾都解释为文化因素。我们反对任何形式的文化偏激的行为,也应当注意文化霸权主义者假借文化之口对其他文化的攻击。

4. 交际策略(communicative strategies)

在一些场合,学习者要用外语表达思想,但他现有的语言知识和技能又不能完全满足这一需求时,他就不得不求助于交际策略。有些交际策略往往是偏误发生的根源之一,这种偏误来源与语间、语内干扰有交叉之处,主要有回避(avoidance),学生回避的可能是难音、难词、复杂句式,甚至整个话题。如初学者想不起"way"(路),他就会回避"way"代之以"road",这就会导致他犯用词不当的偏误:

　　* I lost my road.

变换语言(language switch)也是导致偏误发生的一种交际策略。学习者有时无法用外语表达清楚意思,于是便使用一两个母语词,希望对方能听懂自己的大概意思。如:

　　教室很乱。

* The classroom is very LUAN.

有些学生在平时学习时过分注重句型背记,但不知其确切含义,或者不理解其语法结构。在运用语言进行交际时,他只会使用陈词套语,难以达到真正的交际效果。例如:

——Thank you.

—— * It's my duty to do so.

* After having my breakfast, two geography classes will begin.

5. 认知和性格特点(cognition and personality)

人的认知和性格特点是影响外语学习的一个因素,与偏误的多寡有一定的关系。研究表明,自信、独立、认真、负责等性格特点有利于学好外语,而胆怯、被动、担心、紧张则可能容易导致偏误的产生。如果一个学生对英语学习失去了兴趣,学习没动力,不愿花时间去记不规则动词的过去式和过去分词,凡遇到使用过去式和过去分词时便一律加-ed 标记。表面上看这些偏误的原因是过度概括,而实际上它与心理认知因素有关。

6. 教学引起的偏误

以上提及的偏误主要源于学习者本人,但是外部因素也是导致偏误的因素之一,这里的外部因素主要指的是课堂、教材和教师。课堂上教师解释不清,讲错了,示范有误,或句型操练未配上适当的语境,均有可能使学生出现偏误。例如,在直接引语变成间接引语时,教师往往讲,直接引语若为祈使句时,间接引语中的祈使句要变为动词不定式结构,但如遇到以下句子时,学生也如法炮制,那便会产生有偏误的句子:

"Send him a telegram", he suggested.

* He suggested to send him a telegram.

这种偏误就是由于教师在讲一般规律时,讲得不严谨,话说得太绝对,没有再举一两个特殊例子表明这一规律的例外情况。又如,在一本对外汉语教材里有"一个人没有职业,也会感到无聊"的句子,老师解词时说,"无聊"就是"苦闷不乐"的意思。过了不久,一位外国留学生给老师写信时用上了这个词:

* 这次考试没考好,下一次一定会考好的,请老师一定不要无聊。

以上对偏误的分类并不一定科学,很多偏误的根源难以明确或相互交叉,这是因为外语学习过程是一个复杂的、受诸多因素同时支配的心理过程。但这项工作的复杂性为广大研究人员及教师提供了一个广阔的天地。

赵贤州、陆有仪(1996)介绍了一些其他的分类方法。① 如用标准数学范畴对语言错误的分类和根据语言错误的严重程度所做的分类。

按照标准数学范畴的方法把语言错误分成四类：

第一，添加(addition)。在语言形式中出现了赘余的成分，这赘余成分在意念上常跟前后成分重复或矛盾。

例如："我们非常高兴和愿意再见到你。"（"高兴"与"愿意"重复。）又如："老师交给我们的任务，基本上全部完成了。"（"基本上"与"全部"之间矛盾。）

第二，遗漏(omission)。在语言形式上少了必需的成分。

遗漏在意念上可造成语义不完整或者歧义。例如："我们向外汉系老师发出参加圣诞节晚会。"（遗漏了"邀请"，使整个句子语义不完整。）

第三，替代(substitution)。有某个试图表达的意思，但不会使用相应的语言形式，便从已学习的语言项目中选择一个相近的来代替。替代不一定都是语言错误，如不会使用汉语"被"字句，就用"我打碎了桌上的那个杯子"来替代"桌上的那个杯子被我打碎了"。只有在影响交际的情况下，替代才是一种错误。例如对于"死亡"的概念，外族学习者不会使用具有礼貌意义的表达形式，诸如"逝世""谢世""去世"等，就用一个带修饰成分的"死"来做替代，说成"可敬的×先生令人遗憾地死了"，听话人就会对这种说法感到刺耳。

第四，词序(word order)。从形式上看，就是指语言成分在表达中的顺序，如果顺序不合目的语的规则，就成了一种语言错误。

例如："我在寒冷的冬天在北方一家旅馆里审定了这本书。"（同时使用介词结构充当时间状语和地点状语时，按汉语规则应把两者分开，时间状语一般置于句首。）

另外有些句子不是从形式而是在内容上暴露出顺序问题，似乎也可以列在词序错误的范围内。例如："我们练习并学习了这条汉语语法规则。"（应先有"学习"，后有"练习"。）

这种分类方法的优点和缺点都在于它的概括性。由于概括，所以简单明了，易于掌握；但也因为太概括了，因此在分析具体的语言错误时，还必须对相关的语言理论做适当展开，从而影响了它的实用性。

按照语言错误的严重性(gravity)所做的分类有以下两种：

第一，全局性错误。错误严重，影响对整个表达的基本意思的理解，没有多少交际效益可言，多发生在第二语言学习的初级阶段。

---

① 赵贤州,陆有仪.对外汉语教学通论[M].上海:上海外语教育出版社,1996:303—305.

第二,局部性错误。在表达的某些非关键部分发生错误,虽然会降低交际效益,但不影响对基本意思的理解,不至于造成交际中断。语用方面的错误常常是局部性错误。

除了失误与偏误,以上介绍的各种分类,由于各自使用的标准不统一,因此在分出的子项之间实际上是相互交叉的。

五、偏误分析的评价

(一) 偏误分析的意义

传统教学法往往把偏误看成是偏离语言标准的语言,认为偏误的出现说明学习者学习不成功或教学不当。科德(Corder)认为学习者的偏误代表了学习者的学习过程,透过偏误能够看出学习者语言学习处于何种状态。他认为偏误分析有如下作用:

(1) 通过偏误分析,教师可以了解学习者对目标语的掌握情况及其所达到的阶段;

(2) 通过偏误分析,研究者可以了解学习者是如何习得目标语的,有助于了解学习者在学习过程中所采取的学习策略和步骤;

(3) 通过偏误分析,研究者会发现学习者的偏误是不可避免的,出错可以看成学习的手段,用于检验关于正在学习的语言规则的假设。

科德认为偏误具有重要的教学意义和研究价值,他明确区分了两类偏误分析的意义:一种是补救性偏误分析(remedial EA),帮助教师评估学生的语言运用并帮助他们改正偏误;另一种是发展性偏误分析(developemental EA),用于描述学习者的连续性过渡语言(successive transitional dialects of a language learner)。

目前我国外语教学和对外汉语中,学习者的语言错误是教学活动中客观存在的事实。大力开展语言偏误的分析和研究,有重要的意义。

首先,偏误分析和研究有利于揭示学生学习的心理过程和规律,丰富和充实教学的基本理论。由于人脑的言语处理过程到目前为止仍是观察不到、无法描述的所谓"黑箱",而使用学到的语言情况在很大程度上是这种过程的心理表征,能够反映学习过程中的策略和程序。对语言学习过程中的偏误进行研究,可以了解错误的深层处潜藏着种种学习策略,可以窥视学生学习心理过程的奥秘,建立符合实际的教学理论。

其次,偏误分析和研究有利于开展和指导教学实际工作。通过分析和研究学生学习中出现的错误,了解学生错误的原因及类型,可以知道他们学习方面的薄弱环节和不足之处,从而有助于有针对性地改进教学方法、调整教学计划、更新教学内容等。

最后,偏误分析产生了多项研究和多项研究成果。无论外语界还是对外汉语界,近年来二语习得方面的研究中,偏误分析都占了很大比例。

(二) 偏误分析的局限

1. 完全依赖偏误,排除其他信息

斯坎特(Schachter),1974年做了一项调查研究。① 她从四组英语学习者中的每一组中收集了50篇作文,这四组英语学习者的本族语分别是波斯语、阿拉伯语、汉语和日语,她研究的重点是每组学习者使用英语限定性关系从句的情况,偏误情况如下:

表3-4 关系从句偏误数量

本族语	数 量	本族语	数 量	本族语	数 量
波斯语	43	阿拉伯语	31	汉语	9
日语	5	美国英语	0		

如果从偏误分析的角度阐释这些发现,结论肯定是说日语和说汉语的学习者掌握了英语非限定关系从句的结构,而说波斯语和说阿拉伯语的学习者没有。然而,斯坎特的分析没有止于偏误,而是审视了学习者生成关系从句的总数,包括没出现偏误的关系从句。结果如下:

表3-5 关系从句总数

本族语	正确	偏误	总数	偏误%	本族语	正确	偏误	总数	偏误%
波斯语	131	43	174	25	阿拉伯语	123	31	154	20
汉语	67	9	76	12	日语	58	5	63	8
美国英语	173	0	173	—					

就不同语言组对限定性关系从句的掌握而言,分析中包括偏误和非偏误更能揭示问题。虽然一方面说波斯语和阿拉伯语的学习者的偏误比例高于说汉语和日语的学习者,但另一方面汉语组和日语组产出的关系从句数量大概只是波斯语组和阿拉伯语组的一半。怎样解释这种差异?

斯坎特研究了各种语言构成关系从句的方式之后,出现这样的结果就显而易见了。日语和汉语通过将修饰语(关系从句)置于被修饰名词之前构成关系从句,如下面的例子②:

---

① Schachter, J. An error in error analysis[J]. Language Learning, 1974(24): 205—214.
② (美)Susan Gass,(英)Larry Selinker. 第二语言习得(第三版)[M]. 赵杨译. 北京:北京大学出版社,2011:89.

① 日语。
　　Watshi-wa　Eigo-o　　　hannasu josei-o　　　mimashita.
　　I subj.　English obj.　　talks　woman obj.　saw
　　"I saw the woman who speaks English."
② 汉语。
　　我　看到　那个　说英语　　　　　　的　女人。
　　I　saw　the CL speaks English language RM woman
　　"I saw the woman who speaks English."
　　(CL = 量词；RM = 关系从句标志语)

波斯语和阿拉伯语的关系从句与英语相似，都是将关系从句置于所修饰名词之后，如下例所示：

③ 阿拉伯语。
　　ana raait Al Emraah allety tatakalem Al-Englizy．
　　I saw the woman who speaks the English
　　"I saw the woman who speaks English."
④ 波斯语。
　　an zaenra ke inglisi haerfmizaene didaem.
　　that woman that Eng. speaks　　I saw
　　"I saw the woman who speaks English."

以上各例中，日语的修饰语"Eigo-o hannasu"位于中心语"josei"（女士）之前，汉语中的修饰语"那个说英语的"也位于中心语"女人"之前，以这两种语言为母语的学习者不常使用类似英语的这种结构，在使用英语时，由于英语在构成关系从句的方式与母语的方式有很大差别，他们在使用时会很谨慎，准确率也就会很高。而说波斯语和阿拉伯语的学习者的本族语结构与目的语结构相似，所以会更经常地使用关系从句，因此可能出现更多的偏误。因此，本族语是解释学习者产出关系从句事实的决定性因素。如果只通过偏误分析，这些事实并不能浮出表面。

2. 有时一些偏误难于划归其类属

斯坎特和穆尔西亚（Schachter & Celce-Murcia,1971）从说汉语的英语学习者语料中举了以下一些例子：

　　There are so many Taiwan people live around the lake.

There were lots of events happen in my country.

… and there is a mountain separate two lakes.

… and there are so many tourist visit there.

好像这些句子是没有关系词(that, who, which)的关系从句,但也可以从另一角度来解释:那就是,这些句子不是运用关系从句的失败,而是一些与学习者母语中的"话题—述题"结构相平行的结构。从这个角度理解,就会发现学习者在按照母语的语法模式来生成一些合乎本族语模式的句子。而研究者在判定这类句子的时候,是把英语作为参照对象还是把学习者的母语作为参照,解释起来可能存在差异。一种解释是词语的遗漏(关系词),另一种解释是母语的迁移。

3. 确定偏误成因方面存在缺陷

有一种假设认为,如果形式正确,那么决定形式的规则同样正确。但是,请看学习者造出的下面两个句子:

I wanted him to come.

I persuaded him to come.

一个合理的假设是,这个学习者已经知道,这些动词要求有不定式补语。让我们再看两个假想的句子,这是以后阶段出现的句子:

I enjoyed talking to my teacher.

I stopped sending packages to my friend.

此时的结论可能是,这个学习者已经知道有些动词要求动名词作补语。但是,在第三阶段学习者又产出了这样的句子:

I saw him to come.

I enjoyed talking to you.

在观察第一阶段和第二阶段后,人们或许认为学习者知道英语中动词补语有两种构成方式,而且学习者也知道哪些动词带哪一种补语。但是,当意识到(在第三阶段)学习者并没有正确区分英语动词时,人们就会做出不同的分析:学习者在第一阶段用不定式补语,在第二阶段用动名词补语,只有到更晚的阶段(第三阶段)才意识到有一些动词带某类补语,而另一些动词带另一类补语。此时,学习者还不知道,哪个动词属于哪一类。

第三阶段这两个例句的重要性在于,它揭示了学习者还没有生成正确的规则。在之前的两个阶段没有偏误并不意味着学习者生成了正确的规则,而只是说明了有限的抽样带来的偏见。虽然第一阶段和第二阶段的语料反映了英语的正确用法,但是与第三阶段相比,这两个阶段离正确的系统更远,因为在第三阶段学习者意识到两种补语形式取决于主要动词,认识到这一点很重要。简言之,偏误分析本身并不能提供这类信息,因为偏误分析的假设是正确使用等同于正确规则的形成。

4. 对于偏误单一本源的质疑

对偏误分析批评之四是与偏误本源有关的另一个方面的问题。偏误分析框架的假设是,偏误可以分类,或属于一类,或属于另一类。杜雷和伯特(Dulay & Burt,1974b)注意到,有时人们不能确定某个偏误属于这一类还是属于那一类。但是,说偏误必须总有单一本源是不是有道理?也就是说,偏误是否只能或属于 X 类,或属于 Y 类,而不能既属于 X 类又属于 Y 类?有一些例证充分说明学习者的语言产出可以同时受多个源头影响。

思考和练习三

一、填空题

1. 行为主义理论家确立的学习过程有三种:(   )、(   )和(   )。
2. 班杜拉认为,观察学习的过程受到(   )、(   )、(   )和(   )四个子过程的影响。
3. 行为主义心理学家强调,具体的行为反应取决于具体的刺激强度,因此,他们把(   )作为解释人的一切行为的公式。
4. 对比分析假设的理论阐述包括三个方面,即(   )、(   ),以及对比分析的两种观点。
5. 根据对比的内容,语言对比分析对比分成两大类:(   )和(   )。
6. 偏误分析的心理学基础是(   )理论,语言学基础则是乔姆斯基的(   )理论。
7. 科德对(   )和(   )做了区分。

二、连线题

1. 观察学习理论   A. 巴甫洛夫
2. 操作性(工具性)条件反射理论   B. 斯金纳
3. 经典条件反射   C. 科德
4.《语言论》   D. 阿尔伯特·班杜拉
5. 偏误和失误   E. 布龙菲尔德

三、名词解释

1. 偏误分析
2. 偏误和失误
3. 语内干扰
4. 语间干扰
5. 经典条件反射
6. 正迁移和负迁移
7. 操作性条件

四、简答题

1. 语言即习惯是什么?
2. 什么是对比分析?
3. 对比分析涉及哪几个步骤?
4. 科德提出偏误分析有哪些步骤?

五、论述题

1. 试述偏误分析的意义。
2. 试述对比分析有哪些局限。
3. 由于"语言即习惯",所以,当外国学生向中国学生提出一些关于汉语表达方面的问题时,中国学生常常会听到的回答是"这是习惯",并认为这样回答是合情合理的。如:下面是外国学生提出的问题,你能否除了回答"这是习惯"之外,再多给他们讲解一些其中的道理?

(1) 小鸟飞过来了。汽车开出来了。
(2) 汽车开出去了。子弹打出去了。飞机飞过去了。
(3) 说起来话长。汽车开起来了。小鸟飞起来了。

第四章　中介语理论

"中介语"既是个术语,又是一种理论。作为术语,"中介语"指第二语言学习者所使用(掌握)的一种语言系统,或者是学习者在某一时间的第二语言状态。由于很多人针对这种语言进行研究,从而也形成了一系列围绕"中介语"这一语言现象的理论,统称为中介语理论(Interlanguage Theory)。

中介语理论产生于20世纪70年代,兴盛于20世纪八九十年代,它是第二语言教学中有重要影响的理论之一。20世纪80年代,中介语理论介绍进我国,开始在我国外语教学领域产生影响,随后扩展到对外汉语教学领域。

第一节　概说

一、中介语的概念

"中介语"(interlanguage)这一术语最早是由美国语言学家塞林克(Larry Selinker)于1972年提出的,有人把它译为"中介语",也有人译为"过渡语"。

中介语指外语学习者没有学到纯熟地步的、常带有些错误的不地道的过渡性的语言。过渡性表明它还是不成熟、不完善的;过渡还意味着它是个动态的语言,它从母语出发,逐渐靠近目的语;说它是语言,意味着它有语言的特点,受一定的规则支配,有自己的体系,有一定的交际功能。

中介语可简单图示为：

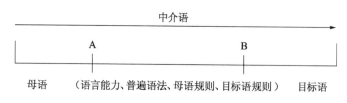

图 4-1　中介语示意图

从图示可看出：① 中介语是始于母语的。这表明中介语现象不是儿童学习语言的现象，而是已有语言基础的成年人学外语的现象。② 中介语是指向目的语的，或者说是以目的语为目标、为终点的。③ 中介语可描绘为一条线，是一条由许多点组成的、由母语向目的语前行的线。其每个点都没有达到目的语，即都是中介语：A 点是，B 点也是。④ 中介语不是母语，也不是目的语，而是介于二者之间的过渡性语言。由于中介语始于母语，所以它免不了带上许多母语的痕迹；由于中介语从一开始就接触目的语，所以中介语有明显的目的语的特色。⑤ 中介语自始至终有四种能力与规则伴随并起作用，即语言能力、普遍语法、母语规则、目的语规则。没有语言能力，就谈不上语言，自然也谈不上中介语；普遍语法则是人类所有语言结构的内核，自然也是中介语的内核。

在语言能力和普遍语法的基础上，中介语过渡线上目的语因素和母语因素最活跃，它们是中介语形成和进展的基础和依靠。它们犹如两条双轨线，由语言能力驱动，由普遍语法、母语、目的语确定准则，加上一定的创造性建构，或分立、或融合地慢慢向中介语的理想境界——目的语这一终点站行进。

中介语的理论体系形成于不同研究者的研究成果，要了解中介语理论，就需要了解这个体系中不同历史阶段、不同方面的研究。

二、中介语理论的产生和发展

对比分析和偏误分析理论都对第二语言教学产生过积极影响，收到了一定的效果。但两者都强调语言学习者的母语对第二语言习得的消极影响，而没有注意其积极作用。

到了 20 世纪 70 年代，研究者注意到语言学习者的母语对第二语言习得既有积极影响，也有消极影响。两种影响相互作用，使得学习者的语言具有过渡性的特点。

在塞林克之前，科德 1967 年在《国际应用语言学评论》(International Review of Applied Linguistics, IRAL) 上发表论文《学习者错误的意义》(The Significance of Learner's Errors)，把学习者尚未达到的目的语的外语能力称为"过渡能力"(transitional competence)；1971 年，W.

纳姆瑟（Nemser,1971）在《国际应用语言学杂志》(International Journal of Applied Linguistics)上发表论文《外语学习者的近似系统》(Approximative Systems of Foreign Language Learners)，把学习者尚未达到目标语的状态称为"近似系统"，这两篇文章对中介语理论的产生和发展起了促进作用。

1969年，塞林克的论文《语言迁移》(Language Transfer)中，首次使用"interlanguage"这个概念；1972年，塞林克在《国际应用语言学评论》上发表论文《中介语》(Interlanguage)，对中介语理论进行了详细的阐述，标志着中介语理论的正式创立。塞林克1992年出版专著《重现中介语》(Rediscovering Interlanguage)，系统论述了中介语理论。

这一阶段中介语理论的代表主要是科德、纳姆瑟、塞林克。

科德的观点包括四个方面：① 科德提出过渡能力系统和过渡方言。他区分了失误（mistake）和偏误（errors）。失误是非系统性的，在疲劳、遗忘等原因引起的偶然的情况下产生，失误在语言习得方面不具有研究意义。偏误具有系统性，反映学习者对目的语的认识和学习的过渡情况。② 科德提出了输入（input）和内化（intake）。输入是指学习者接触的学习材料，内化是指对这些语言材料的吸收。③ 科德关于"内在大纲"的观点。科德认为，输入由教师控制的"外在大纲"决定，内化由学习者自身的"内在大纲"控制。所谓"内在大纲"是指学习者拥有的一种控制学习目的语规则的程序化的序列。这个序列控制着学习者的目的语学习过程，并不因外界因素（如教学序列）的影响而改变。"内在大纲"反映出学习者的语言系统是一个自主的系统。④ 科德还指出了检验假设与过渡系统建构。当学习者接触外在的言语输入时，其内在的习得机制作为系统生成器便通过对输入信息的加工建立所谓的"过渡的规则系统"。当新的规则信息与目前的过渡系统不一致时，这种新的规则便反馈给系统生成器，学习者的内在习得便引导过渡系统规则进行更新。

纳姆瑟提出了"近似系统"（approximative system）的概念。近似系统是相对于目的语来说的。他认为学习者的语言系统是一个逐渐接近目的语系统的、不断变化的连续体。一方面，学习者不能立刻接触到整个目的语系统，而是逐渐接受、逐渐消化的，即La_1、La_2、$La_3 \cdots La_n$，其中La代表近似系统。另一方面，学习者的母语系统是一种干扰，它使学习者的语言系统偏离目的语系统。纳姆瑟强调："近似系统是学习者在学习目的语时，实际运用的偏离的语言系统。"他认为学习者的语言是一种"偏误"（deviant），这与塞林克的观点不同。

纳姆瑟的观点包括三个方面：① 学习者的言语是其近似系统在特定时间的定型产物。

近似系统有其内在结构,既不同于母语系统,也不同于目的语系统。近似系统表现出来的语言现象是大量的、系统的、有规律的固定模式。② 学习者在习得过程的不同阶段的近似系统构成了一个不断变化的连续体。③ 相同阶段的学习者的近似系统大体相似,学习者的近似系统具有规律性和普遍性。

塞林克的理论在中介语理论中具有代表性。他说:"由于我们可以观察到这两种话语(注:指中介语和目的语)是不一致的,那么,我们在建立第二语言学习理论的理论建构时,人们完全有理由,或者说,不得不假定存在着一种独立的、以可观察到的言语输出为基础的语言系统……我们把这种语言系统叫作中介语。"(1972:35)

进入20世纪80年代,受社会语言学、心理语言学的影响,中介语理论进一步发展,产生了许多新的理论模式。其中比较重要的有埃利斯(Ellis)和塔容(Torane)的"中介语可变模式"、舒曼(Schumann)的"文化适应模式"。

第二节 中介语理论系统

中介语的研究始于20世纪60年代末70年代初,整个理论成熟于80年代。根据中介语理论发展过程可以将它分为两个阶段。前一阶段的研究主要有两个方面:一是有关中介语性质的探讨;二是对中介语的描写。后一阶段的研究主要有三个方面:一是中介语的可渗透性、可变性与系统性的关系,这方面的研究可以看成是70年代中介语性质研究的延续;二是中介语的习得过程;三是第一语言在中介语习得过程中的角色,它们表明中介研究在性质和描写基础上的进一步深化(Barry McLaughlin,1987)。

一、中介语性质的探讨[①]

(一)有关中介语性质的理论模式

人们对中介语性质的认识集中在中介语是不是一种自然语言,是否受到第一语言的影响,是否具有一定的稳定性,而这些问题又涉及中介语是否具有系统性的问题。

对中介语性质的认识,20世纪70年代主要有三个不同观点,形成三种理论模式。分别由塞林克、艾杰敏(C. Adjemian)和塔容(E. Torane)提出。

---

① 朱志平.汉语第二语言教学理论概要[M].北京:北京大学出版社,2008:274—284.

表 4-1　中介语性质三种观点

	是	否
中介语是不是一种自然语言	塔容、艾杰敏	塞林克
中介语是否受学习者第一语言的影响	艾杰敏、塞林克	塔容
中介语是不是一种过渡语言	塔容、艾杰敏	塞林克

塞林克认为,导致中介语不同于目的语的因素主要有 5 个。

1. 母语造成的迁移

指的是学习者受其母语的影响,将母语的一些结构和表达方法带入目的语,从而造成其语言的中介语特征。比如,广东人说普通话时,常常把 zh、ch、sh 发成 j、q、x,"是"发成"系"。这是由于广东话中没有 zh、ch、sh。韩国人说英语时,会把 taxi[tæksi]发成[tækçi],这是因为韩语中 s 不能跟 i 相拼。这些都是把母语的规则带到了中介语中。这里错误表现为说话者的句子带有母语特征。

2. 训练造成的迁移

有两种情况:一是在课堂教学中,教师有意或无意地强调和训练某些语言规则,造成学习者生成一些不符合目的语"规则"的语言现象。如:学生学习"把"字句,会生成一些不合规则的句子:"把书放进书包里 → *把饭吃进肚子里"。二是教材提供的训练方法偏重于某些规则而忽视了另一些规则。如:学生学习了"这里有七八家商店",会说出"*我们班有十三十四个女生"一类的句子。这种迁移现象的产生完全是由于外部因素造成的,与学习者内在的习得机制无关。这类错误表现为说话者使用的句子格式,在某些条件下是正确的,某些条件下是错误的。

3. 学习策略的影响

任何一个学习者都会采用一定的学习策略。比如,遇到一个生词,学习者常常是通过查词典了解其意义。但有可能忽略了这个词在目的语里和在学习者母语里的使用条件,学习者在使用时就会产生偏误,形成中介语。塞林克指出,在跨语言交际情境中,学习者具有一种典型倾向,就是将目的语"简化"为一个比较简单的规则系统。如:"*I am feeling thirsty.""*Don't worry, I'm hearing him."这类错误表现为形式简化、词语搭配不合目的语习惯。

4. 交际策略的影响

第二语言学习者要跟说母语者交流,但是他们尚未完全掌握目的语,这时他们会努力用他们已知的语言材料来表达自己的意思,比如在"看见穷孩子,我心里不太好(受)""他说的内容(他的话)是(在)讽刺我"这样的句子中,"好受"这个词学习者尚未掌握,"他的话"这种表达学习者也还不了解。这类错误常表现为说话者说出的句子是不完整的句子。

5. 目的语语言规则的过度泛化

学习者在语言训练中掌握了目的语在一定条件下的一些表达方式,就将它们作为目的语的固定用法,往往在不必使用或不宜使用的场合也加以使用。比如:"＊他昨天没有来了。""＊我十二点才睡觉了。"再比如,学习者受汉语可能补语的影响,将不能分开使用的"感动"一词,说成"感不动"(你感不动她,即你感动不了她),把汉语中某些词语的"离合"现象看成一种通则,把"帮助你"说成"帮你的助"。这类错误常表现为成分多余或规则滥用。

塞林克进一步指出,上面这些因素所造成的中介语特殊现象有可能长期存在,它们使得中介语最终难以达到目的语的水平,形成"石化"(fossilization)现象。比如,有些高年级的汉语学习者依然会说出"见面你""结婚他"之类的话来。

塞林克和他的同事们还对20个以英语为母语的学法语的7岁儿童进行了纵向调查。他们将这些儿童的法语学习过程控制在课堂环境中,结果发现,学习者的中介语在第一语言迁移、泛化等方面均呈现出一定的规律性、系统性,说明中介语是具有系统性的。

据此,塞林克提出,中介语是一种非自然的语言系统,它由学习策略影响而形成,处在第一语言和第二语言之间,是另外一个语言系统。

20世纪70年代中期,艾杰敏接受科德的观点,强调中介语的过渡性质。在此基础上,他进一步指出,中介语是一种自然语言,有一套有组织的规则系统。这套规则系统遵从普遍语法的规则,处在向目的语的过渡阶段。但是,在这个过程中,它要受到第一语言的影响。

20世纪70年代末,塔容提出,中介语是一种自然语言,但处在不断的变化中,具有过渡性质,它是由一组不断变化的语言风格所影响的语言系统。塔容认为中介语是系统的,不过它的系统性要基于两点来考虑:一是中介语使用者说话的上下文语境,即语言使用的条件;一是中介语语料采集的条件,研究者在什么情况下采集了哪些语料。此外,塔容认为中介语是不受第一语言影响的。

可以看出,塞林克主要是从认知心理学的角度提出其观点。不过,他在一定程度上接受了"对比分析理论"有关"负迁移"的说法,将第一语言迁移列为影响中介语形成的首要因素。艾杰敏则主要基于乔姆斯基普遍语法观,不过,他承认第一语言的影响。塔容更多地考虑到了跟中介语有关的语言使用外部因素。从三人的观点大致可以看到20世纪70年代的十年中人们对中介语性质的认识所发生的变化——在认知观的引导下由较多地接受结构主义语言观到较多地接受功能主义语言观,即从关注中介语语言本身到关注中介语的使用条件。

(二)塞林克提出的两个重要理论

1. 中介语产生的心理基础——大脑中的"潜在心理结构"

塞林克指出:"在有意义的表达情境中,成功地预测这些行为事件,将使人们更加确信本文所讨论的、与潜在的心理结构相关的这种理论建构。"这种潜在的心理结构类似于乔姆斯基的"语言习得机制"。乔姆斯基认为人类大脑中存在一个专门为学习语言而设的"语言习得机制"(Language Acquisition Device, LAD)塞林克认为,成年人学习第二语言有以下两个途径:

(1)成功的学习者,可以通过重新激活语言习得机制来获得第二语言。他们可以像儿童习得母语那样,把普遍语法直接转换成目的语语法,从而达到母语使用者的水平。

(2)大多数的学习者,他们无法激活语言习得机制,激活的是"潜在心理结构"(Latent Psychological Structure, LPS)即一般的认知机制。成人第二语言学习者正是通过这种机制来获得第二语言能力。通过这种方式获得的语言能力是不完整的,无法与儿童习得母语或第二语言所达到的水平相比。

2. "石化"(fossilization)的概念

塞林克还提出了"石化"的概念,用以说明大多数学习者无法获得与母语使用者相同的语言能力的心理学基础。塞林克(Selinker, 1972:215)认为:"语言石化现象是指外语学习者的中介语中与目的语有关的那些语言项目、语法规则和语言次系统知识趋于定型的状态,它们不受学习者年龄以及目的语学习量的影响。"[①]也就是说,石化是外语学习中有时出现的一个过程,即在外语学习者的口语和书面语中始终伴有不正确的外语语言特征。发音、词汇用法和语法等各个方面在外语学习中都可定型或石化。发音的石化特征是学习者的外国口音。

为什么会产生"石化"呢?

塞林克认为,既有内部因素也有外部因素。外部因素,指社会环境对二语习得产生的影响。与目的语社团接触较少,或学习的动机减弱,便出现"石化"现象。内部因素,包括学习者对目的语社团的态度、心理距离以及年龄的限制等,这些因素也会导致语言的石化。

列尼伯格(1972)从生物学角度提出"关键期"的假设,由于大脑功能的侧化而导致大脑可塑性的丧失,使成熟期以后的语言学习变得更加困难。塞林克则从心理学和神经学的角

---

① Selinker, L. Interlanguage[J]. International Review of Applied Lingurstics, 1972(10):215.

度来解释语言的"石化"现象,他认为第二语言学习者获得语言能力的心理学基础与母语习得完全不同,或者说习得机制不同。关键期以后,原有的习得机制已经退化,第二语言学习者依据的是一种完全不同的机制,证据就是第二语言学习者语言能力获得的"石化"现象。95%的第二语言学习者在语言能力的获得上出现"石化"现象,语言能力的发展出现停滞状态,即使继续学习和训练仍然得不到改善,停留在中介语阶段。

二、中介语研究的深化

1. 中介语的可渗透性、可变性、系统性

20世纪80年代以后,中介语研究逐渐集中到中介语的三个特点:可渗透性(permeable)、可变性(dynamic)和系统性(systematic),以及这三个特点之间的关系。

了解这三个概念首先应了解语言的系统性。语言的系统性,首先表现出语言的保守性和抗入侵性。比如,一种语言的语音系统,一般不会轻易改变原来的格局。汉语中没有[θ]、[ð]、[ʃ]、[ʒ]这类音素,尽管汉语中有越来越多的英语借词,甚至有不少字母词一类的英文单词,但是,汉语的语音系统很难加入这些外来音位成分。而与之相对的,就是语言系统的另一面——可渗透性。这里又涉及一个语言要素分布格局的问题。

什么是分布格局?这是说一种语言的语言要素(语音、词汇、语法各层面)在分布上呈现一定的规律,要么具有对称性,要么具有对立性,相互之间呈一定的状态分布,而不是杂乱无章的。比如,汉语普通话的元音格局:

表4-2 普通话的元音格局

前元音	央元音	后元音
/i/ ~ /y/		/u/ ~ ?
/e/(/ɛ/)	/ə/	/ɤ/ ~ /o/
	/a/	

可以看出,"前—后"、"圆唇—不圆唇"、"高—低"等发音特征方面,在汉语普通话中基本上呈现出对称的特点。只有一个/y/另类,没有跟它对应的不圆唇后高元音[ɯ]。仔细分析,就会发现另有原因。

同样,汉语的声调呈现下列分布:

这里就存在这样几种"对立":(1)高低;(2)直曲;(3)升降;(4)长短。那么,哪些对立才是汉语普通话声调的格局特点呢?

图4-2 汉语的声调

通过比较和综合分析,我们可以发现,"平直:曲折"(55~214)、"上升:下降"(35~51)才是普通话声调对立的基础。

有人认为,汉语的上声(214)实际发音大多数都"不到位",即没有发成214的,因此主张将上声的调值改成实际发音的21或35。如果这样一改,就会影响汉语普通话的声调格局。就会出现"平直55:?""中升(35):高降(51):低降(21)",就没有整齐的对立形式了。

就一种语言的"格局"跟"元素"相比,元素可以相互借贷(如借词),但格局一般很难打破。格局一旦被打破,就会引起语言的剧烈变化,就会从根本上改变一种语言原来的面貌。

可渗透性是指语言之间随着相互接触而会改变原来的面貌,吸收其他语言的一些特点。

从表面上看,可渗透性跟保守性是相互矛盾的。在自然语言中,保守性是一种语言维持其存在的基础,可渗透性是其局部的变革。比如,有学者认为,早期汉语的偏正结构是"中心语+定语"型的,就是修饰语位于中心语之后的语序结构。但是,在发展过程中由于北方其他民族语言的影响,汉语的定中结构发生了改变,成了今天的"定语+中心语"形式。自然语言的可渗透性往往是有限度的,这就是洋泾浜语或克里奥尔语。如果一种语言全面被渗透,那么这种语言就会走向消亡。

一些学者注意到,外国学生在学习汉语过程中,由于受目的语(汉语)的影响,也会出现这种"渗透"现象。中介语的可渗透性决定了中介语处于不断的变化过程中,并有可能在与目的语不断的接触中受到目的语的影响而最终与目的语一致。从这一点上说,中介语跟自然语言中的洋泾浜语或克里奥尔语有类似之处。

中介语的可变性说的是中介语处在一个不断变化的状态中,这种变化跟目的语的不断输入有密切关系。随着正确的表达方式不断输入,第二语言学习者就会改变中介语中原有的表达方式。比如英语疑问句"What do you want(你要什么)",很多学习者在最初的阶段都会说成"What you want",随着学习的深入会调整过来。可能补语是汉语第二语言学习的难点,许多学习者在初、中级阶段都倾向于说"老师,对不起,我生病了,今天<u>不能来上课</u>",而不倾向于说"老师,对不起,我生病了,今天<u>上不了课</u>"。但是到了高级阶段,他们也会开始倾向于使用后者。

在中介语的研究中人们还注意到,第二语言学习者并不是随意地从自己已有的中介语存储中抽取词语,而是根据他所认定的目的语的正确的表达方式来使用中介语规则。因此,我们所说的"偏误"只是用目的语的标准来衡量中介语的结果,从第二语言学习者本身来讲,他并不认为这是偏误。从这个角度来说,中介语本身依旧是具有系统性的。

那么,如何看待中介语的可渗透性、可变性与它的系统性之间的关系呢?安德森(R.

Anderson,1983)等人提出,中介语的可渗透性和可变性是寓于系统性之中的。事实上,随着学习的不断推进,学习者在不断地调整中介语的系统,使之更接近目的语的系统。侯伯纳尔(T. Huebner)就英语第二语言学习者的中介语系统中冠词的发展做了一项纵向调查,他把整个一年的学习过程分为四个阶段,随着每一个阶段的演进,学习者使用冠词的正确率也在不断上升(Barry McLaughlin,1987)。埃利斯指出,中介语的系统性具有阶段性,在第二语言学习的初级阶段,系统性是不稳定的(Rod Ellis,1999),因为这个时期中介语的系统还没有完全形成,这可以从偏误的规律与否来确定,不过,随着学习者水平的不断提高,中介语的系统就逐渐趋向稳定。麦克劳夫林(Barry McLaughlin,1987)也主张在中介语研究中将相关变量分为两类,一类是系统性的变量,另一类是非系统性的变量,前者是学习者水平的正确反映,后者则往往是一些临时因素造成的。中介语研究应当关注前者,而不是后者。

2. 中介语的习得过程

对中介语的习得过程的研究主要从两个方面进行,一方面是从功能的角度考察中介语,另一方面是通过对话分析考察中介语,这些研究分别运用了功能分析(Functional Approach)和话语理论(Discourse Theory)。

(1)这个时期的不少研究对象是前往欧洲和北美一些国家的外来务工者。研究者从与他们的谈话中截取语料,同时,也由于吸收了功能语言学的主张,研究开始注重描写中介语形式与功能之间的关系。人们发现,第二语言学习者在交际时对语言形式的选择基于他们所要表达的功能。因为在与第二语言学习者的交谈中研究者发现许多"即兴"的表达,这些表达从语法上讲是错误的,但是表意清楚,比如,当被问到"What did you do yesterday"(昨天你干什么了),第二语言学习者会不假思索地回答"Yesterday,I play ball"(昨天,我打球)。①

研究者们还发现,通过与第二语言学习者的对话以及对这些谈话内容的分析,不仅可以有意识地导向某些话题,了解学习者对某些语言要点掌握的情况,还可以了解学习者对目的语表达方式的习得情况,比如,如何进行谈话,等等。

(2)对话语过程加以分析始于美国描写语言学。美国描写语言学后期的代表人物海里斯(Z. S. Harris)主张对话语语料进行分析。中介语后期研究所采用的话语理论不仅吸收了海里斯的方法,也吸收了功能语言学的方法,因为它关注语境条件下的第二语言习得过程,不是孤立静止地看待中介语,在方法上超越了语素研究和偏误分析。关注习得过程也使得中介语研究比之过去的偏误分析和语素研究只关注习得的结果更进了一步。

---

① Mclaughlin, B. Theories of Second Language Learning[M]. London: Edward Arnold, 1987:75.

3. 第一语言的角色

随着对中介语研究的深入,人们对第一语言在第二语言习得中所起的作用也产生了不同的看法。人们发现,关注中介语的习得过程要比论证第一语言跟第二语言之间的关系更有意义。于是人们开始注意区分哪些偏误源起于第一语言,哪些不是。最值得一提的是,人们将第二语言习得过程跟第一语言的迁移联系起来。

人们关注第一语言迁移跟习得过程的关系,一方面认识到某个形式共现于中介语和第一语言中并不等于学习者对这个形式的加工过程也受到了第一语言的迁移,另一方面认识到第一语言跟第二语言不同,学习者对目的语的加工过程可能不同。比如,佐伯(H. Zobl)在他的研究中发现,第一语言为汉语和第一语言为西班牙语的儿童习得英语冠词 the(a)的过程有所不同:由于汉语无冠词用法,第一语言为汉语的儿童往往直接使用指示代词,比如:this airplane;由于西班牙语有冠词用法,第一语言为西班牙语的儿童此时就直接使用冠词,如:the airplane。或者说,由于第一语言跟第二语言的不同,某些学习者会需要花更长的时间习得某个语言点。比如,舒曼(J. Schumann)就指出,西班牙语为第一语言的英语学习者需要比较长的时间才能消除中介语中"no + verb."这种形式。

人们继而又对第一语言的迁移从特点上进行了分类。比如,麦克劳夫林介绍了第一语言迁移的五种类型。第一种是语言类型的迁移。他认为两种语言在语言类型上的相似性往往是导致具体的某个第一语言形式迁移的前提,因此,迁移要提高到两种语言类型关系上来看。第二种是回避。由于学习者母语中不存在某个形式,学习者往往采用回避的策略,不去使用目的语的这个形式。这也应当视为第一语言的迁移。第三种是过度使用某个语言形式,因为这个形式在学习者母语中用得比较多。第四种,母语提供了便利。当母语的某些形式跟目的语一致时,学习者就会学得很快,欧美学习者习得汉语"是"字句快于日本学习者就是母语带来的便利。第五,学习者对目的语特点的推测也会形成一种迁移。这个推测往往是依据母语做出的,是一种宏观上的影响。

此外,人们还认识到第一语言跟第二语言意义表达的差异也会影响到中介语的发展过程,比如"他打破了玻璃窗"就比"他打破了一项纪录"更容易理解。因为第二句里的"打破"更为抽象。

这些对第一语言的认识更新了对比分析理论的观点,因此,从中介语后期的研究中可见,对比分析理论的合理部分被继承下来,并加以修正,在这个基础上我们可以看到,第二语言学习与习得理论的第一个"理论块"建立起来了。

第三节　我国的中介语研究

一、我国中介语研究概述

我国的中介语研究,开始于20世纪80年代。从历史发展来看,经历了理论介绍、深入研究两个阶段,第一个阶段是在20世纪八九十年代,第二个阶段是在21世纪开始以后。

20世纪八九十年代,是理论介绍阶段。这一阶段,学者们发表了一系列文章,主要是向国内介绍了中介语理论,并对其在第二语言教学中的运用做了一定的探讨,这些文章在我国的中介语研究中起了拓荒作用。

第二阶段,为深入研究探讨的阶段。具体有以下几个方面:

1. 理论的介绍

在第一阶段对中介语介绍的基础上,一些学者进一步对中介语理论进行介绍和探讨,加深了对中介语理论的认识,丰富了中介语理论的内容。包括对第二语言习得中的中介语研究的综述和评价,对中介语的来源成因和产生模式的研究等。

也有的学者从认知、心理的角度探讨中介语产生的原因和基础。

2. 深入的探讨

除理论介绍外,这一阶段学者们探讨比较多的是中介语的可变性,因为中介语的可变性为第二语言教学的进展提供了空间,也为教学方法的不断改进提供了依据。学者们继续探讨中介语中的语言迁移理论,包括探讨和分析产生语言迁移的原因,语言迁移中的正迁移和负迁移,语言迁移的表现等。

在中介语的教学对策和方法方面,学者们主要研究第二语言学习者所产生的语音、词汇、语法、语用等方面的偏误,以及针对这些偏误所应该采取的教学对策和方法。应该说,在偏误产生的原因方面的研究是比较深入的。在第二语言学习者所产生的语音、词汇、语法、语用等方面的偏误方面均有研究。

3. "石化"的研究

塞林克提出了"石化"(又译为"僵化")的概念。中介语的石化现象引起了我国研究者的兴趣,语言学习中为什么会出现"石化"现象?如何看待"石化"现象?应采取什么样的教学对策?这方面成为中介语研究中的热点,发表了很多文章,从各种角度阐述和分析中介语"石化"问题。

总的来看,中介语"石化"问题的研究大致包括以下几个方面:

（1）从整体上综述或论述中介语"石化"问题。
（2）探讨中介语"石化"现象的成因。
（3）探讨和研究针对中介语"石化"问题的教学启示和教学对策。

在研究方法上，我国学者越来越多地倾向于采取实验、定量分析等研究方法。

二、外语教学中的中介语研究

外语教学的中介语研究一直是我国中介语研究中的热点。这方面成果的数量很多，内容也很广泛，涉及中介语研究的方方面面。

我国的外语教学，涉及英语、俄语、日语等语种，也涉及精读、听力、会话、翻译等科目，这些方面的中介语各有特点，我国学者和教师在这些方面都做了研究。

归纳起来，我国外语教学的中介语研究包括以下方面：

1. 中介语理论对外语教学的启示

外语教学属于第二语言教学，作为第二语言教学理论的中介语理论中的很多观点对我国的外语教学的实践具有一定的指导意义。

2. 外语教学中的中介语偏误研究

和整个中介语研究一样，外语教学的中介语研究也非常重视偏误的分析和研究，而且外语教学中偏误的分析和研究涉及外语教学的各个方面，对偏误产生的各种原因也进行了探讨，并提出了具体的教学策略。

3. 针对中介语及语言偏误的教学策略研究

教学对策是第二语言教学研究的重要方面，我国外语教学中的中介语教学策略研究主要侧重在交际策略的研究，另外也涉及语言偏误的纠正策略研究。

4. 中介语语料库建设问题

语料库是语言研究的成果，也是语言研究的基础。在21世纪，我国的专家学者开始重视语料库的建设，在外语教学的中介语语料库建设方面也进行了初步的研究，提出了一些设想。

三、普通话教学中的中介语研究

在推广普通话中，人们注意到普通话学习者存在的中介语现象，把中介语理论运用于普通话教学和现代汉语教学之中，就产生了关于普通话的中介语理论。普通话中介语理论认为在普通话和方言之间有许多中间状态，这些中间状态可能是静态的，也可能是动态的。普通话中介语就是由标准普通话（目的语）、靠近普通话、方言普通话、方言这些相互连接而形成的连续体组成的。在推广普通话的过程中，我国学者早就关注带有地方口音的普通话，一些学者运用中介语理论对其进行了研究。

目前,涉及这方面的研究仍然是许多学者感兴趣的课题。同时,也发现了一些新问题,提出了一些新的理论观点。比如,标准问题。说话人说的是方言还是普通话,或者是中介语?识别判断的标准和方法问题。再如,方法问题。如何分析说话人的中介语?因为说话人有各种各样的个体差异,如何在这些差异中得到共同的特征。又如,层次问题。如何识别说话人所说的是方言的东西还是普通话的东西?

四、对外汉语教学中的中介语研究

随着我国改革开放和国民经济的迅速发展,对外汉语教学工作在20世纪80年代以后迅速发展。对外汉语教学的实践在快速发展的同时,迫切需要适应教学实践的理论进行指导,中介语理论适应了这种需要,引起了我国对外汉语教学界的关注,并对其加以研究,且广泛运用于对外汉语教学的实践之中。

在20世纪80年代,鲁健骥先生就对外国的汉语学习者在汉语学习中的语言偏误现象进行了研究,运用中介语理论对这些偏误进行了分析,先后发表了《中介语理论和外国人学汉语的偏误分析》《外国人学汉语词语偏误分析》《外国人学汉语语法偏误分析》等论文。

进入21世纪以后,对外汉语教学领域的中介语研究愈发活跃,研究呈现出多方面、多角度,并和现代语言学、现代汉语研究密切结合的特点。由于从事对外汉语教学工作的学者、教师日益增多,关于对外汉语教学中介语的著述和文章也大量增加,极大地丰富了对外汉语教学的理论。

对外汉语教学领域的中介语研究的内容和其他领域的中介语研究一样,首先着力于推介中介语理论,发现和分析中介语在对外汉语教学中的体现。

第二,由于对外汉语教学的学习者的特殊性,中介语研究常常针对特定母语对象的汉语学习者,例如日语、韩语、越南语、印尼语等。

第三,重视外国汉语学习者的偏误以及对此应采取的教学对策的研究。语言偏误的分析一般包括三个方面:语言偏误的表现,产生语言偏误的原因,纠正语言偏误的教学对策。因为外国汉语学习者所产生的偏误既与其母语有关,也与汉语有关,所以,这方面的研究有些侧重在汉语语音、词汇、语法的特点方面,有些侧重在外国汉语学习者的母语方面,也有些侧重在语用、文化方面。中介语理论属于第二语言习得理论,对外汉语教学也属于第二语言教学,所以中介语理论当然也适用于对外汉语教学,这一点学术界已经取得共识。

对外汉语教学中介语产生的基础主要体现在以下方面:

(1)对外汉语教学是针对母语为汉语以外的语言的语言学习者的教学,学习者已有其母语的语言知识和语言实践,而这种知识和实践必然对其学习汉语产生潜移默化的影响,这也就成为汉语学习者中介语产生的基础。

(2)比较和对比是人类共同的心理功能,人们认识世界和感知事物常常运用比较和对比的方法。在语言学习中,包括人们的母语学习,也大量使用比较和对比的方法,而在外语学习中,这种比较和对比体现得更为明显,也更加重要。在对外汉语教学中,汉语学习者自觉和不自觉地也常常运用对比的方法,包括不同语言间在语音、词汇、语法方面的对比,也包括汉语学习者所学习的前后知识的对比。这种比较和对比也是中介语产生的基础。

五、民族语文研究中的中介语研究

民汉中介语研究历史短、人员又少而散,且多集中于少数民族双语社会汉语学习过程中的中介语现象的研究,研究力量薄弱。盖兴之(2007)[①]讨论了四种民汉中介语:

(一)四种民汉中介语

1. 新疆"汉语的民族变体"

徐思益在《语言的接触与影响》(新疆人民出版社,1997)书中对维吾尔族说的汉语使用了"汉语的民族变体"的名称,同时他又从词法和词汇的角度使用了"民族式的汉语"和"形似混合语"等名称。书中对中国少数维吾尔汉语的语音、词汇、语法做了具体的描写。

(1)语音:主要是用维吾尔语的语音框架去套读汉语。比如用浊辅音替代汉语的清辅音,用清辅音替代汉语的送气清辅音,用单元音替代汉语的复元音等等。声调则用维吾尔语的自然声调(不区别意义)的习惯去对应汉语的四声,即用[352]、[51]的声调模式去说汉语。

(2)语法:主要是用维吾尔语的语法框架去套用汉语,更多的是表现在语序的颠倒上。例如:

汉　语	维吾尔汉语
我是在1973年出生的。	我在1973年出生了。
我看见有两个同学来了。	我看了嘛,来了两个同学有。
没有领不上工资的事情。	领不上工资的事情没有。
我每星期洗一次澡。	我每一星期一次洗澡。

---

① 盖兴之.中国少数民族汉语中介语研究,载:丁文楼.双语教学与研究(第六辑)[M].北京:民族出版社,2007:45—58.

（3）词汇：主要是夹用维吾尔语的词语以及这些词语的习惯用法。例如维吾尔汉语用"白卡儿"替代汉语的"白白地"，用"突拉突拉"代替"多多地"，用"艾来拜来"替代"这样那样"，用"牌档子"代替"好处"，等等。

2. 四川彝族的"团结话"

汉语"团结话"是巫达在《"汉彝""团结话"与彝汉双语教学》（载朱崇先、王远新：《双语教学与研究》，中央民族大学出版社，1988）论文中提出的。文章认为"团结话"是汉语的一种特殊变体。它虽然在整体上遵循了汉语西南官话的规则，但在语音、词汇、语法各方面都或多或少地打上了彝语的烙印。如：

汉　语	"团结话"
小刀、小马	小刀儿、小马儿
小母牛、老母马	牛姑娘、马婆娘
他干了三天工作。	他工作干了三天。
他说："我不来了。"	他说："我不来了说。"

3. 壮族的"夹壮"汉语

"夹壮"汉语是沈祥和、黎平、周本良在《广西"夹壮"现象的研究与解决》（载王远新：《双语教学与研究》第三辑，中央民族大学出版社，2001）论文中介绍的。文章指出，"夹壮"是指壮族说普通话时夹杂有壮语，尤其在北壮地区汉语中成为一种特点。"夹壮"包含语音、词汇、语法。最明显的是语音，比如汉语送气辅音读为"夹壮"汉语的不送气辅音。"夹壮"汉语应当认为是"石化"了的壮族汉语中介语，或可说是广西汉语方言里的一个土语。

4. 纳西族汉语中介语

（1）语音：纳西族汉语中介语转读汉字并不按语音近似的原则去读音，而是受内在转换规律的支配，用纳西族汉语中介语的这个音去替换汉语的那个音。比如纳西族汉语中介语也有四个调类，阴平（33）、阳平（31）、去声（55）、入声（13），上声字归入阴平。

纳西族汉语中介语、汉语都有"ts、tsh、s 和 tʂ、tʂh、ʂ"两套音，纳西族汉语中介语的读音，有的与汉语相同，有的则相反。比如汉字"左、猜、三、炸、抽、史"，纳西族汉语中介语与汉语读音相同，两组音泾渭分明，不相混淆。但是汉字"灶、擦、扫"和"张、昌、生"则与前者完全相反。"灶、擦、扫"纳西族汉语中介语读作翘舌音声母"tʂ、tʂh、ʂ"；"张、昌、生"读作舌尖音声母"ts、tsh、s"。这类读音的混淆与不混淆用相似性无法解释，只能归之于内在转换规律的作用。

（2）语法：纳西族汉语中介语语法用纳西语句法规则，使用汉语的词汇。例如：

汉　语	纳西族汉语
打我。	我上打。
我不要黑的。	我黑的不要。
睡在了露天底下。	露天底下睡起了。
垫了床塑料的。	垫起一床塑料的那种。

（3）词汇：纳西族汉语中介语的词汇受当地汉语方言和纳西语的双重影响。吸收了云南汉语方言的"把连（全部、所有的）""喇柞（邋遢、不利索）""岔巴（插嘴、多嘴）"等词语。来自纳西族母语的词，比如语气助词"lemeif"（吧）"yef"（啊）"lei"（呢）等词语。有的是按纳西语用词的习惯去使用汉语词。比如用"一天"替代"经常、时常、不停地"，用数量词组替代汉语动词的重叠等。比如把"他经常来"说作"他一天地来"，把"玩玩牌""看看天气"说作"玩一副牌""看一下天气"。再就是由纳西语干扰产生的词语搭配的偏误。比如把"一匹马""肥猪""没吃"说作"一只马""胖猪""不有吃"等。

（二）民汉中介语的特点

1. 融合性

民汉中介语的融合性表现于三个方面：一是由母语干扰形成的语言形式；二是由汉语规则的泛化形成的语言形式；三是当地方言的融入。

其中一、三两种是主要的，第二种较少。

（1）由母语干扰融入的语言形式。主要表现为用少数民族语的语音体系去转读汉语的语音。比如纳西语没有以鼻音收尾的音节结构，因此纳西族汉语中介语把汉语的鼻韵母误读为元音韵母。an、aŋ 读作[æ]，ən、əŋ 读作[e]，并与纳西语单元音[æ]、[e]相混淆。oŋ 读作[o]，uŋ 读作[u]，un 读作[ue]，yn 读作[ye]，等等。由之增加了大量的同音词，如板[pan^{214}]子、膀[paŋ^{214}]子，读作[pæ^{33} tsi^{33}]，平[phiŋ^{35}]民、贫[phin^{35}]民读作[phi^{21} mi^{21}]，弓箭[tɕian^{51}]、工匠[tɕiaŋ^{51}]读作[ko^{33} tɕiæ^{55}]，亲[tɕhin^{55}]子、妻[tɕhi^{55}]子读作[tɕhi^{33} tsi^{33}]，等等，比比皆是，大大影响了纳西族汉语的交际功能。

（2）用母语的语序格式替换汉语的语序格式。民汉中介语中，充斥着由汉语词汇和少数民族语句法规则组成的语言形式的中介语。例如：

表4-3 汉语与民汉中介语比较

比较的语言 \ 语别	汉语	民汉中介语
汉语—纳西族汉语中介语	我不要黑的。	我黑的不要。
汉语—维吾尔族汉语中介语	原来没有职称。	原来职称没有。
汉语—哈萨克族汉语中介语	他们堵那条河。	他们那条河嘛,堵。
汉语—彝族汉语中介语(滇)	他住在家里吗?	他家里住吗?
汉语—彝族汉语中介语(川)	我吃饭了。	我饭吃了。

(3)由汉语规则泛化形成的。这类形式比较少,比如维吾尔族把"宅子"与"家"混淆,"房"与"户"混淆,从而把"老宅子"说成"老家",把"户口"说成"房口"。纳西族在类推的作用下,在他们的汉语中介语中混淆了"吃"与"喂"的分别,"喂"泛化为"吃",由此把"给他吃"说成"给他喂",弄得语义颠倒,把作用于他变成了他作用于人。

(4)当地汉语方言词的融入。当地汉语方言词经过少数民族语言语音的改造融入于民汉中介语的现象普遍存在。云南汉语方言"嘴(疑问助词)""扎实(非常、的确)""晓得(知道)""得见(见到)""消(需要)""抬(端)""讨(娶)""呢(的)"……都融入纳西族、彝族的汉语中介语中。新疆汉语西北方言的"哪达(哪儿)""麻达(麻烦)""歪得很(厉害)""娃娃(孩子)""涝坝(池塘)""高头(上头)""牌档子(好处)""洋冈子(妻子、妇女)"……也都输入了维吾尔族、哈萨克族的汉语中介语中,形成了民汉中介语的特点。

在融合性的作用下,不同民汉中介语无论是语音、词汇、语法各个方面都带有明显的不同的少数民族语言的特点,形成所谓维腔维调、彝腔彝调、纳西腔、壮腔等的汉语方言土语。

2."石化"

"石化"是指民汉中介语中由少数民族母语干扰融入的被僵化了的语言形式,也是民汉学习者从心理上、生理上较难向汉语(普通话)变化的语言成分。由于它并不影响语言的交际,而且被这一地区的社会族体所接受。约定俗成,作为中介语的有机组成成分通行于这一地区,逐步稳定并行成为汉语新的方言、土语的特点。云南较为普遍和突出的是语音,比如 ts 类、tɕ 类、tʂ 类声母混淆,复韵母单韵母化,无闭音节,轻声字重读,词重音移后,强读末尾音节,等等。因而让外地人听起来别扭,歧义词句多,甚至听不懂。

3.不均衡性

民汉中介语是一个不断变化的动态的语言系统。大多数学习者通常是从社会中自然学习的,每个个体的学习都是从生活交际的需要出发,一个词、一句话日积月累习得的。以纳西族来说,丽江地区的语言环境大致分为三种,城区、坝区、山区。城区是政治、经济、文化的中心,有80%以上的人懂汉语,能用汉语、纳西语两种语言交际,是双语区。坝区有20%的人懂汉语,多数是干部、学生,在交往中较少使用汉语,主要使用纳西语。山区有14%的人懂汉语,社会生活中完全使用纳西语。在这三种地区通行的是当地的汉语方言,机关学校和从事工商贸易的人员除能运用当地的汉语方言外,还在学说汉语普通话。尤其是学生,不仅接受着规范的汉语文课堂教学,还全面地接受着学校各科的普通话教学语言的熏陶。因而纳西族学生们的汉语中介语无论是语音、语法、词汇都与当地居民的汉语中介语产生了差异,汉语普通话的成分增多了,形成一种由丽江纳西族汉语方言向普通话接近的中介语。由于纳西族人群在职业教育程度和使用汉语频率的不同,不同的个人和不同的群体在使用纳西语汉语中介语的水平上是参差不齐的。这通常表现为阶段性和层级性。

人的文化素质的差异往往是区分中介语高级、初级的标志,在农村的日常生活和初级市场中,汉语词汇配以纳西语句法格式的汉语中介语比较通行。在机关、学校和较高的贸易往来中,浅显的纳西语言语序形式的汉语中介语句子已基本绝迹。城市与乡村之间、机关学校与民间社会之间、文盲和文化人之间所形成的汉语水平的高低,通常被描写为纳西族汉语中介语初级、高级发展阶段的内容。

层级性通常反映于社会的自然习得和城镇课堂教学学习汉语产生的两种中介语之间的差异中。比如农村的纳西族汉语中介语的韵母中无鼻化元音和鼻韵母,而城镇的纳西族汉语中介语的韵母中则增加了9个鼻化元音韵母和2个鼻韵母。韵母的这种差异从汉语学习的角度看,应是初级与高级的层级的差异。

思考和练习四

一、填空题

1. (　　)指第二语言学习者所使用(掌握)的一种语言系统,或者是学习者在某一时间的第二语言状态。

2. (　　)是相对于目的语来说的,学习者的语言系统是一个逐渐接近目的语系统的、不断变化的连续体。

3. 所谓"石化",是指外语学习者的口语和书面语中始终伴有(　　)特征。

4. 20世纪80年代以后,中介语研究逐渐集中到中介语的三个特点:(　　)、(　　)和(　　),以及它们之间的关系上。

第二语言习得

5. 汉语的声调涉及四组因素:(1)高低;(2)直曲;(3)升降;(4)长短。其中(　　)和(　　)是普通话声调对立的基础。

6. 就中介语的可渗透性、可变性和系统性的关系来说,安德森等人提出,(　　)性和(　　)性是寓于(　　)性之中的。

二、连线题

1. 过渡能力　　　　　　　A. 塞林克
2. 近似系统　　　　　　　B. 海里斯
3. 中介语　　　　　　　　C. 科德
4. "石化"　　　　　　　　D. 列尼伯格
5. "关键期"假设　　　　　E. 纳姆瑟
6. 话语理论　　　　　　　F. 布龙菲尔德

三、名词解释

1. 潜在心理结构
2. "石化"
3. 中介语
4. 语言的可渗透性
5. 内化

四、判断题

塞林克认为,导致中介语不同于目的语的原因有五种:语言的迁移、训练的迁移、学习策略的影响、交际策略的影响、语言规则的泛化。下列句子应该属于哪一类原因造成的?

1. 这只大熊猫跟1985年发现的一只有一样的颜色。
2. 中国在法律领域上还有专业人员和其他资源的一个缺乏。
3. 虽然他在家的时间不长,但他们有很愉快的时间。
4. 他昨天没有来了。
5. 我十二点才睡觉了。
6. 把饭吃进肚子里。
7. I'm feeling thirsty.
8. Don't worry, I'm hearing you.
9. ——中国和韩国的教育,大学情况有什么相同或不同的地方呢?
   ——很大差异是学校的大小。还有韩国学校的大小比中国大。

10. ——你这几天在看《流星花园》?
    ——是啊。好看,很好看。很帅,昨天看的是它的绝顶?
    ——绝顶?
    ——最好看,最紧张的地方。

五、简答题
1. 什么是语言的可渗透性与保守性?
2. 我国中介语研究涉及哪些学界领域?

六、论述题
1. 塞林克认为导致中介语不同于目的语的因素主要是哪五个?
2. 我国对外汉语界的中介语研究有什么特点?
3. 中介语语音有无"格局"?试观察并记录一些外国人说的汉语,整理他(们)的声调格局。

第五章　第二语言习得序列

在 20 世纪 70 年代和 80 年代早期,习得顺序问题的研究最突出地集中在语法语素、否定结构两个领域。这两个方面都依赖于早期的来自结构主义语言学的句法模型。两者都使用从学习者的语言中收集到的数据,来揭示二语习得的顺序。

第一节　语法语素

一、布朗的发现

儿童习得语言时的习得顺序一直都是研究者感兴趣的问题。到了 20 世纪 70 年代,罗杰·布朗(Roger Brown)进行了一项考察儿童在"语法语素"方面习得顺序的研究。这项研究为语言习得领域的一场大规模研究拉开了序幕。那么,布朗研究了什么,又是如何进行研究的呢?

首先,我们看看布朗研究的问题是什么。

布朗要考察的是"语法语素"。什么是语法语素呢?我们知道,语素是传达语言意义的最小单位。"人"作为一个语素,不能再分割成更小的有意义的单位;"人民"则是由"人""民"两个语素构成,其中每个语素具有自身的一些独立的意义。一个语素可能是"自由的",即一词本身,如"书";也可以是"黏着的",即需要依附于其他语素,如"人们"中的"们"。如果黏着语素表示词形变化,它们是构形语素,如"books"中的"-s"。

布朗在20世纪70年代所要考察的就是在句子中表语法意义的语素,而不是构词语素。其中既有自由语素,如"the""is",也有黏着语素,如"-ing"("is doing"),"-s"("books")。根据罗杰·布朗(Roger Brown,1973)的观察,儿童在第一语言习得的早期阶段似乎不用句中表语法意义的语素,如:"Here bed""Not dada";经过几年时间,语法语素才逐渐出现在他们的句子中。那么儿童对这些语素的习得遵循怎样的一个序列呢?于是,布朗就选定3~4岁的孩子,对14个语法语素的习得情况进行研究。

布朗的研究方法是:他每月跟孩子们进行两小时的谈话,记录并分析每个语素"强制语境"下发生的情况。所谓强制语境,是说这些语法语素在某些环境中一定要出现,比如,在"That is _ book"这个句子中,画线部分应该出现不定冠词"a"。这一语境,对于不定冠词"a"来说,就是强制语境。

布朗选定四种强制语境:语言语境,非语言语境,语言语境之前和语言语境之后。在三个连续的记录中,当某个语素在强制语境下被使用90%,即认为儿童已经习得该语素。对这三个儿童每人习得的情况进行综合,然后得到儿童习得第一语言语素的一个共同的序列。

研究发现,三个互不相识的美国儿童在14个语素习得顺序方面存在着惊人的一致。另一方面,虽然发展顺序一致,但发展速度却相差非常大。一个儿童在2岁零3个月时,14个语素中已经习得了6个,另有3个接近习得(通过率在80%以上)。但是,另外两个儿童在2岁3个月时,14个语素一个也还没有习得。布朗认为,语素的习得顺序,是由它们在语法和语义方面的复杂程度决定的,和它们在父母话语中出现的频率没有关系。布朗进一步认为,对于学习同一语言的儿童来说,母语知识(包括语义知识和语法知识)的发展顺序基本上固定不变,学习任何语言的儿童都遵循基本固定的习得顺序。

布朗的研究是一种纵向研究,可以用下图来表示:

如下图所示,每个项目哪个先通过哪个就是儿童先习得的项目。研究结果表明,三个互不相关的儿童在14个语法语素方面的习得顺序一致。

布朗这种研究方法的优点是:所得顺序真实可信,且一目了然。

但同时,这种方法也有其自身的缺点,那就是研究时间长,观察难度大。要找到几个不同的受试者比较困难,故受试人数一般不会很多,这就影响了研究结论的价值。

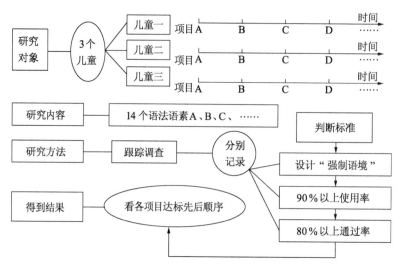

图 5-1 布朗的研究方法示意图

表 5-1 儿童语素习得顺序

顺 序	语 素	儿童语言样例
1	现在进行时-ing	Girl playing.
2	介词 on	Boy on horse.
3	介词 in	Truck in water.
4	名词复数-s	cats, boys, fishes
5	动词过去时的不规则形式	came, fell, went
6	名词所有格 's	Jack's, Bob's, Chris'
7	系动词的非缩写形式	I am happy. He is happy. You are happy.
8	冠词 the, a	a dog, the dog
9	动词过去时的规则形式-ed	jumped, jogged, wanted
10	第三人称现在时规则形式-s	talks, sings, watches
11	第三人称现在时不规则形式	He does, she has
12	助动词的非缩写形式	I am playing. She is playing. You are playing.
13	系动词的缩写形式	I'm happy. Pat's happy. Joe's happy. You're happy.
14	助动词的缩写形式	I'm playing. Pat's playing. Joe's playing. You're playing.

二、杜雷的拓展

布朗对母语习得顺序的研究给二语习得研究者带来了很大启示,即把英语作为第二语言来学习的儿童在学习一定的结构时是否也有一个共同的序列?杜雷和伯特(Dulay & Burt,1973)将习得顺序研究运用于二语习得研究,他们采取了一种"变通"的研究方法。

他们的研究对象是151个母语为西班牙语、英语作为第二语言、年龄在6~8岁间的儿童,这些儿童位于美国三个不同地方。他们通过双语句法测量收集样品;试验通过对一系列的7个卡通图片的33个问题提问,引起了一系列的语法结构。每组测试包含8个语法语素,即

- 附着于名词的表复数的语素"-s"("the books");
- 附着于动词的表进行的语素"-ing"("He is looking.");
- 作为主要动词的"be"("This is London.""He was there.");
- 作为助动词的"be"("She is going.");
- 冠词"the"和"a"("a dog""the cat");
- 不规则动词的过去时态("came""ate"等);
- 现在时第三人称单数的动词语素"-s"("He waits.")
- 附着于名词或名词短语后的表领属的语素"-s"("John's book""the King of England's daughter")。

他们将每一个强制语境的语法语素设计在一个三分量表上:不用语法语素计0分("*She's dance.");使用不正确的一个语法语素计0.5("*She's dances.");使用正确的一个语法语素计1分("She's dancing.")。每个语素通过分数的平均看其正确的比例值。最后的得分产生一个序列,从而可以看出哪些语素最常用、哪些语素最不常用。下面是其中一个小组的分数情况,从(1)最常见到(8)最不常见的序列如下:

(1)	(2)	(3)	(4)	(5)	(6)	(7)	(8)
plural-s	-ing	cop. be	aux. be	the/a	irreg. past	3rd-person-s	possessive-s

结果显示,不同的语素在使用情况上有明显的差异。换句话说,二语习得时的某些结构似乎有着普遍顺序。

我们将杜雷等人的研究方法图示如下:

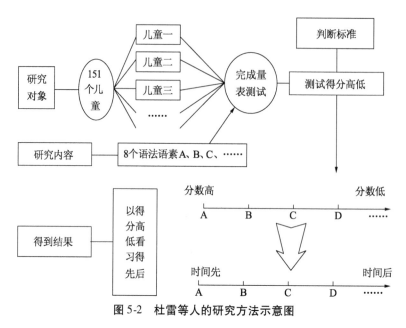

图 5-2　杜雷等人的研究方法示意图

可以看到,杜雷等人的研究不是在时间上纵向的跟踪调查,而是在同一时间点横向地对众多受试者进行同时测试,依照他们对 8 个研究项目的得分高低,来判断他们习得这些项目的先后顺序。

这种研究的好处是:周期短,不用花费很长时间;见效快,通过测试,立刻就可以得到一个从高到低的成绩单。

由于这种方法的简便易行,在 20 世纪 70 年代,这样的研究很快得到普及。更重要的是,杜雷等人的研究结果对新兴的二语习得研究来说就像一剂兴奋剂,使得很多学者加入同类问题研究的行列中来。

二语习得序列的存在证明了可以将二语习得研究跟第一语言习得研究分离开来。所以杜雷和伯特(Dulay & Burt, 1980)继续声称,二语学习者共同习得序列的发现,无疑是一个第二语言近十年研究中重大的、最令人兴奋的成果。

但是,这里就有一个前提假设:就是这些受试者(151 个儿童)在语言习得顺序方面上是一致的。不然,他们每个人的成绩只能代表个人,而不能代表别人。这就是一个"同质性假设",即研究的前提是假设所有的学习者都是同质的,他们个体之间的差异在研究中是可以忽略不计的。同时,还有一个假设,就是掌握得好的项目是先习得的项目,掌握得差的项目是后习得的项目。第一个假设没有太大问题,第二个前提假设还需得到证明。

这种研究还有一个问题就是,不同时间的测试、对不同受试者的测试,每次测试的成绩会有出入。有些项目在第一次测试中可能排第一位,但在第二次测试中可能排到了第三、第四位。这种位置的不固定性势必使得研究者得出的结论各不相同。

所以,在接下来的研究中,克拉申采取了另一种折中的办法。

三、顺序和过程

为了避免杜雷等人研究中存在的缺陷问题,克拉申在研究中不再强调具体每个语法语素的习得顺序,而是分出特定的"项目组",研究倾向于序列中放在一起的"层次问题"。下面是克拉申(1977)给出的层次。

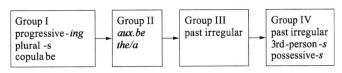

图 5-3　克拉申研究得出的习得顺序

第一组包括"-ing",复数的"-s"和"be",它们超过了第二组的助动词"be"和冠词,动词不规则过去式的三组,又位于第四组规则过去式、第三人称单数"-s"和物主格的"-s"。克拉申认为,讨论在一个层次的语素习得比讨论单个语素的习得更有意义。这个一点跟埃利斯(Ellis,1994)提出的"习得顺序"(order of development)和"发展过程"(sequence of development)有相似之处①——研究者已经跳出了具体某一语言和语言要素的习得序列问题,开始探索在二语习得中是否存在普遍的一个顺序。习得顺序是指第二语言习得整体上的发展,是具有普遍性的,不受制于母语背景和其他因素的变体;而发展过程是指第二语言习得中具体的语法特征的习得,会随着学习者的母语背景和学习语境等因素的变化而变化。

既然研究项目可以"分组"处理,同样,受试者的"同质性"问题也可以采取"分组"的方式,这样做还可以来克服个体差异带来的影响。这样一来,后来的研究者就按学习者学习时间的长短不同,将学习者分为不同的组,如:"初级组""中级组""高级组"等,假定他们分别代表了同一个学习者在学习时间上的"早""中""晚"不同时间。这种研究方法也是目前多数学者使用的方法。不过,我们应当注意的是,这样的研究并不是真正的习得顺序的研究,只是一种"伪"顺序研究。尽管这样,其研究成果的价值仍然很大,仍然可以揭示出人们在二语习得时的普遍规律性的东西。

---

① Ellis,R. The Study of Second Language Acquisition [M]. Oxford:Oxford University Press,1994. 刘玉屏,孙晓明(2010)将 sequence of development 译为"习得序列",施家炜(2006)等将其译为"发展过程"。

在讨论第二语言习得顺序研究时,研究者主要会关注两个问题。第一,学习者习得第二语言是否先习得某些规则然后再习得另一些规则?或者说,学习者习得第二语言规则是否遵循一个固定的顺序?这就是我们所说的"习得顺序"研究。第二,学习者是怎样习得一个特定的语言规则的?也就是说,学习者习得某个特定的语言规则是否也遵循一个固定的顺序?这就是我们所说的"发展过程"研究。[①]

四、蓬勃的研究

在接下来的一段时间内,有许多关于习得序列方面的研究,取得了不少研究成果,使人们对习得序列问题逐步有了一个较为清晰的认识。

杜雷和伯特(Dulay & Burt,1973)考察了三组 6~8 岁的西班牙儿童习得英语语素的情况。结果表明,三组西班牙儿童习得英语语素的顺序非常相似,即以英语作为第二语言的儿童习得英语语素也存在着固定的习得顺序。但这个顺序与以英语为母语的儿童习得英语语素的顺序不同。

杜雷和伯特(Dulay & Burt,1974a)又考察了两组 6~8 岁的儿童习得英语语素的情况。其中一组是讲西班牙语的儿童,另一组是讲汉语的儿童。结果表明,两组儿童习得 11 个英语语素的顺序基本相同。换句话说,以英语作为目的语的儿童习得英语语素的顺序不受其母语背景的影响。

贝利等(Bailey,Madden & Krashen,1974)考察了母语为西班牙语和非西班牙语成人习得英语语素的情况。结果表明,不同母语背景的成人习得英语语素的顺序也非常相似,但成人第二语言学习者的习得顺序与以英语为母语的儿童的习得顺序不同。

拉森-弗里曼等(Larson-Freeman,1976)考察了不同母语背景以及不同学习任务对成人英语语素习得顺序的影响。结果表明,母语背景对成人第二语言学习者习得英语语素的顺序没有重要的影响,听、读、写等不同的学习任务对习得顺序有一定影响。

克拉申等(1978)考察了不同母语背景的成人在不同作业方式下英语语素的习得顺序,任务方式包括有时间限制和无时间限制条件下的自由写作。结果表明,不同作业方式下,成人习得英语语素的顺序基本相同。这个顺序与贝利等(Bailey,Madden & Krashen,1974)的研究结果非常相似。

牧野(Makino,1980)检查二语学习者在不同的二语环境中,如美国的,而不是在自己的家乡日本的序列是否会不同。得出的结论是,习得顺序具有广泛性,不管是二语学习者在他

[①] 刘玉屏,孙晓明.语言学与第二语言习得理论[M].北京:中央民族大学出版社,2010:205—206.

们自己国家的教室里,还是在国外。

莱特博恩(Lightbown,1987)调查了175个在加拿大的教室里学习英语的、母语为法语的11~17岁的孩子,发现随着时间的推移,儿童较多地使用系词"be",而表复数的"-s"的使用率是逐步提高的。同样,帕金斯和拉申-弗里曼(Perkins and Larsen-Freeman,1975)发现母语为西班牙语的成人学习者,超过一个多月的时间,除了物主格的"-s"外,语法语素序列变化不大。

第二节 语素研究的问题

一、两种习得的顺序

既然二语习得也有顺序,人们就要关心二语习得的顺序跟母语习得的顺序是否一致。现用7个它们的共同语素,将两种习得序列并排放在一起比较一下(系词"be"与助动词"be"不能相比,因为布朗区分可缩略、不可缩略两种形式)。杜雷和伯特(Dulay & Burt,1974a)的研究结果代表二语习得顺序,布朗(1973)的代表母语顺序。

表5-2 二语习得顺序与母语习得顺序比较

1	2	3	4	5	6	7	
the/a	-ing	plural-s	reg. past	irreg. past	poss. -s	3rd person-s	[in Dulay and Burt,1974a]
1	2	3	4	5	6	7	
-ing	plural-s	irreg. past	poss. -s	the/a	reg. past	3rd person-s	[in Brown,1973]

在两个序列之间有广泛的相似之处;除了冠词"the/a"(1对应5)之外,所有的语素出现的范围不会错两个位置。

杜雷等(Dulay,Burt & Krashen,1982)做了更全面的语素比较,得出不规则过去时、冠词、系动词和助动词,显示出较大的差异。

种种迹象显示,好像二语习得的顺序跟母语习得顺序不同。那么,它们之间有什么联系吗? 范伯腾(Van Patten,1984)将语素扩展到名词或名词短词、动词和助动词,采取分组比较的方法,发现在每一组中,母语跟二语的习得序列没有区别。

从语素习得顺序的排列来看,人们可能会以为学习者是先学会了英语复数"-s",然后再学会进行时"-ing",依此类推,最后学会所有格"'s",似乎不同语素的习得都一定有个先后顺序。但实际观察表明,学习者每次学会的语素往往不止一个,在同一个时间段学习者可能同时学会了好几个语素。为了解决这一问题,克拉申(1982)没有按单个语素排序,而是将语素分组后以组为单位排序,同组语素基本上被看作是同时获得的。这种排序在一定程度上也解决了习得顺序中的学习者个体差异问题(见图5-1)。

以上研究表明[①]:

第一,以英语作为第二语言的学习者在习得英语语素的过程中,无论是儿童还是成人,不管学习者的母语背景是否相同,第二语言习得顺序相同。至少表明,第二语言习得存在着一种带有普遍性的机制,是这种机制支配着第二语言习得的过程。

第二,不同的学习任务对习得顺序有一定的影响,但不同的作业方式对习得顺序没有影响。言语理解与产出的习得顺序不同,不同监控条件下的言语产出的顺序相同。

第三,所有研究都表明,第二语言习得顺序与母语习得顺序有一致性,但不完全相同。

二、创造性建构假设

人们不禁要问,为什么在母语习得和二语习得中,存在着相似的语素习得顺序? 杜雷和伯特的解释是:这是创造性建构引起的。创造性建构认为,语言学习者逐渐组织他们所听到的语言,根据规则构造生成句子是一个潜意识的过程。这种语言学习观归因于语言学习者的内在过程,而不是由对比分析引起的母语的性能。杜雷和伯特(Dulay & Burt,1974b)从179个讲西班牙语的儿童归纳偏误,把它们分为自然的创造性建构和西班牙母语干扰两类。在513个总错误中,447个(87.1%)是属于创造性建构的。24个(4.7%)是属于母语干扰造成的。按他们的计算,母语的影响是非常小的。

那么,创造性建构的理论基础是什么呢?

创造性构建的概念依赖于独立语法假设,即二语学习者都有自己的语法,这种语法可以从他们的语言样本建立起来。

创造性建构理论认为,无论是母语者还是第二语言学习者,学习语言的过程都是相同的,区别仅仅在于各人的路径不同。他们遵从了一个标准的习得顺序,但是学习具体语法特征的顺序是不同的。正是由于这种共同习得顺序的存在,创造性建构理论强调的是创造性建构目的语的语言系统而不是对母语知识的重构。

在理论基础上,创造性建构理论是心灵学派的观点。他们认为,驱动第二语言习得的心理过程与驱动儿童习得母语的心理过程基本相同。第二语言习得和母语习得一样,是高度

[①] 刘玉屏,孙晓明. 语言学与第二语言习得理论[M]. 北京:中央民族大学出版社,2010:211—212.

程序化的,而且这种程序是预先存在的。语言信息的输入仅仅是作为激活这种预先存在的、高度程序化的习得机制的一种触发因素。由此可见,心灵学派对语言习得的解释从根本上反对行为主义者对语言学习的解释,他们强调人的语言习得机制而弱化环境的作用。在他们看来,输入的功能只是为了激活语言习得机制,基于这个原因,展现母语习得和第二语言习得的共性就非常重要。无论母语习得还是第二语言习得都是由这种高度程序化的习得机制决定的,而不是由语言输入中出现的结构顺序决定的。这就导致了一场对第二语言习得在多大程度上和母语习得相同的讨论。

20世纪70年代一系列关于习得顺序的研究表明,第二语言学习者,无论是成人还是儿童,无论是何种母语背景都不会改变学习者的习得顺序。如果学习者的母语背景对其习得顺序不产生影响,那就意味着,第二语言习得存在着普遍的习得机制。创造性建构假设认为,母语对第二语言习得的影响是很小的。这与塞林克"中介语"的观点是完全不同的。在塞林克看来是母语迁移的现象,杜雷和伯特却认为是母语学习者和第二语言学习者共有的一种"发展模式"。杜雷和伯特通过考察西班牙儿童习得英语的过程发现,学习者出现的偏误,93%是发展中的偏误,只有不到5%的偏误是由于母语干扰造成的。

综上所述,创造性建构理论的核心在于弱化母语对于学习者习得第二语言的影响。事实上,母语学习者基本上是通过自然的习得过程获得语言能力;而第二语言学习者已经具备了母语的语言能力,在第二语言学习中很难完全忽略母语的影响,至少在语法学习中一般是以母语为基础建构第二语言的语法系统的。因此,创造性建构理论一直受到学界的质疑。但无论如何,创造性建构理论是第二语言习得顺序研究中的一种非常重要的理论。

三、语素习得顺序研究存在的问题

沿着这一方法展开的习得顺序研究越来越多,同时,有关问题也逐渐显现。

(一)语素习得顺序研究的概括力问题,即它有没有普适性

范伯腾(Van Patten,1984)关注目标语为西班牙语的情况。他们发现习得顺序甚至可以推广到也有黏着语法语素和自由语法语素的语言。但是,这种研究却不能应用于如像汉语那样没有形态成分的语言。

(二)收集语素的权威性问题

一方面,尽管克拉申等(1978)发现,第一语言习得和第二语言习得学习者之间的黏着语素比自由语素一致性更强,但多数学者通常混淆了黏着和自由的语素之间的不同。另一方面,他们把语法的独立的方方面面放在了一起。考察的语素通常包括主要动词的形态("-ing",规则和不规则的过去式,第三人称单数的"-s"),名词短语的词法和句法(物主格的

"-s",复数的"-s","the/a"),作助动词的和复数形式的"be",等等,选择这些项目没有统一的标准。换句话说,语法语素是任意地、不合理地收集在一起。在某种意义上,研究忽略了它们的语法性质。语法是一个整体,而不是像一本字典那样,是一个不同项目的列表;语法语素被视为离散的词汇那样是一个接一个获得的,而不是被看作语法结构和系统的一部分。

根据语音或语法环境,一个语素有几种不同的语素变体。例如,"a"在元音前成为"an";表复数的语素"-s",可能会读[s]("books")、[z]("days"),或[iz]("wishes");过去时态的语素"-ed"根据单词末尾的语音,可以读为[t]、[d]或[id]。研究者所考察的大多数语素都有这种变体情况,甚至"-ing"。语法语素的研究,很少关注语素变体情况:只在乎语素是否出现,不关心它的形式。然而,孩子们学习第一语言时是以一定的顺序习得一个语素的语素变体。Wode(1980;1981)发现的二语习得中四个德国儿童学习英语时的习得顺序是[s]、[z]、[iz]。二语习得研究时,由于没有考虑语素变体,因而模糊了语素习得顺序体现的问题。

(三)所选词汇项目不同会造成黏着语素的缺失

亚伯拉罕(Abraham,1984)表明,二语学习者成功习得第三人称单数的"-s",取决于词的使用;"look"是一个"容易"的动词,它在使用上有17%的错误;"eat"是"困难"的动词,存在49%的错误率;"take"是"中等难度"的,错误为30%。埃利斯(Ellis,1988)比较了不同上下文中第三人称单数的"-s"和复数的"-s"出现的正确度,他发现二语学习的儿童的语音会根据上下文出现系统的变化,代词主语比名词主语更倾向于使用"-s"。一个黏着语素的缺失与词汇的选择以及语法有关。

(四)受试者所给的句子形式的意义的问题

有关讨论指出,受试者看起来在强制语境中会使用的(改用的)某个语素,但也许是受强制语境的影响而与意义无关。比如,一个二语使用者说"John is going"跟母语者说这句话的意思是不是相同?

(五)实验设计安排的问题

为获得母语习得的序列,布朗(1973)安排语素时,按儿童可以达到90%的习得率所需要的时间;为获得二语习得序列,杜雷和伯特(Dulay & Burt,1973)安排语素的基础是在同一时间点学习者的成绩。所以,他们各自得到的序列是来自两个不同的途径:母语习得顺序是形式达到一定水平的儿童语言的准确率所花费的时间;二语习得的顺序是基于学习者在一个单一的测试场合分数的生产难度顺序。

(六)数据采集的问题

一方面,不同的目的和方法采集的数据所得出的结论可能不同;另一方面,实例数过低,结论就要打折扣。

有时,这种不同表现为纵向研究和横向研究之间的差异。纵向研究遵循相同的学习者,在一段时间内尽量细微地观察他们在时间1和时间2的变化,然后比较他们在这两个时期之间的知识状态。横向研究着眼于在不同时刻的不同的学习者,通过比较不同的人,建立连续的发展状态,这就是所谓的"伪纵"。也就是说,不是跟踪20个开始二语学习的人一年时间,而是把20个初学者跟20个已经学习了一年的学生比较,好像他们是同一人。显然,两种不同研究方法获得的数据有着根本的区别,研究时应该注意区别。

第三节 否定结构习得顺序的研究

否定的研究起源于独立语法假设。在母语习得研究领域里,有研究者依据乔姆斯基的理论,提出了"独立语法假设"这一重要概念。这一假设认为,儿童语言和成人语言之间存在着差异,不能把成人使用的语言作为评价儿童语言的标准,也不能认为儿童语言存在着缺陷,实际上儿童使用的语言是一种不同于成人语言的另一种语言,它具有其独立的语法体系,如儿童所说的"Nobody don't like me"等同于成人所说"Nobody likes me"。在儿童语法体系中,双重否定表达的就是成人的简单否定,而在成人语法中"Nobody don't"是语言错误,在儿童语法中它可能不是语言错误。

那么,这个"独立语法"是个什么样子呢?不少学者试图从不同角度记录描写它。

一、麦伦的研究

麦伦(Milon,1974)的做法是观察一位在夏威夷的七岁日本男孩 Ken 的英语学习过程,他用了六个月的时间捕捉孩子的每一阶段的语法规则。[①]

在第一阶段,麦伦发现,Ken 使用的句子如"No my turn"和"no more sister"。麦伦为这类句子写了语法加以描述,一个句子(S)由一个核心和可能的否定成分"not""no"或"no more"组成,即

$$S \to \begin{Bmatrix} not \\ no \\ no\ more \end{Bmatrix} Nucleus$$

图5-4 一个日本男孩学习英语否定式语法的第一阶段(Milon,1974)

---

① Milon, J. The development of negation in English by a second language learner[J]. TESOL Quarterly, 1974(8):137—143.

在第二阶段,孩子产生"I no look"和"You no can go"一类的句子。其规则是将否定成分放在主语和谓词之间,由一个否定词或否定性辅助词(AUX^{eng})构成。

否定性辅助词可能是否定词("not"或"no")或否定性动词短语(V^{neg})如"don't"。在这个阶段,否定仍然是在句中插入否定成分构成,而不是在助动词上附加否定词;"don't" "can't"和"no can"等同于"not"和"no",而不是由"can" + "not"或"do" + "not"两个语素构成。这可以由下面的重写规则表示,左边每个符号由右边的符号构成。

$$S \rightarrow \begin{Bmatrix} \text{Nominal} \\ \text{Neg} \end{Bmatrix} (\text{Aux}^{neg}) \text{Pred.}$$

$$\text{Aux}^{neg} \rightarrow V^{neg}$$

$$\text{Neg} \rightarrow \begin{Bmatrix} \text{no} \\ \text{not} \end{Bmatrix}$$

$$V^{neg} \rightarrow \begin{Bmatrix} \text{can't} \\ \text{don't} \\ \text{no can} \end{Bmatrix}$$

图5-5 一个日本男孩学习英语否定式语法的第二阶段(Milon, 1974)

麦伦的工作表明写出二语学习者各个阶段的语法的发展的可行性。二语学习的阶段确实跟Klima和Bellugi(1966)发现的母语学习的两个阶段十分相似。区别在于,一是Ken使用了附加否定成分"no more"和"no can"。然而,所有这些对说母语的人来说听起来完全合理,因为Bloom(1970)的报告发现"no more"经常在儿童的母语中使用。二是Ken在第二阶段的问句和陈述句中使用助动词,而这一点在Klima和Bellugi(1966)的研究中没有发现。

二、沃德的研究

沃德(Henning Wode)从三月到八月在美国的六个月时间里,每天记录四岁的母语为德语的儿子的进展。他几乎每一天都记录孩子的话,偶尔也提供些理解测试。用来做比较的孩子们,不仅有来自母语为德语的,也有四个孩子的母语为英语,他们和34个德国儿童在课堂学习英语。由此,他想得出一个习得否定的序列,一个能通用于母语、二语的不同语言的序列。他建立了以下顺序。

1. 第一阶段:照应的外部否定

在儿童早期的句子,如"Kenny no"和"No my is the better one","no"代表一个完整的句子,所以被称为"照应"的否定。它发生句子的结构之外,所以也被称为"外部"的否定。大多数研究发现,外部的照应形式,如英语的"no"或德国"nein"或阿拉伯语的"la",它们的习得要早于其他形式。

2. 第二阶段:非照应外部否定

这个阶段,孩子们产生了这样的句子:"No finish"和"No sleep"。这些外部的否定成分是句子结构的一部分,它们偏重于意义的否定,而不是代替一个完整的句子;即,它是非照应。这是相当于麦伦的第一阶段,否定成分出现在核心成分之前或之后,除非核心成分的定义更为严密。这个阶段在母语和二语习得中都会出现。沃德发现两个次阶段:(a)"no + 形容词/动词/名词",如"No bread"和"No fair";(b)"no + 动词短语",如"No drink some milk"。

3. 第三阶段:内部的"be"的否定

孩子们产生了这样的句子:"That's no good"和"Lunch is no ready",就是说"X + be + no/not + Y"。"no"和"not"出现在句子内部,并主要与系词"be"的各种形式联系,如"That's no good""It's no German. It's England"。

4. 第四阶段:内部完全动词的否定,和必要的"don't"

在这一阶段,孩子们说:"You have a not fish"或"Don't say something"。他们把否定词"no"和"not"放在完整动词之前或之后,如"I'm not missed it"或"You can't have that";他们也产生了命令式"don't",如"Don't throw the rock on Kitty"。主要结构是"主语 + 动词 + 否定词 + X"("Birgit catch no fish")和"主语 + 否定词 + 动词短语"("I not get from Larsie")。助词"don't"限定在命令句中。在这个复杂的过程中,二语学习者开始偏离母语否定形式的影响;例如使用"动词 + 否定"形式("Birgit catch no fish"),似乎是德国英语学习者特有的,可能反映了德语的动词后的否定。

5. 第五阶段:非命令句补充的"do"

最后,孩子们开始说的句子,如"I didn't have a snag",和"I don't saw the water"。全方位的"do"在支配的句子中出现:"You didn't can throw it"和"They don't last any game"。

这五个阶段时间上超过了六个月,直到"any"和否定在句中相联系,如"I don't have any money"。五个阶段如下所示:

表 5-3 沃德描绘的否定序列

阶段	第一阶段	第二阶段	第三阶段	第四阶段	第五阶段
特点	照应的外部否定	非照应的外部否定 1. no + A/V/N 2. no + VP	内部"be"否定	内部完全动词否定和必要的"don't"	非命令句补充的"do"
例句	Kenny no	No finish	That's no good	You have a not fish	You don't can throw it

沃德此研究的主要结论,不仅获取了否定结构实际的习得顺序,也发现了在第二和第三阶段出现的"否定+X"和"主语+NEG+VP"形式。他声称这是由于母语和二语习得的通用策略:"这些策略和其他策略都是人获取语言的基本手段"(Wode,1980)。① 他认为这些作为"生物禀赋"潜在于杜雷和伯特所说的"创造性建构"过程中。沃德对否定习得的研究,提出了发展阶段的概念,进一步说明了学习者的中介语系统的发展的性质。沃德之后,又有许多学者在否定结构的习得方面进行了大量的研究。

第四节 汉语作为第二语言的习得顺序研究

对外汉语界与习得顺序有关的研究起步较早,成果较多,而且不少带有原创性、开拓性的成果。就原创和开拓性来说,指的是研究对象、研究方法以及研究结果。研究领域的方向上可以分为特定的汉语语法项目发展过程研究和不同的汉语规则习得顺序的研究。

施家炜指出:"90年代中期以后,关于习得顺序与发展过程的研究开始兴起。"他对两者作了区分:"习得顺序(acquisition orders)研究指研究学习者习得多个不同语言项目时的序列,即有的语言项目一定是在某些语言项目之前习得。相关的研究如:某些语法结构的习得是否存有一个自然顺序?该顺序是否一成不变?是否不受母语背景、性别、第二语言水平等因素的影响?如果有这样一个自然顺序,究竟是怎样一个顺序?它与第一语言习得的顺序是否一致?""发展过程(developmental sequences)的广义界定指语言习得的整个发展轮廓,它是普遍的,是创生过程的产物……发展过程的狭义界定指学习者习得特定的语言项目时所经历的动态发展过程,第二语言学习者并非从目的语规则的'零知识'突然跳跃到对规则的完美习得,他们要通过一系列的发展过渡阶段才能达到彼岸。"②

施家炜的这个定义侧重于研究对象是"多个不同语言项目"还是"特定的语言项目",前者是"习得顺序"而后者是"发展过程"。然而,这样区分还存在一定的问题。比如,关于"了"的研究是一个热点,表面看研究对象是一个语言项目,属于"发展过程"研究。但研究者往往是在区分了"了$_1$"和"了$_2$"两个不同语素的基础上展开研究的。针对"了"的研究只涉及两个语素,如果涉及多个语素,算不算"多个不同语言项目"呢?所以,我们按研究对象的不同来分类。

---

① Wode. Learning a Second Language[M]. Tubingen: Eberhard-Karls-Universitaet Tuebingen Press, 1980:294.
② 施家炜. 国内汉语第二语言习得研究二十年[J]. 语言教学与研究,2006(1):15—26.

一、研究对象

1. 虚词习得过程研究

这类研究往往以一个具体的语法点(主要是虚词)为考察对象,考察学习者习得该语法点的具体过程及出现的问题。根据施家炜(2006)的统计,这类研究的数量较多,他说:"据我们的统计,国内写'把'和'了'习得的都在三四篇以上,而有些项目却无人涉及。"[①]我们仅举几个例子来说明这类研究。

孙德坤(1993)和赵立江(1997)考察了汉语第二语言学习者"了"的习得情况。他们的研究发现,"$了_2$"先出现,再出现"$了_1$",接着"$了_1$"与"$了_2$"相混,"了"与"过"和"是……的"相冲突。学习者把"了"的意义等同于英语中的过去时或完成时态。有的学习者回避"$了_1$",却过度使用"$了_2$"。由上可知,母语和第二语言习得的主要区别是:母语习得时间长但较稳定,因此很少出现偏误。第二语言习得时间短但多变异,偏误率高,漏用、泛化、混用等偏误类型都常见。

邓守信(1999)考察汉语"了"的习得情况。研究表明,学习者较早习得"$了_2$",即句尾"了"。"$了_1$"则要经过数年并伴随着一定比例的错误才能被习得。这主要是因为"$了_1$"语义非常复杂,初学者至少需要两年以上才能掌握。在初始阶段,他们往往把表完成的体标记等同于英语的过去时。他建议在教材中,应该先介绍"$了_2$"的用法,再介绍"$了_1$"的用法。

孙德金(1999)从两个方面来考察"了"的习得过程:一是"了"与动词语义特性的选择关系;二是句法结构对习得"了"的影响。他在语料统计分析中发现,学习者在习得体标记"了"的时候,倾向于首先选择有终结意义(如"到""过""走"等)的动词。非终结性动词与"了"共现,以及有终结语义但有条件限制的动词与"了"共现时,学习者掌握起来比较困难。在考察句法制的动词与"了"共现时,学习者掌握起来比较困难。在考察句法结构对习得"了"的影响时发现,无论动词本身有无终结点,只要与"了"共现的结构的语义特征与"了"的语法意义相一致,"了"的习得也就比较容易。

王建勤考察了汉语第二语言学习者"不"和"没"的习得情况。他发现,"不"和"没"否定结构的习得过程是按照一定的习得顺序进行的;与"不"和"没"共现的谓词与助动词的习得过程呈现一定的阶段性特征;"不"与"没"否定规则习得的扩散过程揭示了习得过程的过渡性特征即规则相互渗透的特征。

靳洪刚(1993)运用了语法判断、"把"字句翻译、故事陈述等测试方法,从"语言类型普

---

① 施家炜.国内汉语第二语言习得研究二十年[J].语言教学与研究,2006(1):15—26.

遍性"的角度,对海外汉语学习者习得汉语"把"字句的过程进行了详细的考察。统计结果表明:"把"字句的习得过程是一种"语用化"的过程。"把"字句的语用化过程经历了三个不同阶段:第一个阶段,学习者把"把"字句看成一个简单的"主—宾—动"的语法句式,"把+名词短语"完全没有主题意义;第二个阶段,学习者开始意识到"把"字句的运用与语用及主题有关;第三个阶段,学习者清楚地认识到汉语是一种主题突出的语言,与英语的主语突出有所不同。靳洪刚的研究说明,语言类型的普遍性对第二语言习得是有一定的影响的。在初级阶段,学习者首先是用母语主语突出的规律去认识和解释以主题突出为特征的汉语语法结构,之后才逐渐认识两种语言在语言类型上差别。另外,学习者经历了由主语突出语言类型到主题突出的语言类型的转换。

2. 句法习得顺序研究

施家炜统计时这类研究数量少些,近年来这方面的研究也在不断增加。其中,补语的研究数量较多,其次是疑问句,其他方面的研究还需进一步加强。

施家炜对外国留学生22类汉语句式的习得顺序进行了大规模的统计分析。① 材料来自三个方面:一是《汉语中介语语料库系统》;二是测试与问卷调查;三是个案跟踪调查材料。研究考察了12类肯定句和10类问句。统计分析表明,外国学生22类现代汉语句式的习得的确表现出一定的顺序;三种不同统计方法获得的习得顺序一致;不同母语背景、性别的留学生在习得汉语22类句式时表现出高度一致的习得顺序。在统计分析的基础上,作者提出了自然习得顺序变体的理论假说。

温晓虹对主题突出的汉语"存在句"的习得过程进行了考察。② 实验结果表明,"主题—述题"结构是汉语存在句中介语中的一个明显的特征。学习者初级阶段就习得了典型的主述题结构。主题突出之所以成为中介语中一个特征,是因为人们在交际中首先确立主题,然后围绕主题展开陈述。

汉语界则有杨德峰(2003)等关于趋向补语的习得顺序研究、田然(2005)关于NP省略习得顺序与偏误研究等。杨德峰(2003)发现:

(1)"动词+简单趋向补语(本义)"初级阶段习得得非常好,但还没有完全掌握。中高级阶段该项目的习得错误率是0,说明已经完全掌握了。这些情况说明,该项目初级和中高级两个阶段习得得都非常好,也说明该项目属于比较容易习得的项目。

---

① 施家炜.外国留学生22类现代汉语句式的习得顺序研究[J].世界汉语教学,1998(4):77—98.
② 温晓虹.主题突出与汉语存在句的习得[J].世界汉语教学,1995(2):52—59.

(2)"动词+简单趋向补语(引申义)"初级阶段的习得错误率是0,中高级阶段的习得错误率也是0,但不能说明这两个阶段该项目已经完全掌握了,主要是因为这两个阶段出现的用例太少,不能反映出学生习得的全貌。

(3)"动词+简单趋向补语(本义)"带宾语的,初级阶段的习得错误率相当高。中高级阶段习得错误率与初级阶段几乎持平。不仅如此,这两个阶段的错误类型也有共同之处。这说明初级阶段该项目习得得不太好,到了中高级阶段仍没有多大进展。这种情况一方面表明该项目比较难习得,是母语为英语的学生习得时的一大难点;另一方面也表明,该项目习得时容易出现"石化"现象,即学生容易把初级阶段的错误带到中高级阶段。

(4)"动词+简单趋向补语(引申义)"带宾语的,初级阶段的习得错误率不太高,这说明该阶段的"动词+简单趋向补语(引申义)"带宾语习得得比较好。该项目中高级阶段的错误率有所下降,但进展并不大,说明该项目的习得随着时间的推移以及学生汉语水平的提高并没有取得实质性的进展。

(5)初级阶段"动词+复合趋向动词(本义)"的习得错误率很低,说明习得得非常好。但中高级阶段错误率呈现上升的趋势。出现这种情况虽然不排除偶然的因素,但也说明到了中高级阶段该项目的习得还有一些问题。

(6)"动词+复合趋向动词(引申义)"初级阶段的习得错误率与中高级阶段几乎持平,而且错误率也都很高。可见该项目的习得随着时间的推移以及学生汉语水平的提高并没有实质性的改善,也存在一定程度的"石化"现象。这些情况也说明该项目比较难习得。

(7)"动词+趋$_1$+宾语+趋$_2$(本义)"初级阶段习得错误率很高,说明该项目初级阶段很难习得。中高级阶段,该项目的习得错误率是0,但这并不意味着该阶段"动词+趋$_1$+宾语+趋$_2$(本义)"的习得就没有问题,这是因为中高级阶段该项目出现的用例太少,很难反映出学生习得的真实情况。

(8)初级阶段"动词+趋$_1$+宾语+趋$_2$(引申义)"的习得错误率为0,好像该项目学生完全掌握了,但实际情况是因为该阶段这一项目的用例太少,很难反映出学生习得的真实情况。中高级阶段该项目的习得错误率高也说明该项目无论在初级阶段还是在中高级阶段习得时都有一些问题。

(9)无论是初级阶段还是高级阶段,"动词+复合趋向补语(本义)+宾语"的习得问题都是十分突出的。说明该项目的习得并没有随着时间的推移、学生汉语水平的提高而有实质性进展,因此可以说该项目是母语为英语的学生趋向补语习得中的最大障碍。该项目不仅很难习得,而且容易产生"石化"现象。

(10)"动词+复合趋向补语(引申义)+宾语"初级阶段的习得错误率不低,说明该阶段这一项目没有完全掌握。中高级阶段该项目的习得错误率为0,但这并不意味着学生就完全掌握了该项目,主要是因为中高级阶段该项目的用例太少。

杨德峰等的研究详细讨论了母语为英语的学生习得趋向补语的情况,并据此构拟出了趋向补语的习得顺序。这种习得顺序虽然是倾向性的,并不是绝对的,但毫无疑问它不仅有利于课堂教学,而且对教材编写以及语法等级大纲和语法教学大纲的制定等也具有一定的参考价值。

二、研究方法及发展趋势[①]

施家炜(2006)在谈到二语习得研究方法是指出:"实证性的调查研究在二语习得研究中的地位越来越重要,定量分析的作用也越来越重要。简单地观察语言习得或语言教学,从学习者或研究者的经验出发来讨论问题,或从学习者学习过程中出现的某些现象进行推论,显然是不充分和不科学的。目前,人们更多地转向用科学的实验数据来检验和讨论语言习得问题。在这一领域,主观性的判断、下结论的研究方法逐渐被抛弃,统计学在语言习得研究中的运用越来越广泛。定量分析与定性分析相结合是二语习得研究的主流。"[②]

他统计的部分习得顺序的文章中,涉及的研究方面就有:观察+记录、选择+翻译问卷、语料库研究+测试/问卷调查+个案跟踪、作业分析+个案研究+群体对比、问卷测试、语料库研究、情境表演、调查研究、语料研究、个案研究。可以看出,这里既有单一方面,也有多种方法综合运用。

汉语习得顺序和习得过程的研究,目前已得到越来越多的学者的重视,预计今后将成为汉语习得理论研究的重点。西方学者致力于语素习得顺序研究取得相当的成果,汉语方面的研究则从汉语的特点出发,对多项句式的习得顺序或对某项句式的习得过程的研究取得了一定成果。在研究方法上,如今从语料收集分析入手、运用科学的统计方法的实验性的研究,已为愈来愈多的研究者所重视。但在实验中共时的横向研究用得较多,横向研究并不能完全代替费时、费事的纵向跟踪研究。在条件允许的情况下,需要提倡个案跟踪研究;横向规模调查与纵向个案跟踪的结合是比较理想的研究方法。强调实证性的研究不等于否定思辨性的研究,对理论问题进行深入的思考,甚至进行纯理论的探讨也是十分需要的。实证性的研究也不应理解为通过一两次实验或调查(特别是问卷调查)罗列一些统计数据,而是要

---

① 刘珣. 对外汉语教育学科初探[M]. 北京:外语教学与研究出版社,2005:115.
② 施家炜. 国内汉语第二语言习得研究二十年[J]. 语言教学与研究,2006(1):15—26.

在一定的理论指导下设计实验,并对实验的结果进行理论分析。理想的研究方法是实证与思辨相结合,思辨以实证为基础。

 思考和练习五

一、填空题

1. (　　)的存在证明了可以将二语习得研究跟第一语言习得研究分离开来。
2. 克拉申在研究习得顺序时不再强调具体每个项目,而是分出特定的(　　)。
3. 范伯腾扩展研究项目采取分组比较的方法,发现在每一组中,母语跟二语的习得序列(　　)。
4. 创造性建构认为,语言学习者逐渐组织(　　),根据规则构造生成句子是一个潜意识的过程。
5. 20世纪70年代一系列关于习得顺序的研究表明,第二语言学习者,无论是成人还是儿童,无论是何种母语背景都(　　)改变学习者的习得顺序。
6. 施家炜根据研究对象的多少,认为"多个不同语言项目"是属于(　　)研究;而"特定的语言项目"是(　　)方面的研究。

二、名词解释

1. 强制语境
2. 创造性建构
3. 语法语素
4. 伪纵
5. 横向研究

三、简答题

1. "习得顺序"和"发展过程"有何不同?
2. 二语习得的顺序跟母语习得的顺序是否一致?
3. 进行习得顺序研究为什么要选择多个受试者?

六、论述题

1. 试述语素习得顺序研究存在哪些问题。
2. 简述二语习得顺序的研究方法。
3. 简述汉语所为第二语言的习得顺序研究方面取得的成就。

第六章　输入输出与互动研究

语言是人类最重要的交际工具。语言是用来交际的,语言习得同样应在交际中发生、发展。交际过程中哪些因素对语言习得有影响? 这一直是人们关心的问题。语言输入、输出、互动等方面的研究,正是从交际工具入手,讨论语言习得中的诸多因素的。从语言接收角度来分析,就是分析"输入"的作用;从语言产出的角度来分析,就是分析"输出";而"互动"则是作为交际使用时的情况。这些方面的研究,从现象入手,试图分析学习者心理在语言活动中的规律,并试图对语言教学加以改进和指导。

第一节　输入[①]

"输入"是20世纪六七十年代把外语学习跟计算机进行类比而出现的一个词,在二语习得中是学习者所接触到的目标语材料。"接触到"包括听到或看到。语言习得,只有在学习者有机会接受目标语输入时才会发生,因此没有输入就没有习得。

科德在1967年对被他称为"输入"(input)和"吸收"(intake)[②]的两个概念做了明确区分。"输入"指的是学习者所接触到的语言,而"吸收"指的是真正被学习者内化的东西。

[①] 杨连瑞等.二语习得研究与中国外语教学[M].上海:上海外语教育出版社,2007:185—193.
[②] 刘松浩(2007)译为"吸入"。顾伟勤(2008)译为"吸纳"。

一、输入的类型及不同认识

从形式上看,输入分为口头输入和书面输入;从发生方式看,输入分为发生在双向的交际环境中的输入和发生在非交际环境中的输入;从性质上看,输入分为正面语料和负面语料,即输入可以是合乎语法的句子,也可以是表达不正确的信息或反馈。

加斯(Gass,2003)曾提出一个分类系统:

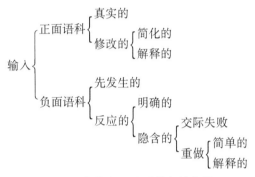

图 6-1　加斯(Gass)对输入的分类

正面语料指的是语言学习者从环境中得到的那些在目标语中可以被接受的特定话语,即合乎语法的语言形式。其中,真实的输入指学习者所接触的输入是说母语者进行交际时所使用的未经任何修改的真实语料。因此,课堂环境中的输入,尤其对初、中级学习者来说,这种真实的输入几乎不存在,因为初学者所接触的输入几乎都是经过修改的。经过修改的输入包括简化的输入和解释的输入两类。在互动语言学习环境中,输入可以包括保姆话语、外国人话语、教师话语以及中介语话语。

负面语料即反馈,是提供给学生的关于其语言使用不正确的信息。它有时是在学习者接受输入之前由教授者提前点出,有时是在使用语言发生错误之后由教授者做出的明确的或隐含的反馈,隐含的反馈在学习者不理解的情况下会导致交际失败,在学习者理解的情况下会产生重做,即学习者重新加工并产出语言结构。而重做又可分为两类:简单重做和解释性重做。

不同的理论对输入在二语习得中的作用有不同的解释。20 世纪前期,语言习得理论极其依赖提供给学习者的输入。在其后的语言习得理论中,关于输入在语言习得中的作用的认识并没有减弱,变化的是个人如何处理输入的方式,以及输入如何与学习者心理能力互动的概念(Gass 2003)。埃利斯(Ellis,1985b)指出了学界对输入的三种不同认识。

1. 行为主义理论

以行为主义为理论基础的语言研究认为输入是刺激,通过对语言刺激的模仿,学习者获得一种语言习惯。儿童被认为是通过模仿学习,他们的语言习得完全依赖其所接受的输入。语言输入通过反馈和纠正得以强化,在这种强化过程中,学习者个人的内在因素完全不起作用,而输入与输出之间有直接关系。学习者通过模仿,将接收的刺激和反馈内化,其输出是否与目标语接近决定于刺激的强度和改正的程度。

2. 心灵主义理论

心灵主义理论强调的是学习者大脑中黑匣子的重要性,即每一个正常人生来就有一个包括人类语言本质及结构基本知识的语言习得机制(LAD)。他们认为,输入是二语习得的重要条件,它的作用是用来触发学习者的语言习得机制,而不能直接起作用。他们有个重要的证据,就是儿童学习语言,不可能接触到所有的语言现象,但学习者却可以说出他们所谓听到过的句子。换句话说,心灵主义理论认为输入只是一种催化剂,用来触发学习者内在的普遍语法系统,使习得得以发生。

3. 互动主义理论

互动主义对二语习得的理论解释则分为两种:认知互动理论与社会互动理论。认知互动理论强调语言环境和学生的内在机制的共同作用,即把输入当成催化剂,又把输入当成参与者,认为学习者的心理能力与语言输入的互动导致习得的发生。社会互动理论则认为学习者之间的交流促使习得的发生,口头互动对语言学习至关重要。

对输入的研究包括学习者所接受的话语类型(如保姆话语、外国人话语、教师话语和中介语话语的研究)以及输入与二语习得的关系等。

二、输入的话语类型的研究

1. 保姆话语

人们在对年龄小的儿童(或一种语言的非本族语者)说话时,会在语音、语法和词汇等方面对自己的言语做出调整,以便听话人能够听得懂。其中以年龄小的儿童为指向的语言被他称为"儿语"(baby talk)。也被称为"妈妈话语"(motherese)、"保姆话语"(caretaker speech)或"儿童指向语言"(child directed speech)。

对保姆话语的研究始于20世纪70年代,研究者用实证研究来探讨保姆话语的本质。研究表明,保姆语比对成年人说的话更合乎语法、更简单、更多重复。具体表现为语速变慢、音高、语调、节奏都有调整,多使用意义实在简单的词汇,少使用复杂的结构,同时注意使用引起儿童注意的表达,检查孩子是否听懂。如:"看那个狗狗!看到狗狗了吗?那边有一只狗狗！"(Look at the doggie! See the doggie? There's a doggie!)

保姆语有三个作用：协助交流、教授语言、使儿童社会化。

2. 外国人话语

外国人话语指的是说母语者跟非母语者交流时所使用的话语，它与保姆话语有一些共同特点。通常来讲，对外国人说话时的言语调整显示出与本族语者交谈一般不用的话语模式，外国人话语与对年龄小的儿童讲的保姆话语有一些共同特点，包括：语速慢、说话声音大、停顿时间较长、使用简单词语（比如成语用得少、使用出现频率高的词语等）、重复和解释多以及很少使用俚语等。有研究注意到，在有些情况下的外国人话语甚至不合语法。包括：(a) 省略。如："这个，书，book，书。"（这是一本书。）(b) 扩充。"他穿了一个蓝色的，对，像这个一样的，蓝色，上衣。"（他穿了一件蓝上衣。）(c) 替代。"尽量少吃像那些含有不健康的东西的食品。"（尽量少吃含有食品添加剂的食品。）

朗(Long)指出造成外国人话语不合语法有四种因素：(a) 学习者的二语水平很低，(b) 母语者认为自己社会地位高，(c) 母语者有使用外国人话语对低水平非母语者谈话的经历，(d) 对话是非正式的、自发性质的对话。但大多数情况下，外国人话语是合乎语法的。

埃利斯(Ellis,1994)指出外国人话语三个总的话语修正过程：简化、规律化和解释化。简化指母语者简化其语言形式。根据学习者的语言水平调整语速，在句法与词汇上避免并减少较难的项目，使用较短的句子。规律化要求对形式进行基本的或明晰的选择，如选择完整形式及词序、避免太正式或太随意的形式，避免使用意义多的词项。解释化包括加长句子以使意义更清楚、对难词进行分析性释义、使用同义词、提供词汇意义、提供词汇语境等。

外国人话语的作用概括起来有三个：促进交流、隐含地或明确地表明说话者对对话者的态度、隐含地教授目标语。

学习者水平是影响外国人话语的主要因素之一。如下面的例子中，说话者针对不同对象使用不同的语言形式。

表6-1 递进式外国人话语

对本族语幼儿园班级： These are babysitters taking care of babies. Draw a line from Q to q. From S to s and then trace.
对本族语者个体： Now, Johnny, you have to make a great big pointed hat.

续表

对本族语为乌尔都语的中级水平的儿童：	Now her hat is big. Pointed.
对本族语为阿拉伯语的低中级水平的儿童：	See hat? Hat is big. Big and tall.
对本族语为日语的入门级儿童：	Big,big,big hat.
对本族语为韩语的入门级儿童：	Baby sitter. Baby.

3. 教师话语

教师话语指在语言课堂环境中教师对学生说的话语。它对学生的理解有潜在的帮助作用,而理解是二语习得的前提条件。在课堂上教师对学生的水平较为注意,在与学生谈话时会根据具体情况调整或修正自己的话语。教师话语与外国人话语有许多相似之处。如：

  教师：请大家打开书。

  学生：开书？

  教师：对。书Book,打开open。

  学生：噢,打开书？

教师话语的主要特点：教师占据主动；对低水平学生说话语速慢、停顿时间长,说话声音大、清楚；根据学生水平变换使用词汇；使用句法简单的表达。

4. 中介语话语

由于二语学习者多数是在学校环境下学习,学习者获得的输入很多是对其他学习者说的话。中介语话语就是指学生从其他学生处接受的输入的话语。作为语言输入,中介语话语在合乎语法程度上不如外国人话语和教师话语更准确。从社会语言学视角看,中介语话语缺乏适合性,如学习者不能像讲本族语者那样恰当地使用礼貌策略。另外,中介语话语比外国人话语提供给学生更多的意义协商机会。

表 6-2　几种话语类型的比较

话语类型	特　点				作　用
保姆话语	合乎语法	词语简单 重复		语速变慢 音高、语调、节奏 都有调整	① 协助交流 ② 教授语言 ③ 使儿童社会化
外国人话语	可以不合语法	词语简单 重复		语速慢 声音大 解释多、少俚语	① 促进交流 ② 表明态度 ③ 教授目的语
教师话语	合乎语法	使用句法简单	教师主动	语速慢 变换使用词汇	① 教授语言 ② 帮助理解
中介语话语	语法不准确	重复	更多意义协商机会	解释多 变换使用词汇	① 协商机会

三、输入与习得的关系研究

（一）输入频率与习得

输入频率是否决定习得是研究者感兴趣的一个问题。Hatch 和 Wagner（1975）提出的频率假说指出，不同语言项在输入中出现的频率决定习得顺序，越是频繁出现的项目在学生输出中出现得越早。但实际上，该假说探讨的是输入与准确的关系而不是它与习得的关系，其理据是准确性顺序反映习得顺序。

关于输入频率与准确性关系，研究的结果并不一致。拉申－弗里曼（Larsen-Freeman，1976）对语素的研究，布托伊（Butoyi，1978）对名词短语补语结构的研究，莱特博恩（Lightbown，1980）对疑问词的研究，Hamayan & Tucker（1980）对句法结构的研究以及朗（Long，1981b）对语素的研究，发现输入频率与学习者产出的准确顺序相关。而 Snow & Hoefuagel-Hoble（1952）对输入量的研究，Long & Sato（1981）和莱特博恩（Lightbown，1983）对形态的研究，则没有发现频率与准确性之间有直接相关。

支持频率影响习得的观点的研究有两类：一是不合语法的输入造成的影响方面的研究，二是探讨学习者产出程式化语言的原因的研究。前者如加斯和莱克希马南（Gass & Lakshmanan，1991），他们研究输入中的无主句和学生的输出之间的关系，发现两者之间有惊人的相关：不合语法的输入对习得有直接影响。但遗憾的是学生的母语允许无主句的存在，因此只能说输入与迁移共同影响中介语的发展。后一类研究发现，输入中某些句式和套语的频率影响学生对程式化话语的习得。总之，还不能说频率是唯一影响习得的因素，只能说输入的频率是影响习得的因素之一。

（二）输入处理和理解①

在加斯的第二语言习得模型中，理解和吸纳是二语习得过程中两个可以区分的阶段。为什么用于理解的输入并不与吸纳直接相关呢？二语学习者在处理输入时究竟关注的是输入的哪些方面呢？为了回答这些问题，我们需要先了解下人类语言理解过程和输入处理过程的一些总体特征。

1. 语言理解过程的特征

在过去的几十年里，心理语言学家通过大量的实验和研究，对人类语言理解过程的特征有了较全面的认识，其中与语言学习有关的一些重要认识有：

（1）理解过程依赖于三种类型的信息：语言输入、上下文信息，以及语言接收者本人的语言知识和其他一般常识。

（2）理解并不是对于所有听见或看见的语言的被动录制。

（3）理解受到上下文线索的不同类型和数量的影响。在理解所听到或所看到的语言时，人们往往会寻求一种上下文的一致性。

（4）理解受到句子中所使用的不同语言结构（如主动语态和被动语态）的影响，在理解过程中使用语言提示（包括句法上的、语义上的、词素上的、语音上的）的思维方式被称为自下而上处理法。

（5）理解受到语言接收者不同的知识背景的影响，在理解过程中运用上下文线索和基本常识的思维方式被称为自上而下处理法。

（6）理解是有选择性的，因为人脑的处理容量是有限的。选择的过程受到一系列因素的影响，如输入内容的凸显性（可以是视觉听觉上的凸显，也可以是语义上的凸显）、语言接收者的预期（这受到输入中上下文线索和接收者的基本常识的影响）等。

人类语言理解系统的这些特征表明，人们试图理解所接触到的语言材料的过程是高度复杂的过程。人们并不仅仅依赖某一种特定的知识或策略来理解语言，如句法结构、语义或语用知识，而是利用了多种可以获取的资源通过自下而上处理法和自上而下处理法来理解输入的语言信息。

2. 二语学习者的理解过程

尽管语言学家对人类的语言理解过程有了深刻的认识，但这些认识的获得是基于大量

---

① 顾伟勤. 输入、互动和二语学习者[M]. 上海：上海外语教育出版社，2008：44—49.

的已成年的语言使用者为对象的研究,而且,这些成年人所使用的该门语言已经达到了很高的语言水平。对于二语学习者而言,在理解的过程中,自下而上处理法和自上而下处理法很可能并不是同等地、有效地被运用,已有的研究成果不一定能直接运用到二语学习者的语言理解过程。一些研究人员甚至指出,即使成年的本族语使用者在听或看语言材料时也没有均等地运用句法处理和语义处理这两种方法。

在阅读研究中,斯坦诺维奇(Stanovich,1980)提出了一种互动式的阅读模式,他称之为一种比自下而上或自上而下处理法更为精确地描述阅读过程的方法。阅读者不只是个铅字信息的被动接收者,而是一个主动的参与者,在整个过程中,阅读者将积极地调动和运用当时所能获得的所有知识资源,包括语言知识、文化背景知识、生活常识等,文章中文字的意义与语境是通过读者与文章的互动作用产生和再创造出来的。斯坦诺维奇的阅读模式不只是指出了阅读过程的互动式性质,更重要的是,他提出了补偿机制理论。如果某一特定的处理过程出现缺陷(如句法知识不足),那么其他的过程(如上下文信息或读者个人所拥有的基本常识)就能弥补该缺陷。因此,"不管处在何种处理层次,任何知识的不足,将导致对于其他知识的更大的依赖"(Stanovich)①。"互动—补偿"模式对于帮助我们了解语言学习者如何着手处理和理解输入信息是很有启示的。

在第一语言习得领域,学者们认为孩子通常依赖已有的基本常识来理解别人所说的话。其结果是,孩子往往表现得比他实际理解的内容更多。

二语习得也是如此。由于二语知识的局限性,学习者对于某些策略(如语义和上下文线索)的依赖大大超过了其他一些策略(如句法线索),以弥补他们语言上的缺陷。斯坎翰就曾指出:"以获取话语意义为目的的语言处理并不能确保产生对语言形式的自发的敏感,以及随后发生的中介语发展。"斯坎翰认为,二语学习者很可能竭其所能地发掘其"图式知识"(即社会文化背景知识和自然常识及语篇程序知识),以克服自己在"系统知识"(即句法、语义和构词学知识)方面的局限,这将降低中介语系统介入的几率。斯坎翰的观点似乎符合先前的研究结果,即可理解的输入并不能确保学习者的语法发展。

同样,库克(Cook)指出,话语意义的"译码"能力——即"处理语言以获取信息"的能力——与"解码"能力是不同的,"解码"是指"处理语言以获取语言规则"的能力,即确定用于传递意义的语言体系的性质的能力。

---

① Stanovich, K. E. Towards an interactive-conpeusatory model of individual differences in the development of reading furency[J]. Reading Research Quarterly, 1980(16): 63.

在最近的一项研究中,研究者试图验证非本族语使用者在听力理解时是否比本族语使用者更多地依赖话题相关知识。实验结果证实了他的假设,话题知识的有效使用能帮助学习者在日常工作中更有效地使用二语进行交流,但是同时也阻碍了他们语言知识的进一步发展。

概括而言,尽管人类的语言理解系统拥有多种可以利用的资源,可以帮助人们理解一些包含尚未习得内容的句子。但是,这也意味着二语学习者可以不注意输入中的许多语言形式而同样达到相当层次的理解程度。他们可以依靠语义知识和语用知识来弥补第二语言句法知识的不足。这可能导致吸纳总量的减少,从而影响二语体系的进一步整合和发展。

3. 二语输入处理

二语学习者在处理输入的过程中重点关注的是输入中的哪些因素呢?范伯腾(Van Patten,1995,1996)和他的同事们,通过一系列的实验提出了一个输入处理模式。他们提出人类的处理容量是有限的,即学习者不可能关注输入中所有的信息,只有其中一部分的信息被学习者有选择性地重点关注了,而其他的信息则是表面粗略地处理一下。和许多其他学者一样,范伯腾也认为,注意是习得发生的前提条件。他进一步指出,学习者的注意力往往被吸引到输入中某些与信息内容直接相关的部分。

二语学习者为了理解输入的意思,首先会在输入中找寻实义词,如果这时注意力资源尚未耗尽,他们可能会关注较高"交际价值"的语法形式,使语言形式与语义相吻合。如果注意力资源还未耗尽,那么就会进一步处理那些"交际价值"更低的语法形式。交际价值在这里指的是"一种语言形式对于话语的指称意义的相对贡献……基于两种特征的存在与否,即内在的语义价值和在话语里的冗余度"(Van Patten 1996)[①]。如果一种语言形式有其内在的语义价值,而且又不是冗余的,那么,它的交际价值就高(如英语中表示进行时态的词缀-ing);相反,一个既缺乏内在语义价值,而且又冗余的语言形式,其交际价值就低(如英语中一般现在时态单数第三人称动词的后缀-s)。范伯腾认为,只有当二语学习者的语言能力发展到一定的程度,使他们在处理完具有高交际价值的语言形式之后注意力资源还绰绰有余时,低交际价值的语言形式才有可能得到处理。不过目前尚不清楚,学习者在注意力资源剩余的情况下是否真的会关注那些语义不太强的语言形式,很有可能他们永远不会去关注那些纯形式的、话语功能上多余的语言形式,除非某种外在的教学干预迫使他们不得不这么做。

在教学应用方面,范伯腾和他的同事们根据一系列旨在理解输入处理过程的实验,研发

[①] VanPatten, B. Input Processing and Grammar Instruction: Theory and Research[M]. Norwood, New jersey: Ablex. 1996:24.

了一个教学干预的模式。该模式的核心是对语言形式的注意及其在学习者从输入到吸纳最终到输出的整个过程中的重要作用。在传统的语法教学中,教师将信息提供给学习者的目的是为了操练,输入是操纵输出的一种方式(如图6-2)。

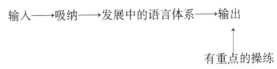

图 6-2　传统外语教学方式

而范伯腾的这个模式并不先让中介语体系介入,它试图影响输入处理的方式,从而影响中介语体系的发展(如图6-3)。该模式的一大重要技巧是,通过给学习者提供"结构式输入"活动而控制任务要求,这些活动鼓励学习者在特定的情形中注意相关的语法线索,从而形成更好的语言形式与意义之间的联系。相对于重视语法解释和输出操练的传统教学而言,该模式的积极效果在范伯腾和他的同事们所做的一系列实验中得到了证实。

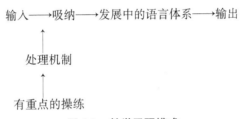

图 6-3　教学干预模式

那么,究竟是什么使得该模式至少在习得词汇和句法结构方面如此有效呢？或许,它的有效性正在于它促使学习者在理解输入的过程中关注了形式与意义之间的联系,也就是说,它创造了一个"推动性输入"环境。假设学习者被推动着产出语言,并即刻被提供了相关的可使用的输入,那么,学习者对语言形式的敏感度就可能被提升,这会促使他们关注形式与意义之间的联系,可能导致处理策略从以意义为主导的策略向句法敏感度更高的策略转变。

总之,理解的涵盖面很广,可以是"以感知各种提示为基础的推理过程",也可以是深入的句型结构分析。因此,无论是依赖于已有知识和上下文提示的自上而下处理法,还是关注于语言形式的自下而上处理法,都是与输入理解紧密关联的。在范伯腾的输入处理模式中,他认为学习者在试图理解输入的过程中会处理语言形式,其处理方式受到某些原则的指引,而这些处理原则同时也会造就吸纳材料,促使学习者正在发展中的语言体系进行调整。尽管范伯腾的模式仍然需要更多的实验来加以证明,但毋庸置疑的是,该模式对于二语输入的处理别具匠心,对于二语教学极具启迪作用。

（三）可理解输入与习得

对输入进行修正是为了使输入的语言可理解。一些研究者把可理解输入看作是二语习得的一个主导因素。克拉申的输入假说是其中最有代表性的。

克拉申强调人类只通过理解信息或接受可理解输入习得语言。他提出的输入假设的主要观点是：要使语言习得得以发生,有必要让学习者理解的输入语言包含稍高于其现有语言水平的项目。学习者利用情境提示理解这些语言,最后语言能力自然产生而无须直接传授。他认为理想的输入应该有四个特征：可理解性——理解输入的语言是习得的必要条件,不可理解的语言无用；趣味及关联性——输入的语言既要有趣又要与学习者相关；非语法程序安排——按语法程序安排教学是不必要的；要有足够的输入量——输入量要大于学习者当前的语言能力。

输入假说在许多方面受到质疑。首先是关于可理解输入的定义和界定。加斯和塞林克(Gass & Selinker,1994)和麦克劳克林(Mclaughlin,1987)都指出该假说没有明确指出如何定义语言/知识水平,因此对语言输入是否构成 i+1 以及学习者是否达到这一水平都无法确定。其次是人们只通过可理解输入习得语言的观点。许多学者认为该观点否认了语言习得中交互与输出的作用,否定学习者所做出的努力。还有学者对其可理解输入的说法提出质疑。加斯(Gass,1988)指出,不是可理解输入而是被理解输入有助于二语习得。只有被学生理解了的输入才能通过信息加工被学生内化。另外,输入假说引用的证据也受到批评。克拉申引用儿童沉默期解释通过听与理解发展的语言产出能力的自动出现被麦克劳克林批评为不算是合理的证据,因为它并不能回答儿童是如何习得语言的这一问题。而且儿童习得语言与成人习得语言相比有许多差异。

对这些批评和质疑,克拉申进行了回应并引用了一些新的证据。他指出,输入假说是我们通过理解语言学习语言的假说。更准确地说,理解是语言习得的必要条件,但不是充分条件。还有一些其他条件必须满足：开放的态度、低情感过滤以及输入中习得者还没有习得但已准备好习得的语言方面的存在/出现(i+1)(Krashen,1998)。

四、输入研究对教学的启示

尽管研究结果不够完善,输入研究及输入假设还是在相当程度上对外语教学产生了不小的影响,对教材编写、大纲及课程设计、课堂教学等也有启发意义。

在以英语为外语的课堂环境中,学生接触到的输入数量有限,主要是教材中出现的内容,这对于有效地习得外语显然不够。因此,我们应当在课内外为学生创造接触大量可理解输入的机会。课堂上教材中使用的语言、外国人话语、教师话语及中介语话语都是可理解输入,课外的可理解输入更是可以多种多样,广播、电视、电影、磁带、讲座、网络聊天、手机聊天等都是便利高效的输入资源。大量的、多样化的输入可以为学习者提供足够的接触语言的机会,满足外语学习的先决条件。可理解输入假设为大纲及课程设计、教材编写提供了理论上的指导。如我国近期出版的英语教材、对外汉语教材在编写上也遵循了可理解输入原则,在选材上既注重思想性又重视趣味性及相关性,课文贴近学生的生活。

另外,克拉申在二语习得理论中提出的情感过滤假说考虑到了学习者的个人情感因素。他认为可理解输入只有在情感过滤较低时才能见效。这一假说对外语教学的启示是教师要积极创建宽松、友好、融洽的课堂学习气氛,调动学生的学习积极性,增强学生的自信心,降低学生的情感焦虑,使学生的语言习得得以有效进行。

第二节　输　出

输出,或语言产出,传统上被认为是操练已学知识(即已经存在的知识)的一种方法。在教学实践中,输出是供学习者操练已经讲授的语言规则的一个平台,是帮助学习者以某种目前尚不确切清楚的方式内化语言规则的一种方法。这种理论也就是早期的语言教学中一度盛行的"讲解—操练"(即句型操练和重复)教学法的理论基础和推动力。

然而,克拉申并不赞成许多教师和研究学者所认为的语言是通过操练而学会的理论。根据输入假说,学习者只有在接触到可理解的输入时才会习得一门语言。他认为,说是习得的结果,而不是习得的原因。他声称,学习者从自己的输出中获益的唯一方法是将该输出当作自我输入。在早期的互动假说中,朗(Long,1983)认为,学习者的输出能促进习得并不是输出本身的作用,而是通过意义协商而促使的调整的输入在起作用。总而言之,有关输出的第一个传统观点认为输出是诱导额外的(而且可能是更丰富的)输入的一种手段。

从认知理论的角度看,输出对学习的重要性在于,与输入相比,输出能够推动学习者对语言进行深入加工(伴有更多心理努力)。学习者控制输出,关注输出,可以更加积极、更负责任地学习。学生可以通过说或写发展自己的中介语以满足交际的需求,使用自己内化的知识解决语言局限性问题,或提示自己在未来输入中寻求解决问题的办法。

一、输出假设的提出

斯韦恩(Swain,1985)以加拿大沉浸式语言教学项目中的儿童为研究对象,根据自己的观察提出了输出假设。该假设的思想概括起来就是:通过产出语言,无论是口头的还是书面的,语言习得可以发生①。

输出假说的创立,矛头直指克拉申所提出的"可理解性输入"在二语习得中起主要作用的理论,输出假说试图确立输出在整个二语习得过程中的积极作用,并首次提出了"可理解性输出"的概念。斯韦恩认为,尽管可理解性输入对于习得过程功不可没,但并不足以令学习者充分发展他们的二语能力,学习者不仅需要"可理解性输入",还需要"可理解性输出",这一概念指的是学习者在用目标语表达自己意思的过程中,为了使自己被听懂,被"推动"(push)得不得不拓展自己的语言产出,在此过程中,他们或许会调整修正先前的句子,或许会尝试以前从未使用过的语言形式。斯韦恩(Swain,1995)指出:"输出可激励学习者从理解阶段所弥漫的语义的、无限制的、非决定性的、策略性的处理活动,向精确产出所必需的彻底的语法处理活动转化。因此输出似乎在提高句法和词素学能力方面具有极其重要的作用。"②概括地说,输出的重要性也许就体现在学习者对自身的认知资源的积极调度使用上,也就是说,输出使得学习者有机会处理那些在理解阶段也许并不需要处理的语言内容。

更新发展之后的互动假说吸收了斯韦恩的输出假说的精华,朗(Long,1996)认为,"推动"学习者产出精确的、连贯的、恰当的语言输出,能诱导学习者进行自下而上处理,而这种思维活动是拓展中介语语法所必需的。朗还认识到,意义协商能够诱导学习者调整自己的语言产出,而这会促进习得的产生。

在克拉申的二语习得理论中,输出只是第二语言习得发生的一个标志,是学习者学习语言,进行自我输入的资源。但许多研究者不同意这一观点。克鲁克斯(Crookes,1991)认为,"输出在第二语言发展中的作用被极大地忽略或者说否定了"。布朗(Brown,1994)指出,"研究表明克拉申的可理解输入至少需要补充一个输出假设,输出假设相信学习者产出语言的作用"。加斯(Gass,2003)也指出成功的第二语言学习要求的第三个成分是输出(另两个分别是正面语料、负面语料)。这些研究者普遍认为输出有助于中介语的发展。

在过去的外语教学与研究中,输入一直被认为是习得外语最重要的因素。尤其是克拉申的输入假设更是为这种观点提供了理论上的支持。与此相反,输出的作用则没有得到人们的重视。随着认知科学的发展,作为交叉学科的二语习得领域也开始借鉴该学科的研究成果,将其用于本领域的研究。

---

① Swain, M. The output hypothesis just speaking and writing aren't enough[J]. The Canadian Moden Language Review, 1985(50):159.

② Swain, M. Three functions of output in second language learning. In G. Cook and B. Seidhofer(eds.), Principles and Practive in Applied Linguistics[C]. Oxford: Oxford University Press, 1995:128.

二、母语习得的证据①

认知心理学研究认为,在婴儿期和儿童早期建立起来的语言表征使儿童能理解和产生他们的母语。但是,这些最初的语言表征不能用作元语言反思的材料,它们是作为有效的理解和产生的程序而加以储存和起作用的。那么,儿童什么时候具有可用言语表达的元语言知识呢？史密斯认为这并不难,可以从以后发生的错误的重述和自我修正中得以识别。他举了如下的例子。

一个例子来自纽波特(Newport,1981)的美国手势语(ASL)习得研究。在 ASL 中,手势具有词素结构,但起先儿童使用整体的手势。不是从小就使用手势语的聋父母(他们在生命后期习得手势语)不能把手势分析为词素成分。与此不同,把 ASL 作为母语习得的儿童能分析它的词素结构。在他们已正确使用手势若干时间以后,在他们的输出中会发生错误,表现出他们具有词素结构的知识。这些错误包括把两个单独的词素标记分离开来的不连贯动作,而不是通常连在一起的整体手势。这类似于在口语中开始能正确地发出"typewriter"这个词的音,以后把它说成"type-write-er"。从最初整体手势中抽取出组成部分可再一次说明表征的重述。

在例子中,儿童都不能直接从环境输出中得到词素成分的信息,因为父母在他们的语言输出中都没有详细说明个别的词素标记。例子中儿童的错误分析说明,外部环境是对语言注意倾向的输入,以形成和储存在语言上有意义的表征,但内部表征的重述是进一步发展的基础,也是儿童关于语言如何作为一种系统而活动的理论的基础。

另一个例子来自自发的自我修正及其与以后元语言觉知的关系。这是一个 10 岁儿童的元语言解释。情境是两支笔,一块橡皮,儿童自己的表。实验者把儿童的表藏起来并问:"我做了什么事？"儿童和实验者的交流如下:

儿童:你把表藏起来了(You hid the watch)。

实验者:你为什么说"the watch"？

儿童:"my watch"是因为它是我的,但是我说"you hid the watch",因为这里没有其他的表。如果你拿出你的表,那么我必须说"you hid my watch",因为可能会混淆,但现在这样我最好说"you hid the watch",这样人们不会认为你的表也在这里。

这是当儿童得以通达他们语言知识中的那一部分时,他们如何能产生精致的言语陈述的一个有说服力的例子。(注意:儿童大约在四五岁时就能正确使用"the""my"等。)

---

① (英)史密斯.超越模块性:认识科学的发展观[M].缪小春译.上海:华东师范大学出版社,2001:44.

在测试中,儿童常常进行自我修正。他们有时进行词汇的修正:"you hid the pe... no, the watch。"另一些时候,他们进行参照的修正:"you hid the blue pe... the red pen。"但他们还进行被称为"系统的修正"的修正:"you hid my wat... the watch。"(注意:在修正水平上,这完全相当于上述的元语言陈述。)这样的修正不是改正错误,"my watch"明确地确定了所指的是什么。它们说明了儿童对不同修饰语作用的敏感性,这些修饰语不再是独立储存的,而是语言亚系统中的部分。史密斯认为这样一些亚系统是通过表征重述后共同特征的抽取而建立起来的。年幼儿童不进行这样的自我修正,但这正是6岁左右儿童在这样的情况下的表现。换句话说,虽然他们不能提供言语解释来说明他们在交流中"the"和"my"之间关系的语言知识,但他们的自我修正证明,自从正确使用以来,内部表征已经发生了某些变化。

三、输出的功能及影响

斯韦恩认为其研究中那些学过几年目标语但缺乏目标语能力的儿童缺少足够的使用语言的机会。而可理解输出可以促进二语习得,因为输出在二语习得过程中具有三个功能:注意/触发功能或意识提高功能;假设验证功能;元语言功能或"反思"功能。

1. 注意/触发功能

在产出目标语时,学习者可能会遇到语言问题。在遇到语言问题时学习者可能有三种反应:忽视问题;在自己的语言知识中搜索信息,通过产生新知识或用现有知识帮助解决问题;识别出问题并对相关的输入予以注意。在第三种情况下,输出中的语言问题使学习者将注意力集中在对特定输入的加工上,寻找解决问题的办法,也即相应的二语知识和恰当的二语表达。

2. 假设验证功能

二语学习过程是一个不断对目标语做出假设并不断验证这些假设的过程。验证假设是通过说或写这样的方式进行的。研究表明,在意义协商过程中,学生为回应某些会话,即会话者的反馈,如澄清请求或确认检查而修正他们的输出,这种对输出的修正就是对学习者所持假设的验证。学习者了解到他们原先持有的对目标语的某一假设是不正确的,应该做出修改。换句话说,学生把输出作为尝试新的语言形式与结构的方式;当然,他们产出二语的目的也可能只是为了看看什么语言形式合适,什么不合适。

3. 元语言功能

学习者通过琢磨和分析语言所得到的关于语言的形式、结构及其他方面的知识被称作是元语言。斯韦恩(Swain,1995:126)指出:"当学习者反思其目标语用法时,输出起元语言的作用。输出使他们控制和内化语言知识。"通过意义协商,学习者将语言形式与表达的意义联系起来,不仅参与语义层次的加工,还更多地参与句法层次的加工,这推动学习者朝着习得再迈进一步。

针对斯韦恩提出的输出假设,不少研究者进行了实证研究,尤其是在意义协商过程中会话者表示不理解学习者的输出,学习者对其输出做出的修正的情况。派克(Pica,1988)探讨了1个讲本族语者(NS)与10个讲非本族语者(NNS)间的互动协商,目的是了解当NS表明有理解困难时NNS是如何使他们的中介语可理解的。她的研究结论是NNS能够修正他们的中介语话语,产出更可理解、更像目标语的话语。派克等在一个更详细的控制研究中,研究了10个中低和中等水平的NNS与1个NS间的在三个任务上进行互动的情况——信息差、拼图、讨论。结果表明,当NS明确地请求澄清(clarification)时,NNS对输出的修正最常见。派克认为他们的研究发现为斯韦恩的可理解输出假设这一理论提供了实证。埃利斯等(Nobuyoshi & Ellis,1993)就六个日本学生使用过去式的情况,调查了当教师要求澄清时学习者提供更准确输出的能力。当教师发现有使用不正确的动词时就要求学生澄清,结果发现教师推动学生更准确地产出时,学生不仅能进行自我修正,还能达到更准确的输出水平。输出准确性的提高促进了表现水平的提高。舍哈德(Shehadeh,1999)调查了在NS—NNS和NNS—NNS环境中NNS对其话语进行修正而使其能被理解,并探讨修正的可理解输出是自我启动还是他人启动的。结果表明多数修正是自我启动的,NNS—NNS互动产生更多的他人启动以及他人启动的可理解输出的修正。

德·博特(De Bot,1996)在其综述文章中以信息加工方法为起点,联系Levelt的语言产出模式与安德森的学习理论,提出输出在第二语言习得中起重要作用,尤其是因为它产出了认知系统建立连贯的知识体系所需要的具体的输入。输出通过将陈述性知识转入程序化知识,在强化流利程度方面起直接作用。输出还通过启动学习者可以用来产出陈述性知识的输入,在陈述性知识习得中起间接作用。斯韦恩和拉普金(Swain & Lapkin,1995)使用二语写作的有声思维方法研究学习法语的少年的学习情况,特别探讨了产出二语时出现的问题可以触发涉及二语学习的认知过程。研究表明,在产出第二语言的过程中,学习者会注意语言问题,而对问题的注意又能推动学习者修正他们的输出。与理解过程相比,学习者有时会被迫进行更多的句法加工。因此输出触发了注意,启动了导致修正输出的心理过程。他们还强调,讨论输出的作用并不是减低二语习得理论中理解或输入的作用;在一定程度上,在某些条件下,输出促进二语习得,其方式不同于输入,但却能增强输入对语言学习的促进。

王初明等(2000)进行的一项"以写促学"的写作教学改革的实验,利用了输出假设和输入假设的观点。"提高学习效率的根本出路在于强调英语的使用,训练学生使用英语。"学生在写的过程中"不得不主动调用已学过的英语知识,斟酌运用语法规则,琢磨词语的搭配,掂量词句使用的确切性和得体性。通过写作,英语不断得到巩固并内在化,为英语技能的全面发展铺路"。在该实验中研究者要求学生写长作文,这种"推动"的输出取得了初步的成功,学生写作文的信心增强了,认为写长作文有助于提高英语水平。这一研究既借鉴了可理解输出假设,又反过来验证了输出假设的有效性。

四、输出研究对教学的启示

斯韦恩(Swain,1993)指出,输出假设对二语教学的启示有很多,他们的共同之处是为学生提供了大量的说写机会。但只有说写还不够。学习者需要被推动去利用资源,将自己的语言能力全面发挥,对自己的输出做出思考并考虑修正的方式以加强其可理解性、适当性和准确性。这些可以通过教师引导以及合作构建的课程来实现。国内外对输出在二语习得中的作用的研究给我们的教学提供了一些有益的启示。

首先,转变观念,重视输出,提高师生的语言输出意识。培养学生的交际能力不是一句空话,应当首先从意识上予以肯定,同时教学大纲、课程设计以及课程评估都应体现这一点。

其次,在课堂上教师应当强调输出的重要性并利用各种任务和活动为学生多创造一些输出的机会。无论是口头形式的输出,如角色扮演、配对练习、小组讨论、主题辩论,还是书面形式的输出,如写作文、编剧本、讲故事等,都可以起到加强学生语言输出的作用。强调输出、鼓励输出,可以引起学习者对自身语言问题的注意,帮助学生了解到自身的中介语与目标语之间的差异,修正自己的输出,在未来的学习中找寻解决问题、减少差异的办法,最后能自动运用目标语。

最后,教师对学生的输出要提供恰当的反馈,不要过于在意学生所犯的语言错误,要宽容。错误是中介语发展过程中的必然因素,过多地纠正学生的错误,会使学生的自我形象受到影响,焦虑感增加,缺乏学习自信心。随着学生语言水平的提高,他们的语言精确性与流利性都会得到提高。

另外,任务教学法是利于学生语言输出的一种方法。它强调通过完成各种任务进行意义协商,充分调动学生使用语言和学习语言的积极性,使学生巩固已有知识,学习新知识,再逐渐把陈述性知识转化为程序性知识,实现语言使用的自动化,产出流利、准确、得体的目标语。虽然对该方法的有效性及可行性还缺乏实证研究的证据,但我们可以借鉴其有利于教学的方面予以应用。

第三节　互动

一般来说,互动是指在面对面的交流中所出现的人与人之间的活动,即社会互动,它可以通过口头媒介面对面地进行,也可以通过书面媒体等替代形式而发生。从某种意义上来说,口头的人际互动活动是人类交往的最基本形式,不管是不是文盲,任何人都可参与其间。

然而,互动还可以指人大脑内部的思维活动,即认知互动。在人们进行"内心对话"时,或当大脑积极思考以应对或理解某种外部现象时,互动活动就在我们的大脑中发生了。例如,在进行书面阅读时,我们依赖文字识别能力、现有的语言知识和一般的生活常识之间的相互作用来理解一段文字的意义。

一、早期的互动假说[①]

互动假说的提出首先来自朗(Long,1981)对"外国人话语"(foreigner talk)研究的开拓性质疑。一般认为,"外国人话语"不符合语法规范。朗对"外国人话语"的研究方法和研究结论提出了质疑。

从研究结论上来看,他认为,除非在以下四种情况下,"外国人话语"并不普遍存在不规范语法现象:① 非本族语者语言交际能力极低;② 本族语者社会地位比非本族语者高;③ 本族语者具备与水平很低的非本族语者交流的经验;④ 交谈的随意性和自发性强。

从研究方法上来看,朗认为,"外国人话语"研究混淆了两个相关但不相同的语言现象:输入和互动。前者指语言形式,后者指语言形式所行使的各项功能,比如重复、澄清、扩展等功能。因此,"外国人话语"中语言调整应当区分输入调整(modified input)和互动调整(modified interaction)。如:

① NS:You come.
   NNS:OK.

例①是祈使句话轮,借助句法扩展,实现了输入调整,却没有出现互动调整。由此可见,输入调整未必就会带来互动调整。再如:

② NS:Do you wanna hamburger?
   NNS:Uh?
   NS:What do you wanna eat?

[①] 赵飞,邹为诚.互动假说的理论建构[J].外语教学理论与实践(FLLTP),2009(2):78—86.

NNS:Oh! Yeah,hamburger.

例②中,交际起初失败,本族语者通过调整形式结构(把一般疑问句调整为特殊疑问句),实现输入调整;通过互动调整,实现语义重复,最终达到成功交际的目的。

朗还进行了实验研究。结果发现,在"外国人话语"中,互动调整要比输入调整更频繁;双向信息交流任务要比单向信息交流任务能够提供更多的互动调整。

朗通过对"外国人话语"的质疑论证,得出了以下重要结论:① 输入和互动不可混为一谈,前者指语言结构形式,后者指语言结构形式的功能;② 互动调整与输入调整相比较,前者使用更频繁;③ "外国人话语"并非普遍存在语法不规范的现象;④ 互动调整与交际任务密切相关。

基于以上质疑和实证,朗讨论了输入调整和互动调整在二语习得中的作用,指出:尽管没有足够证据来否定输入调整是二语习得的必要条件,但有充分的证据显示,互动调整能够更好地解释输入调整在二语习得中的作用。于是在并不否认其他变量因素会影响二语习得的进程和速度的前提下,朗提出了互动假说:非本族语者与本族语者借助互动调整,进行对话交流是二语习得的充分必要条件。

朗(Long,1983)对话语互动结构类型特征的详细描述进一步区分了输入调整与互动调整,从而在输入与互动之间做出了明确的区分。至此,互动假说已经完整地提出来了。

二、更新的互动假说

互动假说提出之后,在二语习得界引起强烈反响,很多学者著书立说,提出各种批评和意见。由此,互动假说在检验和挑战中发展壮大,完善更新。

鉴于二语习得心理认知研究的推进和提高,朗(Long,1996)在论述二语习得中语言环境的作用时提出:"环境是通过选择性注意以及学习者当前的二语发展加工能力发生作用的。"①尽管不限于此,但只有在意义协商(negotiation for meaning)中,这些资源才能完全调动起来,发挥最大作用。

于是朗更新了互动假说,提出:"意义协商,尤其是引发本族语者或者是语言能力较强的说话者做出互动调整的意义协商,会调动输入、学习者大脑机能(尤其是选择性注意)和输出,推动语言习得。"

所谓意义协商,朗定义为"学习者和高水平的说话者,为了交际的需要,彼此提供和领会会话理解与否的信号,从而对语言形式、会话结构和信息内容的其中一项或者全部做出调

---

① Long, M. H. The role of the linguistic environment in second language acquisition. In W. C. Ritchie, & T. K. Bhatia (eds.) Hand Book of Second Language Acquisition[C]. New York: Academic Press, 1996:414.

整,直到实现彼此理解的过程"。在意义协商过程中,说话人根据学习者要表达的意义,频繁说出各种各样的语义相关性语言,调整话语互动结构,从而帮助学习者达到交际的目的。请看以下四个话语互动结构调整的示例:

(1) 延伸(extensions):说话人根据学习者的话题延伸新的信息。

　　Teacher:Tom,where is your exercise book?

　　Tom:Mm... I... Mm.

　　Teacher:Did you forget your homework?

　　Tom:Yes.

　　Teacher:You did?

　　Tom:Yes,I did.

　　Teacher:So,you forgot to bring it to school,didn't you?

　　Tom:Yes,I forgot it this morning.

　　Teacher:Don't forget your homework next time. Remember?

(2) 解释(paraphrases):说话人提出一个话题并解释。

　　A:Will you join the party?

　　B:I can't say yes... No,no,no,don't be annoyed. You know I've been very busy. That's the reason. I have been writing an important book. Very important, because it's for my daughter. So I can't say yes.

(3) 改述(rephrasings):为帮助学习者理解,说话人变换表达方式表达同一个意思。

　　A:I refused him.

　　B:I don't think it's good... er... not suitable for you to do that this way, to deal with the problem in your own way.

(4) 重述(recasts):重复学习者的部分或者完整的句子,但修正错误的语言点。

　　A:What did Peter do to him?

　　B:He leaded the stranger to shopping center.

　　A:He led the stranger to shopping center? How nice of him!

更新的互动假说不再把互动调整作为二语习得的充分必要条件,而是融合了输入、大脑机制和输出三者在推动二语习得发展过程中的综合作用。当然,其核心还是语言能力较强的说话人对语言结构的互动调整。我们要充分认识朗的互动调整的含义。正如前面所讲,互动是指语言形式的功能。互动调整其实是语言能力较强的说话人在意义协商基础上对学习者所进行的形式协商。

意义协商之所以有利于语言习得,关键是在意义协商的同时产生了形式协商:语言交流过程中出现语言问题时,学习者产生了形式协商的客观需要,说话人通过意义协商,做出各种话语结构调整,就产生的语言问题反复协商,这就是形式协商。在意义协商基础上的形式协商过程中,目标语项目的再现频率得到提高,目标语项目的凸显度得到增强,学习者的注意力相应提高,语言习得的水平自然也得到了提高。

朗(Long,1996,2007)从心理机制的角度,详细解释了互动在二语习得中的作用:第一,互动调整是在学习者至少对目标语的部分信息有所了解,交流双方在领会同一个注意焦点的语境中传达目标语的所需信息,因此有利于语言形式——功能的投射(form-function mapping)。第二,信息交流是交际活动的重中之重,学习者因为置身于意义协商之中,学习动机和注意力得到加强,必然有利于提高对语言输入中的语言信息的注意力。第三,说话人针对学习者的语言形式进行互动调整,因此学习者对说话人部分,甚至全部的互动调整做好了心理准备,这样学习者可以把额外解放出来的注意力资源转移到反馈的语言形式上来,从而促进语言形式功能的投射。第四,互动调整往往是针对学习者错误的语言输出而做出的反应,因此,正、误两种语言形式依次出现给学习者提供了彼此参照的机会。

三、互动涉及的概念

互动涉及几个方面,包括协商(negotiation)、重述(recast)和反馈(feedback)。

会话时常常会被打断,会话参与者常常通过询问、求助等手段做出弥补。换句话说,他们就没听懂的部分进行协商,这类协商使参与者将会话进行下去以及在会话中保持可能的平衡。这就是会话协商。协商提供了一种方式,使参与者能对彼此话语做出适当回应。

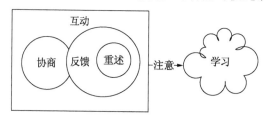

图 6-4　一个互动模式

1. 意义协商(negotiation)

指的是会话参与者打断会话流以便使双方理解会话内容的那些情况。例如①:

---

① (美)Susan Gass,(英)Larry Selinker.第二语言习得(第三版)[M].赵杨译.北京:北京大学出版社,2011:280.

J：And your what is your mm father's job?（你的嗯你爸爸是干什么的?）

S：My father now is retire.（我爸爸现在退休。）

J：Retire?（退休?）

S：Yes.（是）

J：Oh yeah.（啊是）

S：But he work with uh uh institution.（但他在嗯单位工作）。

J：Institution.（单位。）

S：Do you know that? The name is... some thing like eh control of the state.（你知道那个吗? 名字是……什么管 state 的地方）

J：Aaaaaaaah.（啊）

S：Do you understand more or less?（你明白点儿了吗?）

J：State is uh... what what kind of state?（state 是啊……什么样的 state?）

在这段会话中,说话人用大部分时间来弄清楚词语意思,特别是 retire（退休）、institution（单位）、state（国家）这几个词。在有语言水平很低的非本族语者参与的会话中,像这样的交流很多,在这些交流中,大量精力用于解决不理解的地方,而不是交流思想或意见。

如下面这段中文课堂中的师生对话：

（在说了"球迷""音乐迷"等之后……）

　　老　师：好,喜欢看戏的人,叫什么?

　　学生13：看戏,"戏"是什么?

　　老　师：戏是 drama 的意思,play。谁喜欢看戏?

　　学生5：我最喜欢看戏,我也……怎么说"perform"?

　　老　师：演戏。

　　学生5：我常常演戏,我想当 actor。

　　老　师：演员。你以后想当演员吗? 演员?（把"演员"写在黑板上）

　　学生5：对,演员。

　　老　师：很好,谁还想当演员?

　　学　生：……

在这段对话中,由于学生不知道或不熟悉中文的"戏"和"演员",在沟通时出现了意义上的障碍。后来,在教师的引导之下,学生又调动了自己以往的经验,对话才逐渐有了意义。由此可见,对话是在复杂的意义磋商中推进的,其中包括语言形式和谈话内容等不同层面的意义磋商。①

2. 重述(recast)

重述是对不正确的话语进行重构并保留话语原义,如下面的会话。在这个会话中,本族语者对非本族语者不正确的问句形式进行再构。

A:What did Peter do to him?

B:He leaded the stranger to shopping center.

A:He led the stranger to shopping center?

重述很复杂,比如是部分重述,还是完全重述?是对某一个偏误做出回应还是对多个偏误做出回应(要改变几处)?不同的学者对重述的看法也不一致。

3. 反馈(feedback)

反馈有两种形式,一种是隐形反馈,即重述;另一种是显性反馈,也叫元语言解释。

埃利斯等(Ellis,Loewen & Erlam,2006)考察了元语言解释和重述的作用,发现在显性知识和隐性知识测试中,元语言解释被试组都比重述被试组表现好,这很可能是因为被试知道元语言反馈具有显性更正偏误这一特点,显性反馈对隐性知识和显性知识都有益。

四、互动研究的心理语言学视角

由于"语言输入假设"和"语言输出假设"都缺乏足够的证据证明语言输入调整或语言输出调整可以促进语言习得,因此,学者们试图从心理语言学的角度来进一步探讨语言习得环境对语言习得的影响。语言"反馈"(feedback)在母语者与第二语言学习者的互动过程中的作用受到学者们的关注最多。

语言反馈的作用问题,主要源于心灵学派对语言习得机制的探讨。心灵学派认为,语言不是通过外在的输入习得的。一方面,语言输入是贫乏的,如果学习者没有习得机制,单靠语言输入是不能学会语言的;另一方面,语言输入提供的仅仅是结构规则的"正面证据"(positive evidence),缺少"反面证据"(negative evidence)。学习者在缺少语言规则的反面证据的情况下,无法发现语言规则的限制。也就是说,学习者从语言输入那里只能获得正面的语言规则知识,知道"怎样说",但却无法获得反面的规则知识,不知道哪些规则"不能说"。因此,在心灵学派看来,学习者只能依靠普遍语法的原则来排除那些可能存在的、但事实上不正确的语法规则。相反的观点也有,这些学者通过重新考察"儿向语言"的材料发现,虽然儿童的父母或保姆并不是通过明确地纠正儿童的语法错误的方式给儿童提供语言习得的反

---

① 张本楠.中文听力教学导论[M].北京:北京语言大学出版社,2008:75—76.译为"磋商(negotiation)"。

面证据,但是成人会通过其他方式给儿童提供语言习得的反面证据,比如"重述"(recast)的方式。甚至以这种重述的方式向儿童提供语言规则的反面证据情况比想象的要多很多。

那么,在第二语言习得中,母语者在与第二语言学习者互动和交流时,是否也会给第二语言学习者提供语言规则的反面证据呢?答案是肯定的。根据奥利弗(Oliver,1995)的研究,第二语言学习者有60%以上的错误得到母语者提供的"负反馈"(negative feedback)。母语者最常用的反馈方式是"意义沟通"(negotiation of meaning),另一种方式就是"重述"。所谓"重述",是指母语者对非母语者不合规则话语的一种反应或反馈。这种反馈为非母语者的原意提供了正确的表达方式。见下列例句:

学生:我在北京学习了一个年汉语。
教师:啊,你在北京学习了一年汉语。
学生:对,一年汉语。

在上例中,教师并没有明确指出学生前述表达中的语法错误,也没有对学生的语法错误做明确的解释,而是采取重述的方式,即通过订正学习者的错误、重新组合学习者的前述话语这些方式给予反馈。这就是所谓"负反馈"。黎曼(Leeman,2003)对这种"负反馈"现象曾给予明确的阐释。她认为,"重述"不仅为第二语言形式提供了正面证据,而且也提供了反面证据。因为"重述"本身就包括了正面证据,即正确的说法,反面证据则是通过重述话语与学习者错误的前述话语形成的对比,学习者通过这种对比可以意识到正确的说法。"负反馈",特别是"重述"方式无论在儿童母语习得还是成人第二语言习得过程中都是客观存在的。然而,学者们更为关心的是,在面对面的互动过程中,这种负反馈方式是否有助于学习者第二语言习得能力的发展。有学者认为,"重述"作为一种有效的语言输入,可以促进第二语言习得;而有的学者则认为,学习者在母语者提供负反馈之后能够立即改正错误的表达方式,很可能是一种即时纠正的结果,而这种反馈可能不会对第二语言学习者的中介语系统产生影响。

为了进一步证实这一问题,马奇和菲利普(Mackey & Philp,1998)进行了一项有针对性的实验研究。实验目的是探讨"重述"方式的使用是否对英语问句形式的习得产生影响。被试由35名英语作为第二语言的成人学习者组成,分为三组:一组为"互动+重述"组,即被试在与母语者沟通时一旦出现问句错误,母语者就会以"重述"的方式向被试提供负反馈;一组为互动但不提供"重述";另一组为控制组,该组只参加前测和后测,既不参与互动也不提供"重述"。实验任务包括三项,即完成故事、排列图片、画图。实验结果表明,就英语问句的习得而言,"重述"这种反馈方式的确能够促进语言习得。

马奇和菲利普在研究中发现,最初,母语者为学习者提供"重述"后,只有5%的学习者能够纠正自己的错误。但在后测中,大多数学习者都获益于"重述"这种反馈方式,英语问句的习得水平得到了提高。而其他两组被试,即互动组和控制组在英语问句习得中都没有取得任何进展。显然,即使有互动,但如果不给学习者提供任何反馈信息,也无助于语言习得。

此外,还有一些学者也进行了类似的实验研究,但这些研究并没有得出与马奇和菲利普一致的结论。有学者认为,"重述"这种负反馈方式是否能够促进语言习得,目前还难下定论。问题在于,我们不知道学习者是否注意到或在多大程度上注意到了母语者以"重述"等方式提供的反馈。换句话说,假定"重述"等反馈方式的确能够促进第二语言习得,但如果学习者在与母语者的互动过程中根本就没有注意到,或很少注意到这种反馈,那么这些提示信息对语言习得就很难产生影响。因此,学习者对语言形式的自我意识和注意程度就成为连接互动环境与语言习得二者之间的关键因素。

思考和练习六

一、填空题

1. 科德所谓的输入指的是( )的语言,吸收指的是( )的东西。
2. 从形式上看,输入分为口头输入和( )输入;从发生方式看,输入分为发生在( )中的输入,以及发生在非交际环境中的输入;从性质上看,输入分为正面语料和( )。
3. 经过修改的输入包括( )和( )两类。
4. 负面语料,即( ),是提供给学生的关于其语言使用不正确的信息。
5. 以年龄小的儿童为指向的语言被称为( );以语言有缺陷的非本族语者为指向的语言被称为( )。
6. 保姆语有三个作用:协助交流、教授语言、( )。
7. 埃利斯指出外国人话语三个总的话语修正过程:简化、规律化和( )。
8. ( )指在语言课堂环境中教师对学生说的话语。
9. 理解过程依赖于三种类型的信息:( )、( ),以及语言接收者本人的语言知识和其他一般常识。
10. 互动涉及几个方面,包括协商、重述和( )。
11. 意义协商之所以有利于语言习得,关键是在意义协商的同时产生了( )。

12. 反馈有两种形式,一种是隐形反馈,即( );另一种是显性反馈,也叫( )。

二、连线题

1. 互动式的阅读模式　　　　　　　A. 朗
2. 教学干预模式　　　　　　　　　B. 克拉申
3. 输出假设　　　　　　　　　　　C. 王初明
4. 以写促学　　　　　　　　　　　D. 范伯腾
5. 可理解性输入　　　　　　　　　E. 斯韦恩
6. 互动假说　　　　　　　　　　　F. 斯坦诺维奇

三、名词解释

1. 正面语料
2. 负面语料
3. 意义协商
4. 保姆话语
5. 外国人话语
6. 中介语话语

四、简答题

1. 造成外国人话语不合语法的原因有哪些?
2. 外国人话语的作用是什么?
3. 输入的话语类型有哪些?
4. 输入频率与习得有着怎样的关系?

五、论述题

1. 试述输入在二语习得中的作用。
2. 简述输出在二语习得过程中具有的二个功能。
3. 简述语言反馈在二语习得中的作用有哪些。

第七章 语言习得的语言学视角

从语言学的视角对语言习得进行研究,主要是以乔姆斯基的普遍语法理论为主。所以,本章在介绍乔姆斯基普遍语法的基础上,对普遍语法的原则和参数理论,以及基于原则和参数理论的语言习得研究进行介绍。

第一节 引言

乔姆斯基的生成语法从初成型到现在经历了发展的五个阶段:① 1957—1965 年古典理论时期(classical theory),其代表作为《句法结构》。乔姆斯基认为语法必须用数学的方法归纳出一套公式,乔姆斯基把这套公式称作转换规则。语法系统由短语结构规则(phrase structure rules)、转换规则(transformational rules)、形态音位规则(morphophonemic rules)组成。这一阶段的研究旨在使语言学成为一门科学。② 1965—1970 年标准理论时期(standard theory),代表作为《句法理论的若干问题》。区分出句子的"深层结构"(Deep Structure)和"表层结构"(Surface Structure),两个结构由转换规则加以联结。转换生成语法的框架,包括四个部分的规则:基础部分、转换部分、语义部分、语音部分。基础部分生成深层结构,转换规则把深层结构变成表层结构,句法表达先于语义表达。这一阶段的理论论述语义应当如何在语言理论中研究。③ 1970—1979 年的修正后扩充标准理论时期(reserved extended standard theory)。与标准理论相比,这一阶段在句法分析时引入了一些新的概念,如基础规则中的短语结构规则用"x-阶"表示,在转换规则中提出了"语迹"理论等。但最大的变化还是把语义解释全都放在了表层结构,而且增加了"逻辑形式"这一层次。这一阶段的理论重在讨论语言普遍现象和普遍语法的问题。④ 1979—1993 年的支配和约束理论时期(the theory of goverment and binding),代表作为《支配及约束理论讲座》,强调用万能的移动"-α"代替所有的转化规则,用转换结果的筛选替代转换过程的限制。这阶段理论主要讨论管辖和约束。⑤ 1993 至今的最简方案时期(the minimalist program),代表作为《语言学理论最简方案》与《最简方案》,在理论上对管约论的系列原则进行了进一步概括和简化,用更具概括力的特征核查理论来代替管辖理论。

在生成理论发展的五个阶段,乔姆斯基理论的研究重心发生了两次重大转折:从研究语言外表化了的客体(externalized object)到研究语法(一种思维状态);从研究规则系统运转到研究以约束理论、投射理论为代表的原则系统。生成语法理论的发展变化具有如下特点:① 个别语言的具体规则被更抽象、更普遍的原则所取代;② 语法理论的模块化,整个理论体系由相对独立但又相互制约的子理论系统构成;③ 语法理论变得越来越简洁;④ 新的语法理论越来越精确,具有更强大的约束力。

乔姆斯基在"管辖约束理论"中提出了"原则"和"参数"这两个核心概念。乔姆斯基认为,所有的人类都传承了一套普遍的原则和参数。这些原则和参数构成了人类语言可能具有的形态。因此,人类所有的语言都是由这两种成分构成的,从而也构成了普遍语法的核心部分。按照乔姆斯基的观点,这些原则是所有自然语言的核心语法具有的特征。除了这些不变的原则之外(即所有语言拥有这些原则),还有随语言而变化的参数。库克(Cook,1997)做了一个有趣的类比[①]:

司机必须一直在路的一侧,这是所有国家的司机都想当然的事情,这是一条总体原则。这一原则的例外情况,比如人们在高速公路错误的一侧驾驶、媒体报道中的超速事件或动作片中的撞车。但是,原则没有说人们应该在路的哪一侧驾驶。驾驶参数允许在英国和日本左侧行驶而在美国和法国右侧行驶。参数有两个值或"设置"(setting)——左侧和右侧。一旦一个国家选择了一侧或另一侧,那么它必须一以贯之:改变设置是一项非常复杂的过程,不管它发生在一个国家(比如瑞典),还是发生在从英国到法国游历的个人身上。因此,一条普遍原则和一项可变的参数一起概括了驾驶的本质,原则讲的是对驾驶的普遍要求,而参数在国家之间将差异具体化。

---

① (美)Susan Gass,(英)Larry Selinker.第二语言习得(第三版)[M].赵杨译.北京:北京大学出版社,2011:136—137.

乔姆斯基关于原则与参数的理论的提出使普遍语法的内容更加清晰、更加明确,更具有操作性。这一理论对母语习得研究乃至第二语言习得研究产生了极大的影响。许多第二语言习得研究就是建立在原则与参数理论基础之上的。

那么为什么会用普遍语法来研究第二语言习得问题呢?这应始于可学性这个视角。

在普遍语法理论中,普遍原则是语言心智表征的组成部分,而正是心智语法把语言的声音和意义协调在一起。人类心智的特点使语言普遍性成为现实。如果儿童要学习一套复杂的抽象概念,除了他们接触的语言输入外,一定还会有其他东西,使他们能够相对容易且迅速地学会语言。许多人认为普遍语法假说是儿童语言习得的指引力量,在过去二十年间这一假说才被应用到第二语言习得。

先说一下语言先天论。这个理论认为至少语言的某些方面是内在的。其内部又有两个重要的观点:普遍先天论(general nativism)和特别先天论(special nativism)。普遍先天论认为,语言学习没有特殊机制。特别先天论认为,语言学习有一些特别的原则,这些原则是语言(学习)特有的,不用于其他的认知方面。普遍先天论和特别先天论都认为,语言学习包含一些内在的东西,需要研究的是这个内在系统的本质。普遍语法(Universal Grammar,缩写为UG),即特别先天论,其核心是将语言理解为由自身规则构成的一个系统。

在研究儿童习得语言的过程中,20世纪70年代,生成语法学派提出了"刺激贫乏"的概念。一方面,儿童可以生成大量的、从来没有听到的话,可以理解在经验中从未遇到的句子,这种能力显然不是在后天的言语活动中获得的。另一方面,儿童可以正确判断在现实生活中很少出现的不合法的句子,这些语言知识显然也不是后天学来的。因此,他们断言,儿童如果没有这种与生俱来的遗传属性是不可能学会语言的。原因是外界语言输入是贫乏的。普遍语法就是"所有人类语言元素或特点的原则、条件和规则系统","被认为是对儿童语言前状态的一种描述",因此,之所以有必要提出一个内在的语言机制,是因为学习者接触到的输入无论在数量还是在质量上都是不充分的。这种认为儿童学习语言,输入并没有提供完整全面的信息的论点被称为"刺激匮乏论"(poverty of the stimulus)。

儿童学习语言时的刺激匮乏怎么又与第二语言习得扯上关系了呢?这个问题通常作为"普遍语法可及"(access to UG)的问题提出来。儿童用以构建本族语语法的内在语言机制在第二语言习得中是否继续有效?这个问题被表达为初始状态(initial state)的问题。

一、乔姆斯基的语言观[①]

乔姆斯基的普遍语法(UG)理论的哲学基础是理性主义,它批判了行为主义的"白板说"和环境决定论,认为研究语言必须把人的大脑的作用考虑进来。语言研究的目的在于探索人的语言能力和知识的来源。乔姆斯基认为,人的知识不都是通过后天的经验获得的,知识的获取得到了先天因素的帮助,这为认识人类语言本质提供了新视角。普遍语法首先是针对母语习得提出来的,乔姆斯基把普遍语法看成人脑的初始状态,是与生俱来的生物禀赋,是一种"心智器官"(mental organ)。语言的习得过程是语言官能(Faculty of Language)在外部语言环境刺激下的发育过程。语言官能的初始状态(Initial State, S_0)提供了习得任何人类语言的可能性,因而称之为普遍语法。在特定的语言环境下,它经历不同的发展阶段(S_1, $S_2 \cdots Sn$),最终达到稳定状态(Stable State, S_s)。在人类语言的发展过程中,内因(语言官能)和外因(外部语言经验)共同作用,缺一不可。

在研究第二语言习得时,带来了相应的问题:学习者在接受二语输入前其潜意识中的语言知识是什么?或者换一个提法,早期二语语法是什么样的?即第二语言学习者是怎样一种初始状态?迁移(即第一语言语法是否可及)和普遍语法可及性(即在多大程度上可以通达普遍语法)的关系怎样?

对这些问题的回答有两种观点:根本差异假说和普遍语法可及假说,后一种观点实际上由几个分支问题组成。

二、习得根本差异假说

该假说认为发生在儿童语言习得中的事情不同于发生在第二语言习得中的事情。

根本差异假说认为,儿童和成人在语言学习方面有许多不同。比如,儿童和成人最终达到的结果不同。在正常情况下,儿童总能够获取"完整"(complete)的本族语知识。而在第二语言习得(至少是成人第二语言习得)中,不仅"完整"的知识不是总能获取,而且即使能够获取,这样的情况也极少,经常会出现代表非目的语阶段的"石化"现象。

另一点不同是这两组学习者在语言学习的开始阶段所拥有的知识有本质差异。第二语言学习者掌握的是整个语言系统的知识,在他们学习一种语言的同时,不必再学习语言是干什么的。比如在语言行为这个平面上,成人知道使用不同的语言变体有社会原因,他们在习得第二语言系统时要学的是可能用在某个社会场景中的具体的语言形式。相反,儿童不仅要学习得体的语言形式,而且还要知道不同的社会情境中要用不同的形式。

[①] 范莉,史宝辉,李芝等.语言理论与语言习得论集[C].北京:社会科学文献出版社,2011:88.

斯坎特(Schachter,1988)提出过"等潜力"(equipotentiality)的概念。她认为儿童有能力学习任何语言,只要接触一种语言材料(即输入),他就能学会这种语言。没有哪一种语言比其他语言更容易学,所有语言对儿童来说都是同样可学会的。第二语言学习者的情况就不是这样,说西班牙语的人学习意大利语比学习日语的难度小。

最后要提到的一点不同是,对目的语和目的语共同体所具有的动机和态度。在任何一种学习环境中,并不是所有人对学习语言都有同样的动机。动机不同对儿童语言学习成功与否似乎没有影响,只要没有认知缺陷,所有人都能学会第一语言。

总之,根本差异假说的基本观点是,成人第二语言学习者接触不到普遍语法,相反,他们对语言普遍性的知识是通过本族语构建的,除了通达普遍语法的本族语外,第二语言学习者还利用通用的解决问题能力学习语言。第二语言学习者在来到语言学习情景中时已经知道一种语言包含无限的句子,知道他们能够理解从未听过的句子,知道语言有句法规则、语素合成规则、对可能声音的限制等。以句法学习为例,学习者知道语言能够构成问句,而且问句与肯定句在句法上是相关的,他们知道语言都有修饰名词的方式,或通过形容词,或通过关系从句。

学习者收集到这些信息,一方面是由于他们知道本族语是这样,另一方面是通过假设,认为这些事实是语言普遍特点而不是本族语的具体特点的一部分。因此,学习者基于对本族语的知识构建了一套"伪普遍语法"(pseudo-UG),从这个意义上讲本族语为第二语言学习者带来了普遍语法知识。

三、普遍语法可及假说

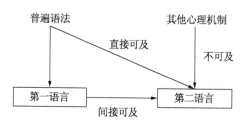

图7-1 二语习得中普遍语法可及性的表现形式

与根本差异假说相对立的是普遍语法可及假说,认为"普遍语法是恒定的(即不因一语习得而改变);普遍语法与学习者的一语语法不同;普遍语法制约着二语学习者的中介语语法"①。怀特(White,2003)勾勒了有关第二语言学习的初始状态的五种观点,其中前三种把

---

① White, I. Second Language Acquisition and Universal Grammar[M]. Cambridge: Cambridge University Press, 2003:60.

第一语言作为初始状态的基础,后两种把普遍语法作为初始状态:① 全面迁移/全面可及假说;② 最小树形图假说;③ 无值特征假说;④ 初始句法假说;⑤ 全面可及假说(没有迁移)。

在讨论普遍语法可及性之前,做进一步区分很重要,这就是词汇语类(lexical category)和功能语类(functional category)的区别。除原则外,内在语言组件包括词汇语类和功能语类,词汇语类是我们在学校学习的那些语类:名词、形容词、动词、副词等,这些可以看作是实词。功能语类是充任某些功能的词语(如冠词、所属格等)或是包括语法语素的语类(如复数、时态标记)。

功能语类可以看作是从某种意义上把一句话连起来的语法成分,例如限定词(determiner)(如英语中的 a、the、our、my、their)、标补语(complementizer)(如英语中的 if、whether、that)和语法标记(grammatical marker)(过去式词尾、格标记、复数词尾和性标记),它们与词汇语类在有些方面是不同的,一般说来,功能语类代表的是一种语言中固定的词语集合,而词汇语类却可以根据需要增加。

但是,最重要的区别在于一个类别的词语是否与词汇属性相联系。比如,介词最好被视为词汇语类的一部分,虽然它代表的是一种语言中词语的固定集合,因而具有功能语类的特点。之所以视介词为词汇语类,是因为它常常与施事(谁对谁做了什么)、受事(谁是行为的接受者)和方位等语义角色相联系。

我们现在来讨论人们就母语和普遍语法在二语习得起点可能扮演的角色所形成的不同看法。

(一) 以母语为基础

1. 全面迁移/全面可及(Full Transfer/Full Access)

此假说认为,二语的起点是母语语法,但是在习得过程中普遍语法全面可及。学习者被认为是把母语语法作为基础,当母语被视为不足以处理遇到的学习任务时,普遍语法全面可及。母语和二语学习不同,而且无法预测学习者最终能否获得完整的二语知识。

2. 最小树形图假说(Minimal Trees Hypothesis)

最小树形图假说也认为,母语和普遍语法同时可及,但是可及的母语语法不包含功能语类,而且这些语类起初无法从任何源头获得,功能语类的出现不依赖于母语,因而没有迁移。相反,它们是作为对二语输入的反应而出现。对来自不同语言的学习者来说,功能语类的发展情况是相同的。根据这种观点,学习者可能会达到二语语法的最终状态,也可能达不到,这要看通过母语可得到什么,通过普遍语法可得到什么。就功能语类而言,学习者应该能够达到二语语法的最终状态。

3. 无值特征假说(Valueless Features)

这是这些假说中技术性最强的一个,此处做最简要的介绍。从本质上说,这个观点认为存在弱迁移现象,母语是主要出发点。与最小树形图假说不同,该假说认为来自母语的功能语类和词汇语类均可及,但是这些语类的强度不可及。语序等特征的强度对习得有影响,习得包含着习得适当的二语特征的强度,学习者应该能够完全习得二语语法。

(二) 以普遍语法为基础

1. 初始句法假说(The Initial Hypothesis of Syntax, Platzack, 1996)

这个观点认为,跟儿童语言习得一样,二语习得的出发点是普遍语法。

2. 全面可及/无迁移假说(Full Access/No Transfer)

这个观点认为,跟儿童语言习得一样,二语习得的出发点是普遍语法,母语与正在发展的二语语法是中断的,基于这个观点做出的预测是,母语习得和二语习得以相似的方式进行,在同一点终结,所有二语习得(不论母语是什么)按照同样的路径进行,学习者应该能够达到与本族语者相同的能力水平。如果有什么不同,那只是与语言表现有关,而无关语言能力。

第二节 普遍语法的原则参数与二语习得

原则与参数是普遍语法的两个核心概念。这些"原则"是指适用于任何语言的高度抽象的语法构成。具体到某一具体语言,不一定具有所有的这些原则,但没有语言违反这些原则。"参数"则反映了语言与语言之间的差异,参数有不同的"值",不同语言之间的差异体现在不同的参数值方面。对母语学习者而言,普遍语法中的基本原则构成了儿童语言习得的"初始状态",而儿童根据所接触到的语言输入来判定和设置参数值,语言习得就实现"稳定状态"。下面是我们参考王建勤(2009:206—212)的内容,对普遍语法原则和参数的说明。

一、普遍语法中的原则

普遍语法中的原则指的是事先规定了的有限的规则或限制,这些原则限定哪些规则可能发生,哪些规则不可能发生。母语学习者依据这些有限的规则获得语言。

以"结构依存原则"(the principle of structure dependent)为例,该原则认为,语言是以这样一种方式构成的,即主要由句子中的词、语素等成分组成的"结构关系"构成的。一个句子可以切分为短语,短语还可以切分为词或语素。但是,句子不是词、语素或短语的简单的线性排列。词与词之间、短语与短语之间存在着层级关系。比如:"那个孩子画了一只大象。"

可以通过树形结构的层级关系做如下描述：

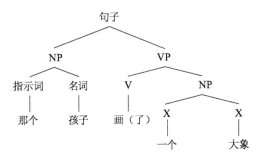

图7-2 层级关系的树形结构

从上图可以看出，词与词或语素构成了短语（NP、VP、NP），这些短语构成了句子。短语与短语之间不是线性关系，而是有层次的结构关系。乔姆斯基认为，这种结构关系不是某种或某些语言的特定关系，而是所有语言都遵循的结构关系。因此，这种结构关系构成了普遍语法的一条普遍原则。为了证明这条原则的普遍性，我们来看下面的例子：

①a 校长批评了纠集社会人员在学校打架的小张。

①b 谁被校长批评了？

①c 纠集社会人员在学校打架的小张被校长批评了。

①d ＊小张被校长批评了纠集社会人员在学校打架的。

①a 作为主动句由三个短语构成，即"校长""批评""纠集社会人员在学校打架的小张"。当问及"谁被校长批评了？"①c 变成了被动句。在①c中，"小张"及其修饰成分一起由原来的宾语提升为主语。而①d中只有"小张"被提升为主语，显然是不合语法的。因为，①d违反了"结构依存原则"。我们再看一个英语的例子：

②a The manager who will fire Barnes will succeed.

②b Will the manager who will fire Barnes succeed?

②c Will the manager who fire Barnes will succeed?

②a是一个主语包含定语从句的陈述句。如果要构成疑问句，助动词 will 要移位到句首。因此，②b是合法的疑问句。那么，②c为什么不合法呢？因为②c违反了"结构依存原则"。在英语中，移动哪个成分取决于句子的结构关系。②a句中有两个助动词 will，构成疑问句，按照"结构依存原则"，只能移动主句中的助动词 will，而不能移动从句中的助动词 will。如果超越了移位的范围，就破坏了句子的结构关系。结构依存可以作为语言的一条原则：句子成分

的移位,无论是构成被动句还是疑问句,或者其他句子,这种移位都要考虑句子的结构关系,而不是词与词之间的线性关系。需要说明的是,这种结构依存原则并不是某些特定语言的规则,而是适用于所有语言的一种语言知识,这种知识反映了人类语言一种内在的心理结构。那么,儿童是怎样习得这一原则的? 在现实的语言经验中,儿童不可能遇到"Is Johni the man who tall?"这种违反结构依存原则的句子,也就是说,儿童不可能从语言输入中习得关于移位的结构依存知识。按照普遍语法理论,这些原则是不可能通过外在的语言输入习得的,也正因为如此,这些原则不是习得的,而是人的心智的一部分,是先天具有生物属性,它作为一种"初始状态",构成了儿童语言习得的基础。

二、普遍语法中的参数

乔姆斯基的理论发展到最简方案,普遍语法的内容已经发生了重要变化。在最简方案中,原则体现在"计算模块"(computational module)中,参数则包含在词库中。按照这种观点,语言之间的不同和差异仅仅是因为词库不同。那么,语言习得的主要任务是学习词库。同时,学习者的另一项主要任务是在词库学习的过程中设定所习得语言的参数,但这些参数主要包含在"功能语类"中。下面我们以"中心语参数"(head parameter)为例来说明参数的设置过程。

20 世纪 70 年代,乔姆斯基在《论名物化》一文中提出了"X 阶标理论"(X-bar theory)。按照这一理论,语言中所有的短语都是一种向心结构,都有一个"中心语"(head)。这个"中心语"与其"补足语"(complement)共同组成短语结构。这一原则适用于所有的语言。在词汇语类中,名词短语(NP)的中心语是名词,如"doctors from England"中"doctors"是中心语,介词短语"from England"作为补足语。见下图:

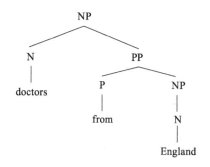

图 7-3 名词短语

动词短语(VP)的中心语是动词,如"drink milk"中,"drink"是中心语,"milk"是补足语。

见下图:

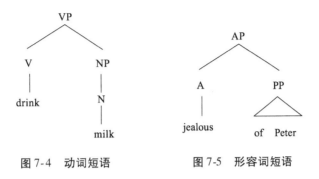

图 7-4 动词短语　　　　图 7-5 形容词短语

同理,形容词短语(AP)的中心语是形容词,如:"jealous of Peter"中,"jealous"是中心语,"of Peter"作为补足语;介词短语(PP)的中心语是介词,如"of Peter",介词"of"是中心词,后接成分"Peter"是补足语。在功能语类中也是如此,指示词短语(DP)的中心语是指示词,如英语的"the",标句词短语(CP)的中心语是标句词"whether",屈折短语(IP)的中心语是由时态(如-ed,或第三人称单数-s 等)标记构成。

这样,英语中任何一个短语(XP)就都可以统一成一种形式:

图 7-6 任一短语

其中,X 是中心语,Comp 是补足语。

然而,在不同类型的语言中,中心语的位置是不同的,有的语言是"中心语前置"(head initial),如英语;有的语言是"中心语后置"(head final),如日语。中心语位置的变化就构成了短语结构中的"中心语参数"。看下面的例子:

(3)(the)girl with blue trousers

(4)hit the girl

(5)whether he is too old

在上述例句中,例(3)是名词短语,因此"girl"是中心语,位于补足语"with blue trousers"的左侧;例(4)是动词短语,动词"hit"是中心语,位于补足语"the girl"的左侧;例(5)是标句词短语(complementizer phrase),标句词"whether"是中心语,位于补足语"he is too old"的左

侧。这些例句说明,英语在中心语参数设置上属于"中心语前置"。日语的中心语参数设置与英语不同。见例句:

(6) E wa kabe ni kakatte imasu

(picture wall on is hanging)

画挂在墙上。

例句(6)动词中心语"kakatte imasu"在补足语"kabe ni"的右侧,介词短语"kabeni"中的中心语"ni"位于补足语的"kabe"的右侧。显然,日语在中心语参数的设置上是属于"中心语后置"。那么汉语的情况如何呢?徐烈炯(1988:264)认为,汉语短语结构中的中心语既可以前置也可以后置。见例句:

(7) a. 爱孩子们/love the children

b. 对孩子们的爱/love for the children

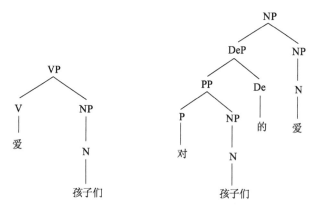

图 7-7　a. 爱孩子们　　图 7-8　b. 对孩子们的爱

例句(7)表明,汉语的动词短语中,中心语位于补足语左侧,即前置,与英语的动词短语的中心语位置相同。而名词短语中,中心语位于补足语的右侧,这一位置与英语不同。汉语中中心语参数的设置显然不是非此即彼。至少可以有两种参数选择。上述分析表明,在中心语参数中,不同的参数设置,构成了不同类型语言语序上的差别。

然而,按照最简方案的观点,参数设置包含在功能语类中。因此,我们再来看一下功能语类中参数的设置。以"屈折短语"(Inflection Phrase,IP)为例。屈折短语属于功能语类,包括时态、人称、数等屈折变化范畴,屈折短语如同名词和动词短语一样也是由中心语和补足语构成的。这类短语的参数设置在不同语言中的表现也是不同的。在功能语类中,参数设置主要表现为与功能语类相关的屈折特征变化的强弱。Mitchell and Myles(2004)对英语和法语屈折特征的强弱进行了比较。在英语中,屈折形式变化属于弱特征,法语的屈折变化属于强特征。在法语中,限定性动词必须移位到"屈折短语"(IP)中心语的位置,即"I 位置"(I Position),通过特征核查以获得时态、性、数、格等特征。因此,法语的动词必须提升到"I 位置"。而英语却不需要提升动词短语中的动词以获得时态等特征。这一参数特征的变化导致了一系列的变化,从而导致两种语言在语序上的差异。为了更为直观地描述这一参数特征的变化,我们用树形图来表述。见下图:

图 7-9 英语屈折短语

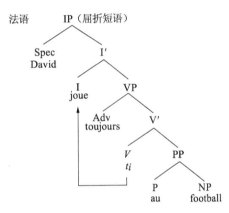

图 7-10 法语屈折短语

上图中,英语中的动词 plays 仍然位于动词短语(V')的中心语位置,不需要提升到"I 位置"。而法语中的动词"joue"则必须从动词短语中提升到屈折短语中的"I 位置"以获得时态和一致性特征,在动词短语的中心语位置留下语迹 t_i。通过这个例证可以看出,与功能语类相关参数的设置是以屈折特征的强弱为特点的。

从语言习得的角度来看,儿童习得母语无须对复杂而又抽象的语言结构进行分析,他们只需根据有限的语言输入设定所学语言的参数而已。儿童很快就会发现所学语言的参数是中心语前置,还是中心语后置。有研究表明,英语为母语的儿童在一岁半左右似乎就已经了解英语是中心语前置。但是,当儿童经历语言习得的第一个阶段,他们首先获得的是词汇语类,而不是功能语类。大约在双词句阶段,儿童掌握的大都是"实词"(content word),儿童的语言缺少诸如指示词、时态标记这些功能语类,如 play ball、dolly drink 之类的表达方式,按照最简方案的观点,这是因为控制语法表层结构的功能语类尚未习得的原因。

第三节 基于普遍语法的二语习得研究

普遍语法首先表现为一组语言普遍特征,这些普遍特征是人类所有语言共享的普遍原则,称之为核心语法。我们再以毗邻原则(subjacency principle)为例,看看基于普遍语法的二语习得研究。

一、毗邻原则与二语习得

毗邻原则也是所有语言不必都遵守但所有语言都不能违背的一条普遍原则。毗邻原则的实质就是深层结构中成分移动的限制规则。乔姆斯基认为:句子有三个层次,一个是深层结构(D-Structure),大致相当于思维中的逻辑结构,指的是要表达的逻辑判断,如:"He wants what?"一个是浅层结构(S-struture),指的是句子成分的移位关系,如:"What does he want t?" t 是移动后留下的痕迹;最后一个是表层结构(Surface structure),指的是句子最终呈现出的实际形式,如:"What does he want?"毗邻原则就是对深层结构中句子成分移位进行限制的一条原则,调节着句子结构三种层次的关系,以便揭示哪些句子合乎语法,哪些句子不合乎语法。

"毗邻原则"是基于孤岛条件的关于表层结构上移动的更高概括。其主要内容是:

(1)移动项移动时不能越过两个以上(包括两个)的"边界节点"(bounding nodes)。

(2)"边界节点"包括 IP 和 NP,究竟是哪两个"边界节点"由具体语言确定。

例如,我们之所以认为"What did Mary wonder whether he would want"不符合语法,是因为"what"的移位违背了英语中的一条普遍原则,即任何成分的移动不能超过两个"边界节点"(bounding note),而此句中"what"的移动同这条原则不相符。每种语言中的"边界节点"参数值是不同的,在英语里,"边界节点"可以是"名词短语"(NP),也可以是"曲折短语"(IP)。此例的深层结构中"want"后的"what"首先移到曲折短语"he would want"之前,接着又移位到名词短语(NP)"whether he would want",第三次又移到另一个曲折短语"did Mary wonder whether he would want"之前,这样加起来,"what"一共产生了三次移位。所以,该句子违背了毗邻原则关于移位不超过两个节点的限制,句子是违法的。

再看下面的两个例子:

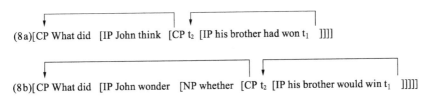

(8a)[CP What did [IP John think [CP t₁ [IP his brother had won t₂]]]]

(8b)[CP What did [IP John wonder [NP whether [CP t₁ [IP his brother would win t₂]]]]]

按照"毗邻原则"(8a)的移位是合法的。"what"首先由"语迹"t_1移至第一个标句词位置CP，然后再次外移至最高级别的CP，即标句词位置，留下"语迹"t_2，两次移动都在边界节点的范围之内。(8b)的移位之所以不合法，是因为what第二次移位跨越了两个边界节点NP和IP。在NP这个节点由whether占据，没有空位，因此违反了每次移位不能超过一个以上节点的原则。可见，英语的"wh-移位"的规则是很复杂的。为了简明起见，我们在上例中没有涉及其他成分的移位问题。那么，在第二语言习得过程中，如果学习者的母语系统没有体现这一原则，是否能够在第二语言中通达这一原则呢？

里奇(Ritchie,1978)为了证实毗邻原则在第二语言习得中仍然可以通达，选择了20名在美国大学就读的日本研究生和6名英语母语者判断一组句子是否符合语法。其中有符合毗邻原则的句子，也有不符合毗邻原则的句子。大多数被试者都认为那些违反毗邻原则的句子不太合语法。也有一些被试者的判断是违反毗邻原则的。里奇的初步结论是，尽管在日语中毗邻原则并不起作用，但是在习得第二语言的时候，他们仍然可以通达这一原则。

布莱·乌罗曼等(Bley-Vroman,Felix and Ioup,1988)选择了92名韩国学习者作为被试者，考察了他们习得英语特殊疑问句(wh-question)的情况。在韩国语中，特殊疑问句不受普遍语法中毗邻原则的限制。这些被试者在美国居留的时间比较长，因此有较多的机会自然习得英语特殊问句。实验任务是语法判断，请被试者指出哪些特殊疑问句是合语法的，哪些是不合语法的。目的是检验学习者是否可以通达毗邻原则。研究结果表明，韩国学习者的反应模式与母语者相似。因此，布莱·乌罗曼等认为，这一结果不支持成人第二语言学习者无法通达普遍语法的假设。

二、参数的实证研究

普遍语法的原则与参数等概念为二语习得研究提供了一个可操作的平台，衍生出的实证研究不胜枚举。例如，为了证实普遍语法在二语习得中的作用，怀特和贾夫斯(White & Juffs,1998)对WH-孤岛限制条件的习得问题进行实证研究。实验的前提是，如果L1和L2在某一个语法原则的参数设置上正好相反，那么学习者的L1语法就不可能为二语学习者提供恰当的L2参数知识。英语与汉语恰好在孤岛限制的参数设置上相反，英语是疑问词移动

(WH-movement)语言,而汉语是疑问词滞留原位(WH-in-situ)语言。所以,如果实验结果证明以汉语为母语的英语学习者能够遵守英语的 WH-移动的孤岛限制条件,那么其知识的来源不可能来自于其 L1,而是来源于 UG 对中介语语法的持续制约作用(continuing functioning of UG constraints in interlanguage grammar)。

怀特和贾夫斯将实验对象分成两组:实验组(L1 = Chinese, L2 = English)16 人,控制组(L1 = English)19 人。受试参加两组测试任务:第一组测试为限定时间的语法判断任务,内容包括 30 个合乎语法和 30 个不合乎语法的句子,如(9)和(10)所示。任务设计的目的是为了调查二语学习者是否知道某些句子因为违反了孤岛限制而在英语中是不合法的,同时知道长距离的疑问词外移(WH-extraction)原则上是允许的。如在句(9)中 WH-移位是合法的,因为它是从内嵌的从句中移出来的,而句(10)是不合法的,因为英语不允许从 WH-孤岛中移出句子成分。

(9) Which man did Jane say her friend likes?

(10) *Which article did you criticize the man who wrote?

第二组测试为诱导式产出型任务。受试被要求将 19 个陈述句就画线部分提问,因为画线位置的不同,有的句子能生成合乎语法的从内嵌从句移位的问句,而另外一些句子会因为违反孤岛限制条件而不合乎语法。任务设计的前提是,假如受试者的语法受到普遍语法制约,那么他们会避免产出违反孤岛限制原则的英语句子,而采取其他的方式来组成问句。例如:

(11a) Tom claimed that Ann stole his car.

(11b) Sam helieves the claim that Ann stole his car.

(12a) What did Tom claim that Ann stole?

(12b) *What does Sam believe the claim that Ann stole?

两组实验的结果均表明,以汉语为母语的二语学习者在习得英语的过程中均遵守了孤岛限制条件。换言之,此结果证实了 UG 的参数在习得第二语言过程中可以被重设,中介语语法受 UG 原则的制约。该研究显示,二语学习者的 WH 参数就从母语的[+ WH-movement]重设为[- WH-movement],中介语语法遵守了孤岛限制条件。这项实证研究证实了 UG 对二语习得的制约作用。怀特(White,2003)还指出,任何将母语语法和普遍语法在二语习得过程中的作用对立起来的观点都是错误的,是一种错误的二分法,也就是不能非此即彼。母语语法和普遍语法都有可能对二语习得起作用。

怀特(White,2003)回顾了三项源自 UG 的语言属性(显性代词与零代词的差异、过程名词与结果名词的区别、格标记省略的主宾不对称)在二语习得中的表现,发现三种属性都存在可学性问题;仅靠自然的 L2 输入或课堂教学提供的输入是不足以使学习者明白这些差异的,因为涉及显性代词和零代词差异(即显性代词制约,Overt Pronoun Constraint)的受试其L1 不允许零代词,显性代词在 L1 和 L2 中表现迥异;涉及过程名词与结果名词的研究选择了两种名词作论元有差异的语言(L2 和 L2);格标记省略主宾不对称的研究中,L1 没有格标记。所有这三项研究都显示,L2 学习者具有无意识的 L2 微妙知识,证明中介语语法受 UG 制约。

三、特征理论与二语习得研究

根据最简方案关于语言设计的构想,语言之间的差异在于词库中非实词语类(nonsubstantive)部分和词项的一般属性,尤其是体现在 C、T、D、Agr 等语类的差异之上(Chomsky,1995)。因此,在最简方案框架下,普遍语法在二语习得中可及性问题探讨的重点是考察体现语言间参数差异的功能语类(functional categories)及其组成特征。

对功能语类的语际差异研究由来已久。如汉语中没有诸如 Infl、Comp、Det 等功能语类,而英语的这些功能语类都有具体的形态实现。这说明在某一语言存在的具体功能投射在其他语言中也不一定存在。因此,二语习得者是否能够习得母语中不存在而二语中有具体形态实现的功能语类是二语习得研究重点问题。霍金斯(Hawkins)等人认为在功能语类习得中,关键期之后的二语习得者无法习得在母语中没有具体形态实现的形式特征,从而导致二语习得中介语形态可变性现象。但拉蒂尔(Lardiere,2007)认为中介语句法表征完整,二语功能语类的习得涉及对二语语法中语义特征和形式特征组的重新构建(re-configuring)和重新组装(re-assembling),并且确定这些形式特征在具体形态语音上的实现条件,而这恰恰是习得二语语法的难点。

在最简方案(Chomsky,1995)框架下,形式特征占据重要的地位。词项包括三种不同类型的特征集:语音特征集、形式特征集和语义特征集。语言包含功能语类和实义语类,形式特征是这些语类的基本构建,语言的参数差异源于形式特征的赋值。即使两种不同的语言都包含某一功能语类,与这一功能语类相关的形式特征也可能存在差异。因为在最简方案的理论假设中,形式特征是一个存在语际差异的集合。

此外,形式特征及其组合在合并、一致和移动等句法运算中扮演重要角色,是决定句法推导的关键。形式特征集可以细分为可解读特征和不可解读特征。这在句法运算中起着关键的作用。可解读特征为句子的语义提供语义解读,不可解读特征在推导达到接口层被拼读之前必须与相应的可解读特征之间建立核查关系,得到赋值之后被删除。如果不可解读特征在句法推导结束被拼读时还没有被删除,则推导失败。

形式特征在解释语言习得问题时的作用不可或缺,能够用来解释二语习得的困难和不成功现象。既然特征是生成语法最新理论的核心,亦是语际差异的核心所在,那么任何在生成语法范式下的语言习得研究都应该关注特征的习得。拉蒂尔(Lardiere,2005:136)认为,特征组合是决定二语习得的重要因素,特征组合越复杂,习得难度越大。

第四节 影响和评价

尽管生成语法的分析技术不断发展和更新,但其基本哲学思想和理论目标始终如一。乔姆斯基一直都在试图揭示人脑具有怎样的属性才能使人类习得语言。他认为语言研究的基本问题是:① 语言知识由什么构成,即洪堡特问题(Humboldt's problem);② 语言知识是如何习得的,即柏拉图问题(Plato's problem);③ 语言知识是如何被使用的,即笛卡尔问题(Descarte's problem);④ 心智/大脑的这些属性在物种内是如何进化的;⑤ 这些属性是如何通过人的大脑物质机制实现的(Chomsky,1991,1995,2005)。

生成语法框架下的二语习得研究紧跟生成语法理论研究的发展,应用普遍语法理论考察二语习得的规律,探究二语习得的本质。在管约论应用于二语习得研究之后,二语习得作为一个独立的学科才具备了完整的理论框架,形成了以理论建设为中心的研究思路。

1. 语言学思想对二语习得的影响

虽然乔姆斯基的语言学理论不是专门为二语习得研究设计的,他本人也没有对该领域提出过指导性建议,但是以生成语法作为二语习得研究的理论背景的文章不计其数,国际上有专门的学术刊物刊载此类研究报告和文章,如《语言习得》(*Language Acquisition*)和《二语研究》(*Second Language Research*)。生成语法对二语习得研究的影响是多维度的,下面仅就几个关键问题加以阐述。

2. 对生成语法视角二语习得研究的思考

怀特(White,2007)从研究范围、缺乏成功的二语习得者、母语迁移和方法论诸方面澄清了对于生成语法框架下的二语习得研究的一些误解,可资借鉴。①

第一,二语习得研究的范围既不是描述语言的使用,也不是试图去解释所有观察到的语言现象。二语习得研究探究的是中介语语言能力或知识表征,从而揭示人类心智的本质。

第二,成人二语习得普遍不成功是一个复杂的问题,不能简单归咎于普遍语法可及性一

---

① White, L. Linguictic theory, universal grammar, and second language acquisition. In B. VanPatten & J. william (eds.). Theories in Second Language Acquisition[C]. Mahwah, NJ: Lawrence Enlbaum, 2007:45—47.

个因素。常见的误解是：假如 UG 制约中介语语法，那么意味着二语习得者的 L2 最终状态语法与本族语者不会有显著差异。中介语发展受 UG 引导、制约并不一定保证二语习得者一定能达到与本族语者相同的语法水平。实际上大多数二语习得者还只是处于中介语发展过程中，离终端状态仍有一定差距。L1 知识体系、二语输入的质量、情感因素等，都可能导致二语习得者达不到本族语者的水平。此外，二语习得是否成功不能单看语法习得这一个方面，其他如语音、语用、词汇等方面偏离目标语的现象比语法更易被人察觉，也可以当成二语习得成败的判断依据。因此，以二语习得普遍失败当作 UG 不可及的证据是牵强附会的。

另一个误解是：假如 UG 可及，那么母语在二语习得中只能起次要作用，也就是"母语迁移"和"UG 可及"是互不相容的。实际上，母语迁移和 UG 可及不是相互排斥的概念，很多生成语法框架下的二语习得研究者意识到母语语法的作用，因为 L1 习得并没有将全部 UG 原则与参数加以利用，没有被 L1 实现的 UG 原则与参数可能出现在 L2 中，甚至出现既非 L2 亦非 L1，但是符合 UG 的"无章语法"（wildgrammar）。

第三，我们对什么是普遍语法很难有一个清晰、统一、广为接受的解释，对其解释众说纷纭。普遍语法是一套抽象的原则与参数，用于演绎和推导，不是用于归纳总结的，更不是罗列具体语言运用产生的构式。用归纳法得出的研究结果不能用于反驳普遍语法。普遍语法还在发展，所有以此出发的二语习得研究都只是尝试性的，这和其他视角的实证研究一样都是尝试性的探索，所以，说某一理论胜于普遍语法是没有意义的。

第四，二语习得研究中常用的合乎语法性判断（grammaticality judgment）作为一种实验测试手段仍有较大争议。语法判断一般要求受试在规定的时间内对所调查项目的各类句子做出是否合乎语法的判断，目的是通过受试的语言直觉揭示语言的心理表征。虽然语法判断能直接反映受试的语言能力，尤其是检测受试无法有意识思考清楚的 L2 知识，检测受试是否拒绝普遍语法所不允准、语言实际运用中不可能出现的句子，但是，如果设计不当，就会使测试目的过于明显，或者有可能调取受试的有意识语法知识。如果能综合运用合乎语法性判断、诱导式产出（elicited production）、看图说话（picture description）、偏好选择（preference task）和语言理解（language comprehension）等方法，可能效果更好。当然，这也是其他视角二语习得研究面临的问题。

普遍语法是乔姆斯基语言学理论的核心思想，建立在理性主义的哲学基础之上，目的在于探索人的语言能力和知识的来源。语言能力的最终获得和形成是先天生物禀赋和后天语言习得经验相互作用的结果。第二语言习得者开始学习第二语言时，其语言器官往往已经达到成熟状态，其物质基础和初始状态与一语习得时必然大不相同，习得过程也一定与母语习得过程不尽相同。因此,无论是生成语法视角还是认知视角,参照一语习得理论来解释二语习得现象时必须持谨慎的态度。生成语法理论的发展是二语习得研究理论背景的源头活水,不断为二语习得研究者带来新的思路。

紧跟生成语法理论,对二语习得研究者来说是一个挑战,但不乏有心人,如贺森松(Herschensohn,2000)就采用最简方案的框架进行二语习得研究,把二语习得解释为形态词汇建构过程(morpholexical construction),经历三个阶段:① 初始阶段——L1 特征值依然故我;② 中间阶段——特征值标注不充分,先取消 L1 值,然后逐渐获得 L2 结构,习得形态属性;③ 精通状态——习得 L2 句法值,掌握形态词汇。

思考和练习七

一、名词解释

1. 刺激贫乏
2. 根本差异假说
3. 普遍语法可及假说
4. 词汇语类
5. 功能语类

二、简答题

1. 第二语言学习的初始状态的五种观点有哪些?
2. 什么是结构依存原则?
3. 什么是 X 阶标理论?
4. 乔姆斯基认为语言研究的基本问题是什么?

三、论述题

1. 简述生成理论发展的五个阶段和乔姆斯基理论的研究重心发生的两次重大转折。
2. 画出下列短语的树形图,并用 X 阶标理论解释为什么外国学生学习这两种格式时存在困惑。

(1) a. 你好走   b. 你走好

(2) a. 慢点儿走   b. 走慢点儿

(3) a. 慢慢吃   b. *吃慢慢

(4) a. 在官渡打仗   b. 战于官渡

第八章 语言习得的心理学视角

在学习第二语言时,人们都有这样的体会,就是有的人学得好、学得快,而有些人就学不好、学不快,造成这种事实的原因很复杂,被人们探讨的这些问题属于个人差异。在本章中,我们将探讨造成这些差异的一些因素,如年龄、学能、动机、态度等。

第一节 年龄与性别[①]

一、年龄

在第二语言习得研究中,年龄最能引起研究者的注意,这是因为,一方面年龄这个变量很容易识别,另一方面年龄问题对二语习得的理论也很重要。问题还是从儿童学习母语开始。

(一) 儿童比成人更善于学习语言

儿童学习母语给人的印象是,速度快、难度低,成功率极高。只要是正常的儿童,不管其智力水平怎样,也不管他们习得的是什么语言,都能成功得习得一种语言,而且,每个儿童习得语言的过程和阶段大体一样。那么,儿童习得二语时的情况怎样呢?是不是也像习得母语那样又快又好呢?

---

① 唐燕儿.华文教育心理学[M].广州:广东高等教育出版社,2011:127—131.

有研究表明,从儿童时期开始学习第二语言的人最后达到的语言水平比较高,在发音方面尤其如此。幼年就开始学习二语的人,他们讲的二语已听不出与本族语者的区别。也有研究说,从儿童时期开始学习二语的人,其口头表达的句法也很准确。

　　据唐燕儿(2011)的介绍,有个叫欧亚马的学者调查了 60 名移居美国的意大利人。这些人在 6~20 岁之间到达美国,在美国已经居住了 5~18 年。欧亚马的研究发现,只有在 12 岁之前到达美国的人讲起话来才带美国人口音,而在美国居住时间的长短对口音并没有影响。另外,有个叫帕索夫斯基的学者,把 67 名移民美国者即席讲话的录音用听写的方式记录下来,将 5 分钟的听写记录交给两位训练有素的美国人去评阅。这些移民到达美国时的年龄很不一样,但他们在美国都已经居住了 5 年。评阅者根据听写记录评出 0 分(不懂英语)到 5 分(英语本族语者水平)的不同成绩。结果发现,到达美国时年纪较小的人,语法准确性的得分最高。还有别的学者也进行过类似的研究和实验,但所有结果都表明:从儿童时期开始学习第二语言的人,比成为青年或成人以后才开始学习的人更有希望最后达到本族语者的发音和语法水平。

　　也有人提出质疑。首先是学习速度。有关不同年龄学习者学习二语某些方面的速度有过各种测量,发现儿童没有优势。事实上,大学年龄段的较年轻的成人在测量学习速度的大多数测试中表现很好。这些研究一般包括展示对形态或句法规则的掌握情况,反映学习速度,但不是最终达到的水平。甚至成人在这些任务上表现出来的优势也是短暂的,儿童组在大多数测量项目上都赶了上来。其次是语言学习任务的类型。在一些语言学习任务中,儿童表现出优势,甚至在速度上也是如此。如:

　　约翰逊和纽波特(Johnson & NewPort,1989)以学习者到达第二语言国家时的年龄为基础来考察其语言水平,被试到达时的年龄从 3 岁到 39 岁不等,他们发现学习者在一项旨在测量第二语言句法知识的测试中的表现与到达时的年龄呈线性关系,但这只是在青春期以前。青春期以后的学习者总体上表现很差,但是与到达时的年龄没有相关关系。这些结果如图 8-1 所示。在图中可以看到,测试分数与到达时的年龄呈线性关系(在 3 岁和 15 岁之间)。但另一方面,16 岁以后到达的学习者中不存在这种线性关系。[①]

　　总的来说,凡是比较儿童和年长者学习第二语言的,经过几年的学习之后或在第二语言环境居住几年之后,儿童的语言水平总是高于开始较晚的人。因此,不论是正式学习还是自然习得,从儿童时期开始学习是一个有利条件。

---

① (美)Susan Gass,(英)Larry Selinker. 第二语言习得(第三版)[M]. 赵杨译. 北京:北京大学出版社,2011:362.

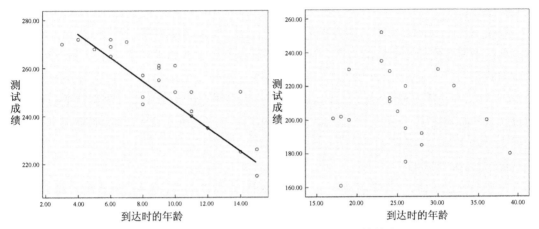

图 8-1　到达第二语言国家时的年龄与测试成绩的关系

（二）年龄影响第二语言习得的原因

为什么年龄会影响到第二语言习得？学者们分析了其中的各种原因。哪一个或哪几个原因最有影响，目前还没有一致看法。这些原因可以分为三组。

1. 第一组

认为年龄影响二语习得与人类大脑的发展有关。如，列尼伯格（Lenneberg，1967）在《关键期假设》一书中认为，人的大脑在发育过程中有一个"侧化"现象。人从出生到十一二岁，即在青春期以前，大脑的侧化尚未完成，而到了十二岁之后，侧化完成，人的左右脑的功能分工已经固定。所以，儿童习得语言很容易，因为他们的大脑是"有弹性的"，大脑中的语言功能还没有经过侧化而移至左脑，整个大脑都能参与语言习得。过了侧化期以后，学习第二语言只能用大脑的左半球，而且大脑也不再那么灵活，吸收新的思想和信息就比较困难。因此，他们不可能达到在关键期之内开始学习第二语言的人的水平。

2. 第二组

认为儿童和成人的不同认知发展阶段有差异。有人认为，儿童学习者像学习母语那样利用"语言习得机制"来学习第二语言。处于认知发展的这一阶段时，他们与语言发生关系时全看语言能做什么而不看语言是什么。成人的认知发展比较成熟，能够而且愿意去有意识地学习语言规则。这种区别说明为什么在学习初期成人的语言能力比儿童发展得快。不过到了后期，年龄大的学习者很难过渡到用所学的语言知识去做事情。

3. 第三组

涉及"社会—心理"因素。这方面的原因之一是,成人在使用第二语言时,比儿童要拘束。他们不愿意使用所学的新语言。结果他们很难达到本族语者的发音水平和流利程度。这方面的原因之二是,成年人,特别是那些生活在二语环境中的移民,更愿意保留自己的母语群体身份,在讲第二语言时故意带上某种口音,以表明自己是某一个母语群体的成员。儿童没有这些心理意识,在第二语言环境中他们很愿意与本族语儿童一起玩,愿意与本族语儿童融为一体。

(三)关键期假说

关键期假说认为,语言学习有一个有限发展期,在发展期内,对一门语言的习得,无论是一语还是二语,可能达到正常的、本族语水平。错过了这个发展期,学习语言的能力就会退化。

与此相关的另一个术语是敏感期,这个术语在终点上更具渐进性,允许在习得结果上有更大程度的差别。

潘菲尔德和罗伯茨(Penfield & Roberts,1959)较早观察到了这种现象,他们注意到,人类在学习语言上的生物和神经优势,儿童有而成人没有。根据这一假说,有一个与年龄相关的点(通常是青春期),超过这个时间点,一个人就很难甚至不可能把第二语言学到与说这种语言的本族语者相同的水平。但是,并不是所有研究者都同意这一观点。关键期假说预测语言学习有一定量的间断期,也就是说,在某一时间点上应该有剧烈的衰减。敏感期假说预测敏感性,但不是绝对衰减,因此学习上的衰减可能是渐进式的。为什么成人第二语言习得常常很难而且不彻底?这个问题引起了研究者和外行人的兴趣,因为在大多数认知活动中成人具有优势。

(四)年龄对二语教学的启示

语言的不同方面在认知发展到不同水平时才能被人理解。关于语言是一种系统的意识,成人比儿童要强些。

1. 成人和儿童在习得二语时的过程不完全相同

儿童在学习二语时比较自然,很像习得母语那样,而成人在学习时则不是这种情况,这些区别意味着,不可能只有一种放之四海而皆准的二语习得理论。学习环境和生活环境不同,使习得二语的速度不同,最终所达到的水平也不同。

2. 学习二语最理想的开始年龄是在关键期结束之前

因为这时的大脑仍保留着早期的灵活性,学习者的认知发展已比较成熟,足以对语言系统进行分析,而同时又对使用所学语言不感到拘束。

3. 二语的教学大纲和学习材料都应该因学习者的年龄不同而不同

对成人初学者不应像对儿童初学者那样,教材的内容应该更集中在语言教授的形式上。

二、性别

女人和男人是不同的,不论是在显而易见的方面还是在不那么明显的方面都是不同的。男孩子和女孩子同样也是不同的。不论你教的是多大年龄的学生,你都会面对一个问题:性别差异。差异既包括由于生物控制不同而造成的差异,我们称之为生理性性别差异;还包括由于合理的社会控制不同而造成的差异,我们称之为社会性性别差异。生理性性别差异反映的是生物方面的因素,而社会性性别差异反映的则是除了生物因素外的社会文化因素。

(一) 认知成绩中存在性别差异

1. 差异是特殊的,而不是一般的

一系列研究发现女性和男性在完成智力任务时不存在整体上的差异。但是,在考察不同类型任务的得分时,却发现了一些性别差异。女性在语言能力各个方面的得分平均来说都比男性要高,这里的语言能力包括阅读、词汇、拼写、语法知识和口语表达。男性似乎比女性在语言能力上存在更多的问题,例如口吃。女孩在掌握说话和语言方面要早于男孩,这显示了她们的平均语言能力要高于男孩。尽管有研究认为这些语言能力方面的差异正在趋于缩小,但差异还是存在的。

男性在许多空间视觉任务中的表现比女性要好,这些任务诸如图形的心理旋转。这方面的差异是非常显著的。尽管在练习和训练后,所有孩子的成绩都会提高,但性别差异仍然存在。男性可能具有一种潜在的生物技能,这有助于他们在许多空间视觉任务中占优势。

另一个男性比女性占优势的项目是,在标准化测验中测量数量技能的部分。在数量能力上表现出的性别差异要比语言能力上表现出的性别差异更大。

2. 男生成绩的表现更多样化

虽然有很多男生的数学分数要高于女生,但同时也有不少数学分数很低的男生。男生成绩的分布范围更广、更分散,比起女生分数,男生之间分数的差异性更大。另外,在空间能力上男性的分数比女性相对应的分数分布也更广泛和更具有多样性,但在其他能力中并没有表现出同样的趋势。

(二) 男女差异的造成原因

男性和女性之间的差异可能是由于生物学、遗传的因素造成的,也可能是由于我们的文化对男孩子和女孩子不同的教育方式造成的。

1. 生物学差异

有证据表明,一些性别差异可能是由于生物学的原因导致的。胎儿期的性别激素诸如男性激素影响了大脑性别差异的发展。在胎儿时期男性激素较高时有利于提高女性的空间思维能力。对男性激素反应不适当的男胎很可能会发展出某种女性心理特征,比如语言能力比空间能力强。一些研究者认为,性别差异部分地可以由男女大脑单侧化发展的不同来解释。男性激素会影响大脑左右两个半球的发展,而男性大脑单侧化的程度要高于女性。男性的语言技能要比女性更多地依赖于左半球。对于女性,语言技能更多的是全脑的参与,而许多空间能力则来源于右半球。

另一个影响女性成绩的因素是月经期间的激素变化模式。月经期间,当女生的激素水平下降到本月的最低点时,她们在那些通常男生占优势的任务上会有比平时更出色的表现,例如拼图、迷宫和空间视觉问题。当女性激素水平达到循环中期的最高点时,女性会在她们通常占优势的任务上表现得出色,例如语言的流畅性。

另一个男女之间明显的差异就是大脑胼胝体,这是连接大脑两半球的一个大脑组成部分。女性的大脑胼胝体要大于男性,这就意味着女性大脑两半球比男性更易于相互沟通。

总的来说,认知成绩的性别差异是存在一些潜在的生物学背景的。但是,影响认知的环境和社会因素也是值得考虑的重要因素,特别是虽然我们无法改变生物学因素,但可以对孩子的发展所生活的社会环境产生重要的影响。

2. 文化差异

在我们社会的每个角落,文化和社会态度以及固定观念都在影响着男孩子、女孩子的成长。我们对待男孩子和女孩子的教育方式是不同的。他们在成长过程中接触到的是不同的价值观,接受的道德观也有差异,甚至得到的鼓励和期望也各不相同。在中国很多农村的文化传统中,妇女相对于男子在学业成就和最终的职业等方面都被赋予较低的期望。男孩子在他们成长时就被要求有长远的目光,并被赋予了更高的期望。在其他国家中,比如北美的文化传统中也有同样的期望。

社会文化对男女的不同期望与人类社会的发展是一致的。当男性在社会中的地位越来越重要,以男性为主导的社会形态势必对男孩子提出更多、更高的要求。

有学者对那些能说明在认知中表现出性别差异的特定文化和社会认知因素进行了研究,指出在空间能力上表现出性别差异可能与男性较多玩视觉游戏有关,因为这些视觉游戏能够训练空间技巧。女孩子的玩具和所进行的活动可能在发展她们的空间技巧上起到重要作用。成人更多地鼓励男孩子去探索他们周围的环境,这是有利于空间视觉能力的发展的,而女孩子则较少有这样的机会。实际上,那些喜欢典型的男孩子活动的女孩子要比其他女孩子的空间能力发展得更好。

最重要的是,我们看到在学业成就上的男女差异近年来已经开始缩小。这可能与对男女成就文化价值观的转变有关。

另外,成人社会的"样板"也会对孩子们在价值取向、兴趣发展等方面有较大影响。比如,从事基础教育工作的女性的数量越来越多,会给儿童造成一种印象,女孩子将来长大也要当老师。同样,男孩子会以勇士、科学家、老板、领导人为崇拜对象,在兴趣爱好方面逐步向这些领域发展。

第二节 情感

"情感"(affect)是指个体对某事的感觉或感情。在语言学习中,它可以指个体对语言、对说这种语言的人或对这种语言所代表的文化的感觉或感情反应。我们首先讨论语言休克和文化休克。语言休克(Language Shock)指的是,个体意识到作为学习者,自己在说目的语的人看来肯定很可笑;而文化休克(Culture Shock)指的是与接触新文化后茫然迷惑相关的焦虑。

一、语言休克和文化休克

常言道:"在家千日好,出门时时难。"出门为什么难呢?因为当人们移居不同的文化或在异国逗留时,不免会与过去的社会关系网络分隔开来,环境、健康、物质条件、日常出行等方面的麻烦也往往纷至沓来,这时就很容易出现文化休克。

1954年,人类学家奥伯格(Kalvero Oberg)首次在人类学研究中使用了文化休克的概念:在日常生活中,人们总是有许多自己所熟悉的社会交往符号,它们决定了人们生活的方方面面,比如如何握手、如何交谈、如何消费、如何购物、如何拒绝邀请等。一旦文化语境发生改变,由于对于新的社会交往符号不熟悉,需要去面对许多新的感性刺激,人们就会在心理上产生一种深度焦虑,这就是文化休克。与文化休克所关联的是文化适应。

琼斯(Jones,1977)在自己的日记中,详细记载了在印度尼西亚学习印尼语的情况,其中讨论了语言休克、文化休克和通常的心理紧张。日记研究表明,语言休克和文化休克对第二语言学习者都很重要,但是否真正影响习得却是另一回事。[①]

---

① (美)Susan Gass,(英)Larry Selinker.第二语言习得(第三版)[M].赵杨译,北京:北京大学出版社,2011:354—355.

语言休克

● 6月19日

星期五晚上在学校礼堂有一场为我们举办的欢迎晚餐会。我们吃完饭后,几个教授站起来讲一些关于他们在美国经历的"好笑"故事。之后,他们让我们都站起来,讲我们在印度尼西亚的经历。我有礼貌地拒绝了,但是Walt和Glenn站了起来。客人们不仅因为他们的故事大笑,而且也因为他们使用的蹩脚的不流畅的印尼语而大笑。我感到极度尴尬。印尼人这样做,因为他们真的认为好笑,而且认为我们也应该笑。他们说英语的时候我不笑,我也不认为我出错的时候就那么好笑。这一次,我觉得自己无法站起来出洋相让别人笑,因为我不觉得好笑。我发现,这样的环境和尴尬感受使我不能说话。

● 7月15日

好像与我同龄的年轻人都在笑我的印尼语发音不准、词汇匮乏,我不喜欢被别人嘲笑,而且我也不认为这好笑!发生这样的事情后,哪怕是简单句子我都不能回答。

文化休克与排斥

● 7月15日

一对年轻夫妇坐在那里无所事事,只是抱怨生活是多么艰难,他们是多么困倦。结了婚的年轻人好像不与任何人严肃交谈,他们只是花很多时间喋喋不休地空谈。

● 7月18日

我觉得我在日惹期间语言退化了,是因为一些家庭成员对待我的方式。我感觉自己是个外人,因此排斥他们,我厌烦一些家庭成员对我的态度,在我努力学习他们语言的时候,他们笑我或对我没有耐心。

压力

● 6月14日

一位教授正安排人表演一出剧,我在其中被分配一个角色。我竭力要从中抽身,但是Pak Soesanto(那位教授)似乎不理解为什么我没有时间。他建议我只是别参加第一次彩排,所以我就没参加。第二天,所有与此剧相关的印尼人都问我。我尽量跟他们解释,说我已经跟Pak Soesanto谈过,而且我没有充足的时间,但我觉得他们不理解我。我只是没有词汇来充分地表达我的想法,我为自己不能真正把自己的意思完全表达清楚而感到气馁和尴尬。

● 6月19日

我一个人去城里。最大的问题是,我不知道怎么说要买航空信用的"薄"纸,我没法说清楚,最后完全放弃这件事,没买到纸就回家了。这真让我恼怒,因为我想写几封信,而且终于有闲暇写信。

焦虑和紧张在课堂教学中与在个体学习语境中同样常见,就像上面的例子中所说的那样。贝利(Bailey,1983)对记述自己在大学学习法语经历的日记进行了研究,她经常写一些记录自己经历和感受的日志条目,日志条目描述了诸如自尊、竞争、焦虑等现象,如下面的引文所示:

我对这个班感到焦虑不安。我知道自己是(或者说可以是)一名优秀的语言学习者,但是我不喜欢落在全班后面。我感觉落在了别人后面,而且感觉进步速度正在减慢……(第75—76页)

今天我在口语练习中感到很恐慌,在练习中我们用过去限定式或未完成体填空。现在我知道英语作为第二语言的学习者在现在完成时和简单过去时上所经历的一切,当我甚至还不知道词和短语的意思时,去找状语线索是多么令人沮丧。我意识到老师在教室里走动,按顺序一个一个地做这些句子,我跳到她说的句子的前面一个句子,利用她给全班的反馈去验证或否定自己的假设。今天我感觉有点儿害怕,我感到很生疏。(第74页)

总之,学习者在新的可能无法控制的环境中感受到的焦虑、竞争和休克会使语言学习环境变得麻烦而令人紧张。

二、焦虑①

焦虑(anxiety)似乎代表的是影响学习的众多因素中的一种,它是个性问题还是对环境的情感反应,目前说法不一,或许二者兼有。

焦虑是一种负性情绪,是指个体由于不能达到预期目标或者不能克服障碍的威胁,使其自尊心与自信心受挫,或者失败感和内疚感增加而形成的紧张不安,带有恐惧感的情绪状态。一般跨情境焦虑有状态型焦虑(state anxiety)和气质型焦虑(trait anxiety)两种。状态型焦虑指人在某一瞬间感受到的恐惧(Spielberger,1983),如考试前或遇到某种紧急状态时产生的一瞬间的恐惧,强调的是"某时某刻"的一种情绪状态。气质型焦虑则指人的一种个性特质,即在任何情况下都易于产生焦虑的倾向(Spielberger,1983)。语言焦虑是学习者在学习一门语言时产生的消极情绪,它有别于其他一般跨情境焦虑(transituational anxiety)。语言学习焦虑属于一种特定环境下产生的焦虑反应(situation specific anxiety)。

---

① 杨连瑞等.二语习得研究与中国外语教学[M].上海:上海外语教育出版社,2007:179—182.

作为负性情绪的焦虑,并不总是学习中的消极因素。低水平的时候有益,高水平的时候有害。低水平的时候,焦虑有助于调动语言学习者的认知内驱力(cognitive drive),使他们不断向目标接近;而高水平时,焦虑则阻碍语言学习者积极主动地参与学习。有关研究都得出较为一致的结果,即语言焦虑对学生的学业成绩有着显著的影响。

美国心理学家Cox(1960)曾对五年级的学生的焦虑水平与学习成绩的关系进行研究,结果表明:中等程度焦虑的学生学习成绩显著高于焦虑过高或过低的学生。一般认为,中等程度的焦虑充当着动机激发者的作用,能使学习者维持一定程度的紧张度,并作为注意的基础,使个体的注意集中于当前的任务,从而促进学习。焦虑过度,造成个体过度紧张,束缚人的认识活动,甚至引起恐慌,使注意力不能集中于学习,理智不能正常发挥,出现如机械重复错乱的动作;焦虑过低,不能激发饱满的热情和学习行动,不能唤醒足够的注意力,所以不能有效地学习。

在第二语言学习中,适度的焦虑对语言学习是一个积极因素,可使学习者保持一种特殊的、活跃而敏捷的状态,这种轻度的、不能完全放松的情绪在一定程度上有助于促进第二语言学习;过高或过低的焦虑感都会对第二语言学习产生不利的影响。情景型焦虑和气质型焦虑具有相互放大和相互衰减的作用,如果学生情景型焦虑严重,则可能引起气质型焦虑的强烈表现;教师若能积极消除学生的情感屏障,创造一个宽松的语言学习环境,降低学生的情景焦虑,这也将同时减轻性格型焦虑的程度。

在语言教学活动中,通过对学习者第二语言课堂焦虑的调控,经常不断地使学生产生积极的情绪体验,在促进认知学习的同时,无疑也会极大地促进学生积极情感的形成与发展。由此可见,语言学习焦虑直接影响学生的课堂学习效果。探讨语言学习焦虑以及对语言学习的影响以及调控学生焦虑的策略,对提高课堂教学效果,提高学生学习的积极性具有重要的意义。

三、情感过滤

情感现象及其与第二语言学习的关系很早就引起了人们的关注,大多数语言学习者自身也都有相关经历和体验。早期第二语言文献中就有一个主要概念,即所谓的情感过滤(affective filter)。

在克拉申(Krashen,1985)看来,对二语习得学习者学不会的一种解释是说学习者没有接收到足够数量的可理解性输入,另一种解释是说学习者使用了不当情感。在克拉申看来,情感应该包括诸如动机、态度、自信及焦虑等因素,于是提出了情感过滤这个概念。当过滤水平高的时候,会阻住输入并使其不能通过。如果输入不能通过,就不会有习得。另一方面,如果过滤水平低或降下来,且输入也是可理解性的,那么输入就会到达习得机制,习得就会发生。这个流程如图8-2:

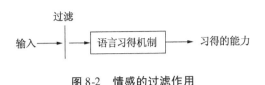

图 8-2 情感的过滤作用

根据克拉申的观点,情感过滤是造成二语习得个体差异的原因,这样做可以解释儿童的语言习得,因为儿童没有/不使用情感过滤。

情感过滤假说认为,那些在第二语言习得中态度不当的学习者不仅找到的输入少,而且情感过滤水平高、强度大——即使他们理解信息,输入也不会到达大脑中负责语言习得的部分或语言习得机制。那些持对第二语言习得有益的态度的学习者,不仅能够寻找并得到更多的输入,而且过滤水平低、强度弱,他们对输入持更开放的态度,输入也会达到"更深层"。

总之,根据克拉申的观点,习得有两个必要条件:可理解性输入(采用克拉申的专业术语)和水平低或强度弱的情感过滤。

输入如何被一个动力不足的学习者过滤?杜雷等(Dulay, Burt & Krashen, 1982)注意到情感过滤的功能之一是决定语言的哪些部分会得到处理以及按什么顺序处理,但就语言结构而言,情感如何具有选择性?

格雷格(Gregg, 1984)举了一个学习者的例子,该学习者的本族语是汉语但具有接近本族语者的英语知识,不过有一些规则他还是没能习得,如第三人称单数-s。在克拉申看来,这名学习者不完备的英语知识是由于存在情感过滤,但为什么过滤让大部分输入都通过了却滤掉了第三人称单数-s,他对此无法解释。

毫无疑问,情感与二语习得有关,但单靠情感本身无法解释习得如何发生或如何不发生,实际情况要复杂得多。

第三节 学能

一、语言学能的概念[①]

简单地说,学能指的是一个人学习新知识或新技能的潜力。语言学能,就是指一个人学习另一种语言的能力。学习本族语没有什么学能的问题,至少对没有认知缺陷的儿童如此。

[①] 丁安琪.汉语作为第二语言学习者研究[M].北京:世界图书出版公司北京公司,2010:138—141.

当我们对语言学能这个大概念进行分解的时候,我们会发现众多的组件,如言语学能(verbal aptitude)等。

1. 卡罗尔的语言学能概念

卡罗尔(Carroll)把语言学能定义为人们在学一门第二语言时所表现出来的相对稳定的专门能力倾向,认为它决定了人们学习第二语言的速度。具体来说,可从以下几个方面加以理解:① 学能和学业成绩不同,在课程开始时学能无法与成绩联系起来,但在课程结束时却又有联系;② 学能与学习动机是两种不同的个体差异因素;③ 学能是相对稳定的、与生俱来的、很少改变的;④ 学能不应看作是第二语言习得的前提条件,而更应视为影响学习者学习速度和难易程度的因素;⑤ 学能与一般智力应该互相区别。

卡罗尔的语言学能"四组件":音位编码能力(phonemic coding ability),即分辨外语语音并对其编码以便日后能被唤起的能力。语法敏感性(grammatical sensitivity),即识别词语在句中功能的能力,是分辨词语在句中是否发挥同样功能的能力,而不是判断词语发挥什么功能的能力。这样的技能有助于学习另一种语言。归纳式语言学习能力(inductive language learning ability)。这是从语言样本中推断、归纳、引出语言规则或一般法则的能力。在这方面能力强的学习者较少依赖教师或学习材料,而是自己去归纳相关的规则和法则。记忆与学习(memory and learning)。最初的表述是:在本族语和第二语言词语和短语间建立联系并回忆起来的能力。后来,一些语言学家(如 Becker,1991)认为,第二语言学习更多的是完成对文本的记忆,而不是对文本的分析。也就是,相对于把学习内容分解为不同部分以及形成规则和概括,更多的内容是被记住的。

2. 其他人的语言学能概念

在认知心理学研究的影响下,有些学者提出工作记忆(working memory)是学能构成要素中最重要的能力。工作记忆是对语言信息同时进行"实时存储"(simultaneous storage)与加工的记忆过程。认知心理学家通常使用"阅读跨度测试"来测量人的工作记忆。该测试是让受试阅读一段意义上相关的句子,同时要记住每个句子里的最后一个单词。目前已经有一些学者对工作记忆与学能及学习成绩之间的相关性进行了实证研究。

也有学者认为学能组成因素的核心能力应该是对新鲜事物的认知能力和对歧义的处理能力。这是一种新的诠释。在这种理念的支持下,人们研制了一种新的学能测试题 CANAL-F (Cognitive Ability for Novelty in Acquisition of Language-Foreign)。CANAL-F 测试使用一种人造语言 Ursulu 来检测学习者获取词汇、理解扩展语篇、提取语法规则和做出语义推断的能力。该研究的最初效度还不错,一些大学生参加了 CANAL-F 测试,也参加了 MLAT 测试。

实验证明 CANAL-F 测试成绩跟 MLAT 测试成绩相关,跟这些大学生的交际和写作能力、词汇知识和掌握目标语言的整体知识和能力也是相关的。

在整个学能研究处于低谷的 20 世纪 80 年代,只有斯坎翰对学能进行多方位的研究。斯坎翰(Skehan,1998、2002)首先将卡罗尔的语言学能四要素中的语法敏感度和归纳式学习能力合并为一个新的要素——语言分析能力,从而使卡罗尔的学能概念转变为由语音编码能力、语言分析能力和记忆能力三种主要能力构成。其中语言分析能力和记忆能力构成了学界熟悉的语言"双编码系统"(dual code system),跟认知心理学对第二语言习得过程的解释有机地结合在一起。斯坎翰还提出语言习得的阶段不同,三种学能组成因素的重要性也不同。语音编码能力在语言习得的早期阶段比较重要,而语言分析能力在习得后期学习句型时最重要,习得后期需要靠增加词汇量来提高流利度时记忆力就显得尤为重要。即使在同一习得过程中,阶段不同,学能三要素的重要性也不同(Skehan,2002;Dörnyei & Skehan,2003)。其外语学能概念与语言学习各阶段的联系如下表所示:

表 8-1　学能与语言学习各阶段的联系

学能因素	语言学习阶段	语言处理系统
语音编码能力	输入	注意系统
语言分析能力	中央处理	结构辨别 归纳总结 结构重组 双编码组织
记忆能力	输出(表达)	检索提取 ——需经运算的表达 ——基于范例的表达

进入 21 世纪以后,鲁宾森(Robinson,2001、2002)对学能所做的新定义体现了一种根本性的观念转变。他指出,第二语言学能是个体学习者在不同学习环境以及不同学习阶段的第二语言学习与表现时,语言信息加工所需运用到的、相比起其他个体学习者更为优胜的各种认知能力。他将学能组成因素划分为不同层次,组成了学能复合体(aptitude complexes),把在各种情形下对语言学习产生影响的学能组成因素都汇总在了一起。鲁宾森没有讨论学习者的整体学能,而是提出了学能元素,如"通过复述注意形式"的能力包含感知差距的能力和对话语的短时记忆能力。这里的复述指的是学习者记住说话人的话语,并用自己的话语夹杂着说话人的原话进行复述。其中"感知差距的能力"又包含感知

事物的速度和对句型的认知能力,"对话语的短时记忆能力"包括工作记忆能力和工作记忆速度。这种学能观旨在为研究如何将学能跟不同的教学活动结合起来提供一个更好的理论框架。

二、学能测试

1. MLAT

卡罗尔对语言学能的研究最重要的贡献之一就是他和 Sapon 设计的"现代语言学能测试"(Modern Language Aptitude Test,简称 MLAT)。该测试于"二战"后研发,主要用于选拔适合进行短期强化语言学习的人才。该测试已经被证明能够成功预测大部分学员的学习成绩。在对该测试题研究的基础上,卡罗尔通过因素分析统计方法,将自己的学能模式概括为四种重要能力:语音编码能力、语法敏感能力、语言归纳学习能力和机械记忆能力。这四项能力相对独立,一个人在这四项能力方面的表现会有所不同。一般认为,学习者在一项或几项能力上表现比较出色,他在语言学习方面就具有一定的优势。

2. PLAB

Pimsleur Language Aptitude Battery(简称 PLAB)是除 MLAT 外影响较大的学能测试之一。它与 MLAT 的不同之处在于它包括了从人工语言材料推断语言结构的能力。它的主要理论依据是,在一定的语言环境中整合和使用的语言能力与孤立状态下使用的语言能力不同,因此学能测试中需要包含使用和整合外语学习技巧的能力。

PLAB 与 MLAT 的主要区别在于它的目标人群为中学生,尤其是差生(underachievers);它更强调听力技能(基于差生学习外语时最大的困难是听力);增加了从人工语言提示中推断语言结构测试部分(即考察语言归纳学习能力)。

3. ALAT

Army Language Aptitude Test(简称 ALAT)使用的是模拟西欧语言的人工语言,主要用来测试学习阅读和听说西欧语言的成功率。这种人工语言的句法跟英语比较相像,整个测试时间比较短,学习者只有 7 分钟时间学习语法和词汇,20 分钟解决问题。

4. DLAB

Defense Language Aptitude Battery(简称 DLAB)的主要项目有:从图画中形成语言概念、学习外语语音、掌握外语语法、语音与符号相联系等。它的核心思想是通过测量对人工语言结构的推理归纳能力来判断学习者的语言学习能力。

DLAB 与 MLAT 的主要区别在于:它的目标是在军队中挑选语言精英人才(基于认为 MLAT 对选择顶尖人才时的分辨效度不够),强调听力技能及在测试语言归纳能力部分增加视觉材料。

5. VORD

VORD 是一种类似于突厥语的人工语言,它主要用来测试类似于突厥语的语法处理能力,特别是名词形态分析、动词形态分析、短语分析、句子分析等。

6. CANAL-F

Cognitive Ability for Novelty in Acquisition of Language-Foreign(简称 CANAL-F)测试使用一种人工语言 Ursulu 来检测学习者获取词汇、理解扩展语篇、提取语法规则和做出语义推断的能力。该测试的主要指导思想认为,语言学习能力的核心能力是对新鲜事物的认知能力和对歧义的处理能力。它与以往的学能测试题相比,至少拥有三大特点:以语言习得的认知理论为基础;吸收了当代动态测试(dynamic testing)的理念;以模拟语言为基础。实验证明该测试的预测效度也确实不错,一些大学生参加了 CANAL-F 测试,也参加了 MLAT 测试,他们的 CANAL-F 测试成绩跟 MLAT 测试成绩相关,跟他们的交际和写作能力、词汇知识和掌握目标语言的整体知识和能力也是相关的。

斯特恩(Stern,1983)曾说,这些学能测试的意义不仅仅在于它们非常实用,而且还在于它们提供的关于语言学能概念实际上是一系列能力的组合的理论阐述。斯特恩将这些学能测试的共同特点总结如下:①

一是测试中都有一些任务跟听力相关,如听辨语音,模仿语音,将语音跟语音符号联系起来,记住语音等。

二是测试中都有一些关于语法敏感度的任务。受试经常被要求对一些语法关系进行判断,有时这些句子会被翻译成母语,有时则没有翻译。受试不需要具备语法术语知识,测试通常采用笔试的形式进行。

三是测试中都包含对记忆力的测试,如记住一种新语言里的一些单词等。(PLAB 没有该特点。)

三、学能研究

卡罗尔提出的四种学能构成要素成为语言学能理论的奠基石。它盛行于 20 世纪六七十年代,到了七八十年代,学能理论研究却渐渐退出了第二语言习得研究的主体领域。这主要是因为学能研究是与当时占主导地位的结构主义语言观、行为主义学习理论和听说教学法相联系的,当这些观点和理论受到批评和指责时,人们对语言学能的研究热情也就渐渐消

---

① Stern, H. Fundamental Concepts of Language Teaching[M]. Oxford: Oxford University Press, 1983:371.

退了。到80年代末90年代初,不少学者开始提出要对外语学能进行重新思考。这种重新思考也包括对语言学能概念的重新界定。

自卡罗尔之后,应该说整个20世纪七八十年代的学能研究主要是斯坎翰。斯坎翰对学能研究的贡献之一是在这一阶段进行了Bristol语言项目的后续研究。这一研究使他将第一语言发展和第二语言学能有机联系在了一起。Bristol语言项目(Wells,1985)主要是研究儿童母语发展情况。该研究对128个儿童的调查结果显示,儿童在母语习得的速度方面存在着广泛的个人差异。该项目后来继续关注某些调查对象,以考察学习阶段的发展对他们语言习得所产生的影响。结果发现,至少在10岁前,学习阶段的发展不会消除、只会进一步巩固他们原来存在的差异。斯坎翰在十多年后,对这些儿童开始学习第二语言时的学能进行了重新检测。研究的目的是调查第二语言的习得是否与母语习得的速度有关,语言学能是否有可能作为母语习得能力的"后遗影响"(residue)而继续影响第二语言习得。研究结果表明,这些儿童在母语学能中的一些成绩,如39个月时的词汇量与42个月时的句子平均长度跟他们后期的语言学能显著相关。这些发现再次证实了卡罗尔所提出的语言学能是相对稳定的个体差异因素的理论,同时也指出尽管语言学能不变,但是不同的语言学习环境可能会产生不同的语言学习结果。

斯坎翰(Skehan,1989)的第二个贡献是提出了基于学能的学习者简介概念(aptitude-based learner profiles)。他认为学习者在学能的不同组成要素上会有不同的表现。这一概念假定学习者在任何学能因素上都可能表现出强弱不同的趋势。

20世纪80年代初,Wesche(1981)就如何将学能与课堂教学方法结合起来的问题进行了研究。他研究的对象是加拿大政府公务员,按照这些学习者学能测试各部分的得分将他们分为分析型学习者与记忆型学习者,并分别对他们进行培训。结果发现,分析型学习者在相应的课堂教学中学习效果更好,并且教师和学习者的满意度都比较高。

关于语言学能与教学法的关系方面的研究,也有不少成果。索耶和兰塔(Sawyer & Ranta,2001)的研究证明了学能测验对不同教学环境下的语言产出都会产生影响,如法语沉浸式课堂教学、交际法教学课堂、内隐学习的教学实验。埃尔曼等(Ehrman & Oxford,1995)在美国对外服务学院(FSI)进行了相关实验研究。这里正是MLAT的发源地。该研究对外语听说流利程度与多项学习者个体差异之间的关系进行了检测,如学能、学习策略、学习风格、个性、动机与焦虑等。学习者是282名美国政府官员,他们参加了语言强化课程,这些课程以交际法为主,同时也使用了一些听说法进行教学,如句型练习和对话等。埃尔曼等发现,MLAT与教师给学员学能打的分数跟学员的听说能力之间具有显著相关性。这些语言水平测试跟 MLAT 的整体相关度达到了 0.50 的水平，这跟当年卡罗尔在听说教学法环境下进行的测试水平一致。

德格腊夫（De Graaff,1997）与鲁宾森（Robinson,1997）探讨了学能在不同学习条件下是如何发挥作用的。德格腊夫探讨了外显学习（expficit learning）与内隐学习（implicit learning）两种学习条件是如何影响学习者学习一种人工语言（Esperanto）的。结果显示学能测试跟外显学习与内隐学习都相关。鲁宾森的实验也显示了相同的结果，而且学能测试跟内隐学习条件的相关系数最高。

雷韦斯（Reves,1982）与哈利等（Harley & Hart,2002）的研究结果则显示，学能分数不但能很好地预测传统课堂教学环境下的外语学习，同样能预测非正式环境下的外语学习。

到了 20 世纪 90 年代以后，影响比较大的学能研究还有斯帕克斯、甘朔和他们的同事们所做的关于语音问题的大量调查研究。斯帕克斯和甘朔（Sparks & Ganschow,2001）。他们把第一语言学习障碍与第二语言学习障碍联系在了一起。斯帕克斯等（Sparks, Ganschow, Javorsky, Pohlman & Patton,1992）研究了三组美国中学生：一组是被预测经过一学期外语学习后成功概率比较高的学生；一组是被预测经过一学期外语学习后成功概率比较低的学生；一组是被预测没有能力进行外语学习的学生。不论是认知能力达到平均分还是超过平均分的学生，被预测成功概率比较低的学生在完成诸如改正拼写、发音错误、识别单个英语词语之类的任务时都有问题；但在诸如阅读理解之类的语义加工类任务的完成上，各组之间不存在显著差异。于是研究者得出结论，有语言学习障碍的学生的学习困难主要表现在语音和句法加工上。斯帕克斯和甘朔的团队近期的一些工作已经证明了使用一些综合运用多种感官的教学方法能有效帮助有障碍的学生学习外语。

学能研究积极开展的同时，一直存在着质疑的声音。温植胜（2005）将对学能研究的质疑概括为三类：

第一种观点认为，学能在本质上与公平原则相悖，不利于发挥学生的学习积极性。学能测试的结果若使用不当极可能会造成负面效果。如果学习者在学能测试中拿了低分，很可能会影响学生的自信心，打击他们的学习积极性。尽管卡罗尔一开始就反复强调自己的学能研究的核心意义是要预测学习外语的速度而非是否能学好外语，但在现实中如何才能彻底消除或尽可能减轻学能测试带来的负面影响，依然是学能研究者不能回避的严峻问题。

第二种观点认为，学能观念已经过时了，不适合目前以交际活动为主的外语教学。这种观点前面我们已有论述。

第三种观点认为,学能与第二语言习得过程无关。如克拉申(1981)在论述他的"监察模式"(Monitor Model)与学能的关系时就指出:"语言学能,仅与有意识的学习(conscious learning)相关,而与习得(acquisition)不相关。"

国内关注学能研究的学者不多,真正进行实证研究的就更少。温植胜(2005、2007、2009)对国外过去三四十年间在外语学能领域进行的理论探讨和实证研究作了简要的回顾和评价,归纳了外语学能研究的三大转变:对外语学能概念的诠释的转变,对外语学能概念的具体界定的转变和在研究范式方面的转变。他还在回顾前人研究结果的基础上提出了今后外语学能理论研究应把握的一些基本原则:改变过去认为外语学能是天生不变的观念,接受外语学能是动态发展的观点;明确界定外语学能理论,廓清外语学能与教学实践的相互关系;贯彻"从大局着眼,从小处入手""结果与过程并重""理论与实践两兼顾"三大指导方针。

吴一安(1993)和戴运财(2006)将 MLAT 运用于国内学生的实证研究。戴运财(2006)的调查结果显示,低年级组与高年级组的学生外语学能不存在明显差异;对大学新生而言,外语学能与性别存在弱相关;对高年级学生而言,外语学能与性别和英语专业四级成绩存在一定程度的正相关。但中国学生外语学能与第二语言习得的相关系数远低于西方学者的研究结果。吴一安(1993)与戴运财(2006)还认为,对不同母语的外语学习者而言,MLAT 的效果可能不尽相同。MLAT 第三部分拼写提示测验对中国学习者来说可能会更难,因为中国学习者的母语文字是方块汉字,不是拼音文字,因此对拼音文字的敏感性要比母语是拼音文字的学习者低。汉字的特征会对学习者产生负迁移,影响其做出误判。因此有必要设计一套符合中国学生的外语学能测试题。

兰塔(Ranta,2008)在谈到学能研究时指出,未来的研究应该将注意力更多地放在如何将学能研究成果与教学实践相结合上。对一线教师来说,如何根据不同的学能测试结果,针对不同类型的学生,采用不同的教学方法实施有针对性的"个性化"教学仍然是值得研究的重要问题。

四、学能研究对教学的启示[①]

学能研究从诞生就跟语言教学紧密相关。MLAT 是为选拔适合学习外语的人才而设计的。后来美国和加拿大政府一直使用 MLAT 或其他测量工具来选拔外语学习者。库克(Cook,2001)概括了四种可以运用学能测试结果的可能性:

---

① 丁安琪.汉语作为第二语言学习者研究[M].北京:世界图书出版公司,2010:147—150.

（1）选拔适合学习外语的人才；
（2）根据学能给学生分班；
（3）为不同学能类型的学生提供不同的教学方法；
（4）不再将学能较低的学生的失败归因于教学。

其中第二条和第三条代表了对不同学能类型学习者的两种处理态度。库克本人对第三条是相当悲观的，他认为要为不同学能类型的学生提供不同的教学方法是相当奢侈的。但Wesche(1981)已经证实了这种方法是可行的。当年加拿大政府就曾根据学习者不同的学能类型为选拔出来的外语学习人才提供了三种不同形式的教学：语法分析法教学、功能法教学与听说法教学。但这种解决方法需要参加学习的人数比较多才切实可行，不然在人力和财力上就会有相当大的浪费。当然我们也可以用另一种方法来解决这个问题，就是让老师随时根据自己学生的学能类型调整教学方法。在现今强调教学要以学生为中心的情况下，对老师的这种要求其实并不算过分。当然，跟以前相比，现在交际教学法的理念已经深入人心，教师可以按照交际教学法的做法将学生分成不同的小组，以给学生布置交际任务等形式进行教学，这些个性化的教学方式为教师根据学生不同学能类型实施不同的教学方法提供了便利条件。

为不同学能类型的学习者提供有针对性的教学也有两种解决方案，一种是充分发挥他们的优势，为他们提供与其学能类型相匹配的教学，比如给记忆力比较强的学生提供使用记忆比较多的教学方法，给分析能力比较强的学生提供语法分析教学法，等等。另一种方法是针对他们的弱势设计教学，让他们能够增强这方面的能力，比如对记忆力比较弱的学生多给他们提供增强记忆力的机会；对分析能力不足的学生协助他们进行语言分析，提高他们的分析能力。斯坎翰(Skehan,1998、2002)认为针对弱势的教学比利用优势的教学更好，因为语言习得的各个阶段会用到不同的语言学能因素。

兰塔(Ranta,2008)曾举了几个不同的例子来说明如何针对学生学能弱势进行教学。

（1）帮助分析力弱的学习者找出语法规则。兰塔(Ranta,1998、2002)的实验对象是加拿大魁北克法语为母语的6年级学生。他们在一个学年内先参加了5个月的强化英语训练课程。该课程以交际教学法为主，通过各种各样的口语活动来提高学生的英语口语能力，如做游戏、猜谜、填写问卷、进行采访等。这些课上活动基本不提供关于语法形式的讲解。实验证明优秀的学习者尽管没有接受专门的语法讲解训练，但他们都能利用自己的分析能力找到语法规律。怀特和兰塔(White & Ranta,2002)曾以教授"his/her"的用法为例进行了实验，实验的目的是想看如果给予一定的语法讲解，分析能力弱的学生能否更有效地掌握英语语法规则。这些学生在课堂上接受的是交际法教学,但与对照班不同的是他们每星期会接受一次30分钟左右的专门的语法训练。学生需要完成常规的语法练习题,如哪道题应该填"his",哪道题应该填"her",同时还要学生说明原因。五周后,对实验组和对照组的学生进行了口语测试,测试结果显示实验组的所有学生在语言知识方面都比对照组有明显的进步。当然,兰塔(Ranta,2005)也发现了一个有趣的现象,就是两组学生在语言流利度上并没有多大的差异。

(2)帮助语音能力弱的学习者提高对新语言语音、词汇解码的能力。卡罗尔对语音解码能力的定义是"能够区分不同的语音,并将语音跟语音符号联系起来,而且保持这种联系的能力"。语音解码能力包含人脑内特殊的记忆语音的能力。斯坎翰(Skehan,1998)认为这种能力对将听力输入进行实时加工至关重要。此外,在非正式学习环境下,这种能力在早期习得中格外重要,因为这一时期最重要的任务就是词汇习得。Wesche(1981)曾提到课堂上遇到的语音能力弱的学习者的表现是说话时容易丢掉一些词或者一个词一个词地往外蹦,组词成句时速度特别慢,非常熟悉的词也想不起来意思等。

教语音能力比较弱的学习者适合使用综合运用多种感官的教学方法,这样学习者可以在学习的时候既看又听也写。组织教学时,要注意按照由易到难安排,学习内容要单一,不要将语法、语音等放在一起学习,并且要不断复习学过的内容。这一教学法的最重要的特点是在展示与学习新内容时,总是要调动学生各种感官参与学习。实践证明这种方法对语音能力弱的学生是十分有效的。兰塔(Ranta,2008)曾提供了一堂使用这一教学方法的课堂教学样课。

表8-2 教语音能力较弱的学习者的教学样课

课题活动	时间(单位:分钟)	具 体 说 明
语音练习	10~15	老师示范一个新读音,同时将它写在黑板上;学生一边跟着老师读,一边看着老师写,然后再边大声读边抄写。单词也用同样的方法处理。在复习单词读音时,老师常使用卡片教学。
复习与学习语法	10	老师用学生母语解释新语法,然后用目的语解释和示范新语法用法。学生需要先"用动作展示"所学内容,比如找出变成否定的句子中表示否定的词等。
复习与学习生词	10	学生要不断地听、看、读、说所学单词,直到学会为止。
交际练习	10	学生要听课文、读课文,参与两人活动(如角色扮演、问题问答)等,使用所学过的语法和词汇进行练习。

第四节 动机

一、动机的含义与分类[①]

(一) 动机的含义

英语中的(动机)motivation 一词,来源于拉丁文 movere,主要含义是"使运动、使行动"。从这个角度,我们可以简单地说,动机就是研究人们如何做出决定、选择行为并如何将该行为持续下去及其努力的程度。

尽管各有各的理解,研究者们还是基本一致地承认,研究动机归根结底要研究的是人类行为的向(direction)和量(magilitude),即为什么人们要选择某一行为;这一行为会坚持多久;人们坚持这一行为会努力到什么程度。

加德纳(Gardner,1985)认为,第二语言学习动机涉及四个方面的内容:第二语言学习目标、学习语言的愿望、动机强度与对待语言学习的态度。学习目标无法测量,学习者在第二语言学习动机上的差异主要反映在愿望、动机强度与语言学习态度上。

(二) 动机的分类

1. 融入性动机与工具性动机

加德纳和朗贝(Gardner & Lambert,1972)在研究中将第二语言学习动机区分为两类:融入性动机(integrative motivation)和工具性动机(instrumental motivation)。具有融入性动机的学习者对目的语和目的语人群具有浓厚的兴趣,喜欢并欣赏这种语言以及它所代表的文化,希望自己能成为目的语社团中的一员,最终融入目的语社团。具有工具性动机的学习者将目的语看成一种工具,希望掌握目的语后能给自己带来实际收益,如能够找到一份好工作或提高自己的社会地位等。加德纳和朗贝还通过自己的调查得出结论:具有融入性动机的学习者比具有工具性动机的学习者更容易成功学习目的语。这种分类方法对动机研究影响深远,直到20世纪80年代,动机研究基本上都是在加德纳的框架中进行的。

2. 内在动机与外在动机

除了分为融入性动机和工具性动机外,传统上动机又被区分为"内在动机"(intrinsic motivation)和"外在动机"(extrinsic motivation)两大类。内在动机是指学习者对学习活动本身发生兴趣而产生的一种学习动机。具有内在动机的学习者往往把从学习活动中得到乐趣

[①] 丁安琪.汉语作为第二语言学习者研究[M].北京:世界图书出版公司北京公司,2010:1—20.

和满足感作为学习目的,这是语言学习中最直接、最具有活力的因素。外在动机是指将学习结果或学习活动以外的因素作为学习目标而引发的动机,学习只是达到目标的手段。具有外在学习动机的学习者往往注重获得奖赏或躲避惩罚。比如学习汉语时,有一部分学习者不是因为喜欢汉语或喜欢学习,而是为了拿文凭、得高分、升学等;有些学习者个人对汉语并不感兴趣,因不敢违背父母之命,只好入中文学校学习汉语。这些都属于外在动机。

Vallerand(1997)和他的同事把内在动机分为三个次类型:① 了解刺激型(IM-Knowledge),体验了解新事物的愉悦和满意,满足好奇心,探索世界;② 成就取向型(IM-Achievement),超越自我,面对挑战,创新;③ 体验刺激型(IM-Stimulation),参与行动是为了体验愉悦感。

根据自我决定的程度,外在动机自外向内可以分为四个次类型:① 外在调节动机(external regulation),是自我决定程度最低的外在动机。它完全来自于外部的奖惩,如老师上课时的鼓励或者家长的惩罚。② 投射调节动机(introjected regulation),指外部加诸学习者的规则,如学生不能逃课等。它来自于内在的压力,但不是个人选择的。③ 认同调节动机(identified regulation),指看到行为的实用性而自愿投入时间和精力,如为了发展自己的一些兴趣和爱好而觉得有必要学习某一语言。④ 融合调节动机(integrated regulation),是自我决定程度最高的外在动机。学习者自主选择某一行为是因为它跟自己的其他价值观、需求等完全融合在一起,比如有人学习英语是因为他认可英语流利象征着说话人具有良好的教养等。

自我决定理论在对内在/外在动机进行深化研究的同时,还提出了一个概念,或者说第三种动机——无动机(amotivation),即学习者缺乏内在或外在动机,有一种"不知道为什么"的感觉。

3. 整体动机、情境动机与任务动机

除了上述分类方法外,还有一种分类方法在第二语言习得研究中也受到较多关注。布朗将动机区分为三种:整体动机(global motivation)、情景动机(situational motivation)和任务动机(task motivation)。整体动机指对第二语言学习的一般态度;情景动机指在自然习得情况下的学习者不同于课堂学习者的动机;任务动机指对具体任务的动机。

二、加德纳的动机理论

根据前面的介绍我们可以看出,学习动机本身相当复杂,而第二语言习得中的学习动机,则更为复杂。一方面,语言学习动机与其他学习动机一样,它们都是学校的一门课程;另一方面,它们也有不同之处,因为语言还要与其特定的社会文化背景紧密相连。因此,在第二语言习得研究中也就出现了各种各样的动机理论。这里我们首先简要介绍加德纳（Gardner）的动机理论。

在第二语言习得研究中，最早也是最经典的学习动机理论是由罗伯特·加德纳和他的同事提出来的。如上所述，他们将动机区分为融入性动机与工具性动机，提出动机由学习目标动机强度、学习语言的愿望与对待语言学习的态度组成。在动力十足的学习者身上，这四个方面都会展现出来。

加德纳的动机理论分为四个方面：融入性动机概念；"社会—教育"模式（socio-educational model）；态度/动机测试量表（Attitude/Motivation Test Battery，简称 AMTB）；扩展动机模式。

1. 融入性动机概念

融入性动机概念是加德纳动机理论中最具有影响力的一个概念。所谓融入性动机就是学习者对操目的语的社团有好感才选择学习该语言。它由三个部分组成：① 融入性；② 对待学习环境的态度；③ 动机。融入性，包括融入趋势、对目的语的兴趣和对目的语社团的态度，反映出个体与其他社团成员社交的意愿和兴趣。对目的语学习环境的态度也包括对目的语教师和目的语课程的态度。动机即动力、愿望和对外语学习的态度。

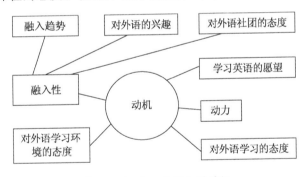

图 8-3　Gardner 的融入性动机

2. "社会—教育"模式

"社会—教育"模式的重要贡献是把第二语言习得过程清楚地切分为四个方面：先行因素，如性别、年龄和学习经历等；学习者差异变量；语言习得环境；学习结果。该模式的学习者差异变量主要包括智力、语言潜能、语言学习策略、语言态度、动机和语言焦虑等。这些因素都会对正式环境和非正式环境中的第二语言习得产生影响。

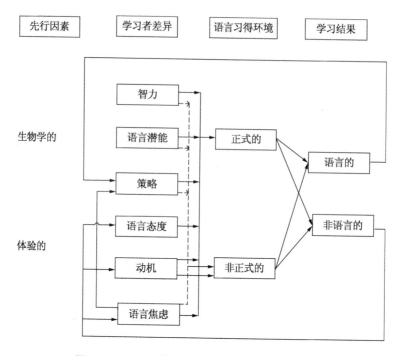

图 8-4 Gardner 第二语言习得"社会—教育"模式

3. 态度/动机测试量表

AMTB 量表是时至今日被采用最为广泛的第二语言学习动机测试量表。除了提供常用的心理测验标准以外,它还提到了其他许多有影响的动机因素。整个测试量表共有 130 多个项目,分属于不同的类别,具体如下:

对待欧洲大陆法国人的态度(10 项);

对法语学习的态度(10 项);

融合趋向(4 项);

工具趋向(4 项);

法语课焦虑(5 项);

父母鼓励(10 项);

动机强度(10 项);

学习法语的愿望(10 项);

趋向指数(1 个多项选择);

对法语教师的评价(25项);

对法语课的评价(25项)。

4. 扩展动机模式

自加德纳和朗贝提出融入性动机与工具性动机后,不断有人提出应该扩大动机研究视野,将更多因素纳入动机研究中来。1995年,Tremblay和Gardner对此做出了回应。他们拓展了原来加德纳关于第二语言动机的社会心理模式,从"期望—价值"理论和目标理论中吸收了新的元素,建立了新的修正模式。新的模式提出了"语言态度—动机行为—成就"序列。在态度和行为之间加入了三个居中的变量:目标显著性(goal salience)、效价(valence)和自我效能(self-efficacy)。目标显著性指的是学习者的目标明确并频繁使用设置目标的策略;效价包括传统的"学习第二语言的愿望"的量度和"对待第二语言的态度"的量度,包含了第二语言学习的价值因素;自我效能包括焦虑和行为预期。

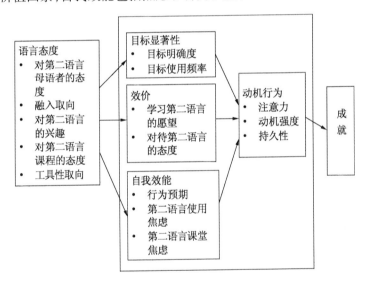

图 8-5 Tremblay & Gardner(1995)**第二语言动机模式**

三、其他动机理论

(一) 自我决定理论

自我决定理论是20世纪80年代,由美国心理学家Edward L. Deci和Richard M. Ryan等人提出的关于人类自我决定行为的动机过程理论。该理论认为,人类先天具有心理成长和发展的潜能,人类个体在充分认识个人需求与环境信息的基础上,能对行为做出自由的选择。

自我决定理论把动机分为三种类型：内在动机、外在动机和无动机。强调人类行为的自我决定程度，将动机按照自我决定程度的高低视为一个连续系统，认为社会环境可以通过支持自主、胜任、关系三种基本心理需求的满足来增强人类的内在动机、促进外在动机的内化、保证人类健康成长。

由于 Deci 和 Ryan（1985）的内在/外在动机理论和自我决定理论的影响极大，因此在第二语言习得领域有许多研究者试图将这些因素纳入他们的研究范围。Douglas Brown 十分强调内在动机在第二语言习得中的重要性，认为传统的中小学过分注重培养学生的外在学习动机，"使学生过分关注教育过程中物质和金钱的奖励，而不是培养学生对知识和经验的内在渴望"。事实上，"以培养学生内在学习动机为主导的学校可以为学生提供积极的、肯定的环境……结果是学生互相关爱，关系融洽，尊重知识"。在他提出的 12 条教学基本原则里，有两条与动机直接相关，一条是"期待奖赏原则"（Anticipation of Reward），这是一种外在动机。如果预期某一行为会带来奖赏，人们就更有可能去实施这一行为。一条是"内在动机原则"（Intrinsic Motivation Principle），强调最有力的奖赏来自学习者的内在动机。

自我决定理论应用于第二语言习得领域的另一个重点是如何培养学习者的自主性（autonomy）以增强学习动机。自主性指的是学习者对自己的学习负责，自己控制自己的学习，学习者成功与否取决于自己的努力。研究发现，认同调节和内在动机的程度越高，学习者的自主学习能力就越强，动机强度的变化与语言学习成绩有关。

（二）二语动机过程模式

Zoltán Dörnyei 与 István Ottó 曾提出了外语学习动机三层次说，从语言层面、学习者层面和学习情景层面三个维度来界定和测量外语学习动机。这种观点曾经引起一系列讨论。为了回应讨论，他们对自己的观点进行了深入研究，提出了第二语言动机过程模式（Dörnyei & Ottó，1998）。这种模式的主导思想是一种过程为导向的动机观，关于动机的各种研究成果可成一个非离散的、综合的模式。该模式包括两个维度：行动序列和动机影响。在第一个维度中，各种希望、愿望先转化为目标，然后变成意图，再导致行动，还有可能变成目标的结果，此后到最后一个阶段——评估。第二个维度——动机影响，包括支持和提供动力的能量来源和动机力量。

我们先看第一个维度——行动序列。Dörnyei 等把行动序列分为三个主要阶段：行动前阶段，即在行动实施以前的选择动机；行动阶段，实施行动的阶段；行动后阶段，即行动结束或终止后的批判性反思阶段。

行动前阶段是选择实施行为过程的阶段，又可分为三个次阶段：目标设定、意图形成、意图实施。许多情况下这些次阶段几乎是同时发生的,但通常有一定时间差。在该模式中,行动之前是意图,意图与目标不同,后者已经包括实施(commitment)。

行动阶段跟前一阶段的不同在于它从深思熟虑和做出决定变为行动的实施,从选择动机转化为执行动机。

行动后阶段发生在行动实现了预期目标,或者行动被终止,也可能发生在行动停止较长时间后(如假期等)。这个阶段的主要过程包括评估行动结果和考虑将来的行动计划。学习者会对比起初的预期、行动计划和现实的差别,形成一种暂时的评估,看是否实现了预期目标。

现在我们来看一下该模式的第二个维度——动机影响。动机对不同的行动阶段都会产生影响,根据动机序列的五阶段,动机影响被分为五组:对目标设定的动机影响、对意图形成的动机影响、对意图实施的动机影响、执行动机、对行动后评估的动机影响。

为什么学习者会选择一个目标而非其他目标呢?动机过程模式认为,影响目标设定的动机因素有四个:

第一个也是最重要的一个动机因素是个体基于过去经历发展而来的主观价值和规范(subjective values and norms),包括学习者对开放性、通晓第二语言和参与跨文化交际的基本信念和感觉。

第二个是与普遍价值、规范有交互作用的第二语言学习的特定价值。这些价值可以是从第二语言学习中得到的内在愉悦,也可以是第二语言带来的工具性利益,如好工作或更多旅游机会。

第三个是价值取向,它可以淘汰掉许多不适合的愿望,帮助决定目标的总体潜能。

第四个是外部环境对潜在目标的选择所施加的影响。

(三)舒曼的神经生物学模式

20世纪末,舒曼与其同事致力于用神经生物学的理论与方法研究第二语言习得。神经生物模式的理论核心是刺激评估。根据这一理论,人脑会评估收到的环境刺激,然后引起情感和行为的反应。舒曼提出了刺激评估的五个维度:新奇度(novelty),指出乎意料和熟悉的程度;愉悦度(pleasantness),指吸引力;目标、需求的重要性(goal/need significance),指刺激是不是满足需要或达到目标的工具;应对潜能(coping potential),指个体是否期望能够应付事件;自我和社会形象(self and social image),指事件和社会规则与个人的自我概念是否相符。舒曼还在发展自己的理论,把刺激评估与价值的神经学概念联系起来,讨论这些评估如何通过特殊的价值记忆(memory for value)变成一个人价值系统的一部分。

(四) 与社会环境相关的动机理论

在第二语言习得研究中,有四种理论模式跟社会环境有关:霍华德·贾尔斯(Howard Giles)与他的同事提出的群际模式(intergroup model);舒曼(John Schumann)提出的文化适应理论(acculturation theory);Richard Clément、Kim Noels 与他们的助手提出的情景语言认同(situated language identity);邦尼·诺顿提出的动机投资(motivational investment)。

1. 群际模式

这一模式是由贾尔斯和伯恩(Giles & Byrne, 1982)提出来的。该模式的中心概念是个体的自我概念,个体的主要动机是想发展或维持积极的自我形象。因为社会身份对个人态度、价值、热情和语言行为有重要影响,所以贾尔斯和伯恩认为,它们和第二语言习得的语言过程与实践也有关系,即学习者达到近似母语能力的动机与他们对目的语群体身份的认同感以及属于语言族群内/外的看法有关系。贾尔斯和伯恩还提出了"种族语言活力""族群界限"和"多族群成员身份"等概念。

2. 文化适应理论

舒曼引进了社会距离(social distance)和心理距离(psychological distance)两个概念来解释少数民族个体学习(或不学习)多数族群语言的原因。舒曼(Schumann, 1978)的文化适应理论的核心是:语言学习者和操目的语者之间的社会距离和心理距离对目的语的获得都是有害的,因为只有当第二语言学习者与主导族群建立起社会和心理联系时才会学习该语言。舒曼为了阐明这一理论,提出了决定社会文化距离的十二种因素,如:社会优势模型(social dominance patterns),指如果两个族群在优—劣连续统上相距甚远,就会阻碍第二语言学习;封闭程度(enclosure),学习者的族群与目的语族群分享共同的社会设施的程度决定了族群间的接触程度;黏着程度(cohesiveness),黏着程度高的族群使学习者与目的语族群保持距离;等等。但总的来说,他所提出的这一理论实质上只是提出了一系列阻止语言习得的因素,因此被加德纳(Gardner)称为"语言不习得"模式。

3. 情景语言认同

Richard Clément 与 Kim Noels 及其助手将社会认同理论运用到了第二语言习得研究中。他们认为,人类个体追求积极的自我形象,而个体形象是否积极是由社会认可度决定的。语言是族群形象认同的重要因素,因此如果一个人想要在某一社会中保持一种积极的自我形象,就必定会有强烈的动机学习这一社会的语言(Clément & Noels, 1992)。这一理论的主要研究方法是通过大量实证研究,找到一系列跟社会认同有关的因素,并对这些因素之间的关系进行探讨。

4. 动机投资

邦尼·诺顿（Bonny Norton, 2000）发现现有的第二语言理论无法描述她的研究对象的实际动机。她的研究对象来自东欧或秘鲁等社会背景不同的国家，其教育程度和家庭责任也不同。传统的动机概念无法包括权利、身份等因素的动态作用过程。因此采用了"投资"的概念来描述学习者与目的语的社会历史关系，以及模棱两可的学习和使用语言的欲望。Norton借用经济学术语来隐喻第二语言学习的投入反过来可以增加学习者的文化资本，学习就是希望通过投资得到好的回报。

四、动机消减与教师动机

动机消减与教师动机都是对学生能够产生积极影响的因素。一些事情让学生对一门外语的学习从有很大兴趣逐渐变得不再有兴趣了，如学生考试分数很低，跟同学发生了冲突，在公开场合遭受了尴尬，等等，这种现象就是"动机消减"（demotivation）。

教师动机也是对学生动机会产生重要影响的因素。教师如果能够在每天的教学中精神饱满，给学生动力十足的印象，学生就很有可能有动力学习。教师动机不足，会影响到学生，使学生产生"动机消减"。

1. 动机消减

凡是对现存动机产生负面作用的因素，我们都可以把它们归入"动机消减"中去，如教师将水平相近的一组学生分为快慢班，而张三又恰恰被分进了慢班，他可能会因为自己被分到了慢班而失去学习动机；李四问老师问题时老师的回答很生硬和不耐烦，李四从而失去对外语的兴趣等。

"动机消减"指的是学习者本来有学习的动机，但因为某种原因失去了动机。但不能把所有影响动机的因素都归为"动机消减"。如学生因为惦记着自己即将举办的生日晚会而不能专心学习。因为生日晚会没有负价值，学生并没有减少原来的动机，只是暂时地分心。"动机消减"是因外部因素而降低或终止一种行为意图或正在进行的行动。同时，"动机消减"并不意味着所有的积极动机因素全部消失。

Christophel和Gorham（1992）还按顺序列出了学生提到的导致动机消减的因素。前五项分别是：

（1）对评分制度和作业不满；

（2）教师没意思，组织混乱，准备不足；

（3）不喜欢课程内容；

（4）教材组织低劣；

（5）教师不好接触，以自我为中心，有偏见，侮辱学生。

许多研究都发现"动机消减"的原因与教师有密切关系。例如教师的个性、对教学的投入、对学生的关注、能力、教学方法、风格、与学生的融洽度等。除了教师因素，还有很多其他因素也会造成学生"动机消减"，如第二语言学习的强迫性、其他外语的干扰、对第二语言社团的负面态度、对其他小组成员的态度以及语言课所用的教材等。

2. 教师动机

教师动机，也有人称其为"教学动机"。Dörnyei（2005）指出，与普通动机相比，它至少有四个特别之处：

第一，教师动机有突出的内在因素作为主要内核。教师作为一种职业目标常与内心渴望教育学生、传授知识和价值、提高一个团体或整个国家的素质等有关。调查显示，在英国、澳大利亚和新西兰三个国家中，"我一直想成为一名教师"是进入该领域的最常见原因。

第二，教师动机与环境因素关系密切，环境对教师的工作动机产生重要影响。研究发现，影响教师满意度的环境因素可以分为两个范畴，即宏观环境影响和微观环境影响。前者指的是社会层面的工作伦理，因为教育涉及下一代，所以会受到社会各个层面的影响；后者指的是与组织氛围和特定机构紧密相连的动机因素。如：① 学校的整体气候和现存的学校范式；② 班级规模，学校资源和设施；③ 机构内的标准行为结构；④ 学院关系；⑤ 同事和权威对教师角色的定义；⑥ 对学生潜力的总体预期；⑦ 学校的奖惩反馈制度；⑧ 学校的领导和决策结构。

第三，由于教学职业通常会是持续一生的过程，所以教师动机不仅仅是关于教学的动机，还是教师作为一生职业的动机。这不仅要满足内在动机，还要与外在因素相联系。有人认为职业进步应包括以下步骤：教授新课，参与修订大纲，帮带新教师，开发新课程、新项目，发表论文，开发本校/外校使用的教材。

第四，教师动机特别脆弱，常会受几个强有力的负面因素影响。尽管世界上很多国家有尊师重教的传统，认为教师是一项高尚的职业，但事实上不同国家都存在教师流失的现象，教师对自身职业的满意度越来越低。这其中最重要的一个外在因素就是经济因素。教师的待遇高低在各国不尽相同，但与教师付出的劳动相比，教师的待遇往往显得不令人满意。除此之外，Dörnyei还总结了五个主要因素：

（1）教育工作紧张度高。教育工作大多特别紧张，因为教师得花许多时间在学生身上，而与孩子打交道就需要不断保持警觉，有错必究。

（2）另一个因素在侵蚀教师动机——对教师自主性的限制。政府为了统一标准而设置统一的大纲,制定标准化的考试,但设置好的课程、标准化测试、强加的教学法、政府制定的政策和其他机构限制等会削弱教师的自主性。

(3) 不当的培训使教师自我效能不足。为了职业发展,教师需要参加各种各样的培训,但教师培训可能更多的是在培训学科内容以及一些实用的教学技巧。培训中并不都包括如何管理小组,提高领导策略,如何提高个人交际技巧和如何解决冲突,等等。

(4) 重复的内容限制了智力的发展空间。许多教师年复一年地重复教授同样的内容,很少有机会发现或获取新知识或新技能。我们经常听到教师抱怨说炒剩饭没意思,慢慢就厌倦了工作。

(5) 不充分的职业结构。教师的职业结构决定了他们不知道未来如何发展,直到退休还在做同样的工作会让人丧失热情和信心。不像在军队或企业,随着年资和贡献的增加会有晋升。

最后说一下教师动机与学生动机的关系。教师动机包括教师对学生潜能的预期,这种预期影响着学生的进步,也影响着学生自我实现过程中的上下波动。教师的预期影响着各种事件和教师行动,而这些又反过来影响到学生的行为。如果长期这样,就会影响学生的自我概念、热情度、对成就的追求、课堂活动及与老师的互动。这些变化的积累达到一定程度就会产生质的变化,影响到学生的成就。

思考和练习八

一、填空题

1. 由于生物控制不同而造成的差异,称之为(　　　)性别差异;由于合理的社会控制不同而造成的差异,称之为(　　　)性别差异。

2. 列尼伯格认为,人的大脑在发育过程中有一个(　　　)现象。

3. 关键期假说预测语言学习有一定量的间断期,在某一时间点上应该有(　　　)的衰减。敏感期假说预测学习上的衰减可能是(　　　)的。

4. 作为负性情绪的焦虑,并不总是学习中的消极因素。低水平的时候(　　　),高水平的时候(　　　)。

5. 卡罗尔的语言学能"四组件"包括:(　　)、(　　)、(　　)、(　　)。

6. 加德纳和朗贝在研究中将第二语言学习动机区分为两类:(　　)、(　　)。

二、连线题

1. 神经生物学模式
2. 群际模式
3. 动机投资
4. 自我决定理论
5. 融入性动机
6. MLAT
7. 情感过滤
8. 文化休克
9. 敏感期假说

A. 卡罗尔
B. 奥伯格
C. 加德纳
D. 克拉申
E. 舒曼
F. 邦尼·诺顿
G. Edward L. Deci
H. 潘菲尔德和罗伯茨
I. 贾尔斯和伯恩

三、名词解释

1. 文化休克
2. 情感过滤
3. 学能
4. 动机
5. 内在动机
6. 外在动机
7. 自我决定理论
8. 动机消减

四、简答题

1. 年龄因素对二语教学有哪些启示？
2. 年龄影响第二语言习得的原因有哪些？
3. 男女性别差异造成学习成绩差异的原因是什么？

五、论述题

1. 简述学能研究对教学的启示。
2. 简述加德纳的动机理论包括哪些方面。

第九章 第二语言习得研究的其他视角

第一节 社会语言学视角

自20世纪80年代以来,社会语言学理论对二语习得研究越来越多,社会语言学及其研究范式对第二语言习得研究的影响,构成了第二语言习得研究的社会语言学视角。

比如,在拉波夫(Labov)语言变异研究范式的影响下,塔容(Torane,1983)提出的二语学习者中介语的"风格连续体"(stylistic continuum)的理论模式,舒曼(Schumann,1986)提出的"文化适应"理论模式,以及贾尔斯等(1982)提出的"社会身份理论"(social identity theory)等。下面对舒曼的文化适应理论做一简单介绍。

一、"文化适应"假说

"文化适应"是指学习者逐渐适应新文化的过程。舒曼提出该假设的目的是为了解释因为文化适应问题而造成语言习得停滞不前的现象。

舒曼的文化适应模式研究分三个阶段。

第一阶段,1973年,舒曼及其同事们对6位移民到美国的西班牙学习者学习英语的情况进行了一项十个月的纵向研究。研究发现,其中一个叫Alberto的学习者的英语水平几乎没有提高。舒曼(Schumann,1976)提出了三种可能:第一,认知能力问题;第二,年龄问题;第三,学习者与目的语群体之间的社会距离和心理距离问题。经过认知能力的测试,排除了第一种可能;从理论上,推翻了第二种可能;剩下的只有第三种可能。

为了考察第三种可能,舒曼对 Alberto 的语言进行了详细的分析。舒曼发现,在 Alberto 的语言中具有明显的洋泾浜语特征。对洋泾浜语的研究曾指出,这种简化了的目的语形成的原因,是学习者和说标准目的语的群体之间缺乏紧密的社会联系。

舒曼又把 Alberto 与其他 5 位被试进行了比较。结果显示,从社会距离上看,与其他 5 位来自技术移民群体的被试相比,Alberto 所在的工人移民群体和美国社会十分疏远。从心理距离上看,Alberto 不愿意与美国人、美国社会接触,甚至采取逃避的态度。

舒曼于 1976 年提出了"洋泾浜假设"(Pidginization Hypothesis),旨在说明文化适应取决于社会距离、心理距离两个因素,文化适应的程度决定第二语言习得的进程。

第二阶段,1978 年,舒曼赋予这一假设新的名称,即"文化适应模式"(Acculturation Model)。

舒曼认为,学习者学习一种语言与他所处的语言文化环境密切相关。其基本观点是,第一,第二语言习得仅仅是文化适应的一个方面。学习者适应目的语群体文化的程度将制约学习者获得第二语言习得的程度,学习者的习得水平在某种程度上取决于学习者对目的文化适应的程度。第二,学习者与目的语社团存在着较大的"心理距离"和"社会距离",其语言习得趋于"洋泾浜化"(pidginization)。其中,"社会距离"是指学习者与目的语文化群体相互接触的程度。"心理距离"是指第二语言学习者与目的语群体由于情感因素造成的距离。在这两种因素中,社会因素是主要的。当社会因素不起决定作用时,心理因素才起作用。第三,学习者与目的语社团保持密切的关系,即与目的语社团有较多的接触,甚至是融合,就会获得较高的第二语言习得水平。

第三阶段,1986 年,舒曼进一步将文化适应分成两种类型:同化与非同化。前者希望吸取目的语社团的生活方式,后者则并不希望吸取目的语社团的生活方式。舒曼认为,二者对促进第二语言习得具有同等效应。

二、"文化适应"的内容

"社会距离"因素的八个方面:①"社会主导模式"。两个社会群体是否认为彼此平等,即两个社会群体在政治、经济等方面是否优于、劣于对方,或是两个社会群体完全平等。②"融入策略"。双方是否都愿意第二语言学习者的群体被同化。这就涉及三种策略:同化策略、保留策略和适应策略。同化策略是指放弃自己的生活方式和价值观,吸收目的语社团的生活方式和价值观;保留策略是指坚持自己的生活方式和价值观;适应策略是指适应目的语社团的生活方式和价值观,但不放弃自己的生活方式和价值观。③"封闭程度"。双方是否期望第二语言学习者群体与目的语群体共同享有学校、教堂、医院、俱乐部等社会公用设施。④"凝聚程度"。指第二语言学习者群体内部成员间的密切程度。⑤"群体大小"。第二语言学习者群体规模大小以及联系是否很紧密。⑥"文化相似性"。第二语言学习者群体的文化与目的语群体的文化是否一致。⑦"态度"。双方对彼此是否持有肯定的态度。⑧"打算居住的时间"。第二语言学习者群体是否打算在目的语国家长期居住。

"心理距离"因素包括四个方面：① 语言休克，即学习者在运用第二语言时产生的疑虑和困惑，例如学习者惧怕说第二语言时被嘲笑。② 文化休克，即学习者由于两种文化的差异而产生的精神紊乱、压抑、恐惧等。③ 学习者的学习动机，包括融合型与工具型两种类型。融合型动机是指学习者喜欢并欣赏目的语及目的语文化，甚至希望自己成为目的语社团的一员；工具型动机是指学习者把学习目的语作为一种工具，例如汉语第二语言学习者学习汉语是为了和中国人做生意，或者为了在中国找一份工作等。有学者认为，融合型动机比工具型动机更有助于目的语学习。④ "语言疆界渗透性"（ego-permeability），指学习者是否能够消除语言屏障，以开放的态度接受语言输入的意识。

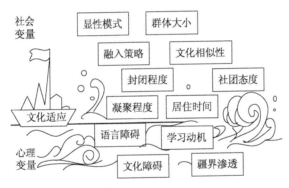

图 9-1　Schumann 的文化适应示意图

舒曼认为，学习者的社会距离和心理距离对第二语言习得的影响，主要取决于学习者与目的语群体接触的程度以及对语言输入的开放程度。如果学习者由于社会距离的因素而远离目的语群体，他们能够得到的语言输入就会比较少。如果他们与目的语群体的心理距离很大，他们会无法对所获得的语言输入吸收并内化。那么，除了社会以及心理因素之外，学习者本身的学习能力以及学习者所受教育的强度以及高效的指导又在第二语言习得的过程中起到什么作用？舒曼认为这些因素在第二语言习得的过程中与对文化的适应程度相互影响，但不起主导作用。舒曼的研究结果表明，文化适应的程度与第二语言习得的水平正相关。

舒曼(Schumann,1978)在解释文化适应的程度与第二语言习得水平的关系时谈到两个特例。在这两个特例中,文化适应程度与第二语言习得水平负相关。第一个特例是移民美国夏威夷的33岁的日本画家。这位画家虽然文化适应程度很高,但他的目的语水平并不与之相对等。第二个特例是"二战"时美国军队的语言训练。在这种语言训练方式下学习语言,学习者文化适应程度很低,但语言却可以达到相当高的水平。舒曼认为,已有的研究只是从不同方面阐明了这一模式,但没有提出最终的答案。

三、文化适应与语言教学

文化适应模式是针对自然语言习得提出的,但也涉及正规语言教学与文化适应的关系。舒曼把正规语言教学分为强化语言教学和普通语言教学。他认为在这两种教学中,文化适应程度并不能决定语言习得水平的高低,以此来解释上述"二战"时美国军队语言训练的现象。文化适应程度低的学习者可以拥有很高的习得水平,这可能是语言教学的作用。

虽然文化适应程度在语言教学中并不起到决定作用,但舒曼仍认为,文化适应在第二语言习得过程中不可或缺。

强化语言教学专门面向语言能力水平很高的学习者,通过高强度的教学在短时间内提高第二语言水平。在教学上,强化教学有特殊的要求:学习者在一年内每天学习5小时以上,5~6名学习者组成一个小班,语言教师受过特殊训练,语言课程经过特殊筹划,成绩不够优秀的学习者将被淘汰。在这种情况下,自然语言习得只是语言教学的附属品。

但是,即便在这样的高强度教学中,文化适应仍不可忽视。例如,美国军方语言学校把学习者带到目的语群体中生活,以催化他们的文化适应过程,更快地提高语言水平。

舒曼认为,普通教学则无法控制学习者的语言能力、学习强度、学习时间,可以控制的因素只有老师、教学方法和课本,而目前这三项因素已经发展到了很高的水平,不可能再提高了,唯有通过提高学习者的文化适应程度才有可能进一步提高他们的语言水平。舒曼认为,语言学习的实质不是教学而是文化适应的过程,在普通教学的情况下,没有文化适应不可能有成功的第二语言习得。

四、关于文化适应模式的争议

每一种理论模式的正确性都需要通过理论和实践来检验。文化适应模式自提出之日起,始终是第二语言习得领域的关注对象之一。舒曼以及其他学者们或从理论上、或通过实验对文化适应模式进行探讨,同时也从理论和实证研究两个角度对文化适应模式提出了不同的看法。

理论上的质疑。舒曼观察到 Alberto 的语言和洋泾浜十分相似,因为有学者提出,洋泾浜的形成原因是社会心理距离,舒曼受到启发,提出了文化适应模式。但是,第二语言习得过程和洋泾浜的形成过程不同。第一,二语习得发生在双语环境中,而洋泾浜的形成环境常常有数种不同的语言;第二,第二语言学习者以前一般只会一种语言,而说洋泾浜语的人通晓不止一种语言;第三,第二语言习得是个人行为,而洋泾浜的形成是团体行为。

对于这些意见,舒曼和其他学者从两个方面进行了反驳。舒曼认为,将第二语言习得与洋泾浜形成过程的比较是错误的。质疑者认为,即便两者形成过程不可比,仍然否认文化适应模式,因为洋泾浜语和 Alberto 语言的相似性不是文化适应模式的理论基础。

学者们进行了一系列的实证研究。研究结果是,有的为文化适应模式提供了支持,有的则与之相悖。

针对学者们对文化适应模式的争论,舒曼总结了文化适应模式目前存在的问题。

第一、文化适应程度的测量。现有研究大部分是通过量表进行测量的,但制定一个能有效考察 12 项因素的量表比较困难,尤其是对心理的测量。从目前文献来看,学者们使用的量表不尽相同,而且没有哪一个可以用数据证明它能够准确、全面地反映学习者的文化适应程度。

第二、二语习得水平的测量。学者们测量第二语言习得水平的手段不尽相同,有的立足于交际,有的立足于语法;同样是考察语法,也有不同的角度。

第三、两者关系的动态性。文化适应是一个过程,在学习者不断适应的过程中,社会距离和心理距离都在变化。文化适应程度与习得水平的关系也是动态的,而目前的研究都是在共时层面上的考察,不能全面反映二者之间的关系。

第四、被试学习者的数量。已有的文化适应模式的研究在被试数量上也存在差异。有的实验是个体研究,有的实验的被试是几个学习者,有的则有数十或数百个学习者。舒曼认为,只有建立在大规模被试的基础上才可能准确反映文化适应程度与习得效果之间的关系。

第五、文化适应与语言习得水平是否有直接的因果关系。有学者认为,认知能力和学习策略才是直接决定语言习得水平的因素。舒曼则认为,认知能力和学习策略可以解释为什么有些人能够非常好地习得第二语言,却不能对不成功的学习者做出解释。而且,舒曼本人也不能证明文化适应模式直接决定第二语言习得水平的高低。

虽然舒曼的文化适应模式存在以上问题,但该研究将社会因素在第二语言习得中的地位提升到了史无前例的高度,拓宽了第二语言习得研究的视野,使后来的学者更加关心社会因素与第二语言习得的关系。

第二节 第二语言习得研究的认知视角

认知科学对第二语言习得研究的影响构成了第二语言习得研究的认知视角。第二语言习得研究的认知视角，主要是指那些基于认知加工理论框架的第二语言习得研究。

近些年来，基于认知理论的第二语言习得研究主要包括"思维适应性控制模型"（adaptive control of thought，简称 ACT）、"信息加工模式"（information processing）和"竞争模式"（competition mode）等。这些研究基于这样一个理论前提，即不承认在人的大脑中独立地存在一个抽象的、特定的语言习得机制。这些学者认为，语言习得机制与人的一般认知机制没有什么区别。

"联结主义理论"（connectionist model）是 20 世纪 80 年代复兴的、基于神经心理学框架的一种新的认知理论。联结主义是从神经层面来解释人大脑的认知机制。在理论取向上与信息加工理论完全不同。

一、思维适应性控制模型

（一）安德森的 ACT 认知模式

关于人脑是如何组织和归纳输入的语言信息以及如何对它们进行合理的推断和预测这一系列问题，"ACT 认知模式"对此提供了极有启发意义的理论研究。1983 年，认知心理学家安德森（J. R. Anderson）在其《认知的建筑》（*The Architecture of Cognition*）中提出的思维适应性控制模型（Adaptive Control of Thought，简称 ACT），首次较全面地将语言习得放在认知科学的大框架里进行研究，将语言习得机制看作是人类大脑整体认知体系的组成部分，对语言习得的认知本质和认知过程进行了独到而深刻的阐述。安德森的"ACT 认知模式"将人类知识分为陈述性知识与程序性知识，这两类知识的划分构成了其理论框架的主线。强调陈述性知识向程序性知识的转化在人类高级思维技能中的重要性。

"ACT 认知模式"认为，陈述性知识是明示的、有意识的知识系统，如英语语法规则，运用这个系统也是有意识的。而程序性知识是隐含的、内在化的知识系统，如英语语感，自发流利的语言运用正是依靠这个系统，语言运用时过分依赖有意识的语言知识则会大大降低语言运用的流利程度。

"ACT 认知模式"理论认为语言习得与其他知识的掌握在本质上是相通的，都是一种心理和智力的过程，所使用的策略也是紧密联系的。因此，这一模式对语言习得的过程和本质具有较强的解释力。

陈述性知识有两种习得方式:一种是对环境信息进行编码,具有被动性和接受性,比如教师在课堂上向学生传授知识,对于学生来说就是被动的、接受性的;另一种是对以往目标的结果进行存储,具有主动性和建构性,比如初学英语单词时学习者会把音标注上汉字,用汉字的发音来记单词的读音。

程序性知识的习得方式:类推。类推在这样的情况下发生:首先,有一个需要解决的目标;其次,学习者需要有能力解决这个目标的事例。ACT模型的类推机制,即对已有事例进行抽象,得出能在当前情况下应用的原则,并形成包含这个原则的产出规则。一旦某种产出规则形成,它也能用到其他情况中去。所以,ACT模型认为,参考过去问题的解决方案,同时积极地解决新问题,这是习得程序性技能的途径。所以ACT模型是一个通过实践来学习的模型,也是一个通过事例来学习的模型。①

(二)"ACT认知模式"理论综述

1. 图式——陈述性知识在记忆中的综合表征形式

安德森等认知心理学家认为知识是以语义网络的形式加以表征的。命题就是指建立在事物抽象意义基础上的知识表征形式,其中与同一主题相关的若干命题之间可能发生信息单位间的相互联系,构成命题网络(prepositional network),成为大脑进行推理和思考的基础。

实际上,事物之间的关系有成千上万种,绝不限于相等和拥有,还有相反、相似,等等。如果每种关系都有一种联结类型,那么,模型就很难运行,因为它缺乏简洁性。为此,认知心理学家们不断地寻求更好的机制来表征复杂的思想。

ACT认知模式不断修订其版本,ACT-R(Adaptive Control of Thought-Rational,"理性思维适应性控制")就是其中之一。该理论产生于1990到1993年间的一系列研究中,ACT-R中的R代表"理性的"。安德森曾对认知中的"理性水平"(rational level)进行了分析。这一观点的核心概念是命题,它是知识表征的最小单元,如"小孩喜欢吃糖"是一个命题,而"小孩"则不是。命题像一个句子,但它比句子更抽象。一个命题可用不同的句子来表示,相应就有不同的联结模式。

安德森把ACT-R理论编成了计算机程序。在ACT-R中,命题的表征如图9-2所示。椭圆代表命题本身,与椭圆联结的是命题的不同元素,它们包括"猫""狗"和动作"追"。箭头表示节点间的联系,箭头上的标示说明联系的性质。我们也可以把这个简单的小网络扩大,用来表征复杂的知识(如图9-3所示),如把"狗啃骨头"的命题镶嵌在一个大命题之中,这个

---

① 王雪梅,张逸岗.外语教育求索:戴炜栋文集[C].上海:上海外语教育出版社,2007:287—290.

大命题表征着我们对狗的知识,例如,狗是什么,它长什么样,它喜欢干什么,等等。①

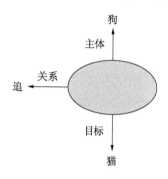

图 9-2　ACT-R 中的单个命题的表征

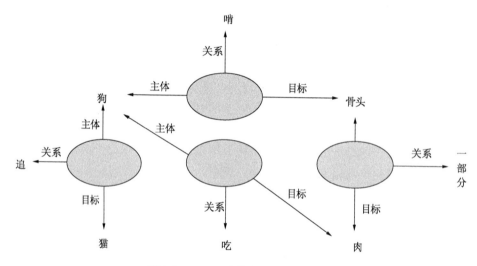

图 9-3　ACT-R 中的复杂命题的表征

而表象和线性顺序(linear ordering)是建立在知觉基础上的基本陈述性表征单位。表象是对客观的空间关系、细节特征及抽象观念的持续变化特征所做出的表征形式。线性顺序是对一系列信息所做的线形次序的编码,更有利于信息的提取。在人类大脑对某一信息范畴的表征中,存在一种综合性的特征,往往是命题、表象及线形顺序的组合,即图式(schema)。图式是指相互联系的观念或各种关系的网络,是语义记忆的储存形式。图式决

---

① 丁锦红,张钦,郭春彦.认知心理学[M].北京:中国人民大学出版社,2010:170—171.

定了知识的存储和提取速度。安德森认为,人类大脑中信息的再激活速度越快,越有利于信息的再现。图式在语言学习中不仅具有储存信息的作用,而且有助于对新知识的理解和问题的解决。

2. 产生系统——程序性知识的结构特征

ACT-R 对程序性知识和陈述性知识的表象进行区分。在 ACT-R 中,陈述性知识表象为"组块",而程序性知识表象为产生系统(production system)。产生系统由产生规则组成,每个产生规则均表述为"如果—那么"的规则,或者是"条件—行动"。规则中的"如果"部分指明规则运用的"条件",例如:"如果天下雨,那么带上你的雨伞。"

"ACT 认知模式"认为,陈述性知识不仅包括陈述性知识而且包括知识的激活速度(即自动化程度)和信息的转换。程序性知识在人类大脑中以"产生"(production)作为基本表征手段,是对知识和技能的组合、归并和概括,代表人类大脑在处理某种特定任务时的一系列复杂行为。产生式之间通过"控制流程"(flow of control)连接起来,构成了产生式集合(production set),以加快执行的速度。这些产生式构成了人类普遍行为的基础,同时也是人类语言产生的基础,体现出了人类语言习得的认知本质。

3. 自动化基本技能的获得过程

"ACT 认知模式"提出,在获得自动化基本技能的过程中,人的大脑要历经从陈述性知识到程序性知识发展的三个阶段:认知阶段;联合阶段;自动化阶段。

语言习得过程同样是一种技能的获得过程,要经历三个阶段:

(1) 第一阶段——陈述性阶段(declarative stage)。陈述性阶段有时也称为认知阶段。很多事例(examples)作为陈述性事实被存储在记忆当中。当学习者开始学习一个新的产出规则时,因为没有现成的激活程序,就完全依赖于陈述性知识。以学习打网球为例,人们首先要学习打网球的要领和规则,并熟记于心:如何握拍,如何接球,如何移动位置等。人们按一般解决问题的过程或对已知行为的类推来处理这些新的陈述性知识。需要注意的是,一个人了解了这些打网球知识并不等于他会打网球,他的这些陈述性知识还有待通过操练逐步程序化。再以语言学习为例,在陈述性阶段,学习者可能已经了解到英语单词"talked"是由动词原形"talk"和语法词素"-ed"构成,但是却不能在实际交谈中正确地使用 talked 一词,常常出现时态运用上的错误。

(2) 第二阶段——联合阶段(associative stage)。联合阶段实际上是知识编辑阶段,即以两种方式对记忆所存储的陈述性知识进行编辑。一种是合成(composition),把几个产出合成为一个产出。另一种是程序化(proceduralization),把普遍的规则运用于特例。仍以打网球为例,人们逐渐将打网球的各项要领集聚在一起,编辑成新的信息组,并开始协调运用,由此逐步掌握应该如何打球。知识编辑的形式之一是"合成",即将多条产生规则聚合为一条产生规则。比如,学习者意识到"talked"和"saved"的相同之处,于是把它们"合成"一条"产生规则":如果目标是产生动词的过去时态,那么在动词原形后加"-ed"。当然,在这一阶段,这条规则也会产生错误的语言形式,如"speaked"。安德森指出,在"联络"阶段,出错是难以避免的现象,偏误最容易发生在此阶段。

(3) 第三个阶段——自动化阶段(autonomous stage)。定义自动化有多种方式,但其核心是快速、无意识、无须努力的加工。

当某种输入与某种输出模式发生一致的、有规律的联系后,自动化就产生了,或者说一种联系被激活了。下面两个人各自在大厅的对面走来,从他们的会话中可以看见相对的自动化:

说话人甲:Hi.
说话人乙:Hi, how are you?
说话人甲:Fine, and you?
说话人乙:Fine.

会话程式在人们熟知的语言中是自动化的,以至于有时候对方还未发话你就回答"fine"了,或者在对方换了一个问题后,你仍答"fine",就像下面的对话中那样:

说话人甲:Hi, Sue.
说话人乙:Good morning, Julie.
说话人甲:Fine, and you?

比如,在一个人学习打网球时,他不可能对球拍的每一个运动或脚的每一个动作都刻意准备。当他走近球网时,不必有目的地考虑每一步或球拍位置就能自动地按照某种方式移动脚步并让球拍就位。同样,说话的人也无法讲清一句话是怎样产生的。

安德森常常用在课堂内学习第二语言的情况来说明他的语言习得模型。课堂中的第二语言学习者往往从教师讲授的语言规则入手,这些语言规则属于陈述性知识。通过操练和实际运用,这些知识又逐渐演变和发展为不假思索地运用语言的能力。也就是说,在第二语言的习得过程中,教师在课堂上讲授的陈述性知识逐渐转变成了学习者在实际语言运用中的程序性知识。

安德森把母语习得与外语学习之间的差异仅仅看作是学习者达到的阶段不同。母语习得者几乎无一例外地都能达到"自动无意识"阶段,而一般外语学习者只能达到"联络"阶段。尽管有些外语学习者的语言知识也能达到相当程度的程序化，他们在一定条件下也可以潜意识地使用第二语言，但是他们却很难达到完全自动无意识的境界。

二、信息加工理论

1. 自动化①

麦克劳克林（McLaughlin，1990）强调了两个对第二语言学习最基本的概念：自动化（automaticity）和重构（restructuring）。自动化在上文已经介绍，指的是对一个人的语言知识进行掌控。

克鲁克斯（Crookes，1991）认为言语计划和监控对自动化很重要。计划对决定哪些能够自动化、哪些不能够自动化很重要，最终对中介语中的哪些方面能够自动化也有重要作用。

计划对语篇复杂度方面有益处。通常情况下，计划话语能够提高学习者使用更复杂语言的能力，反过来使这些复杂语言达到自动化水平，并计划更复杂的语言。

监控的作用也很重要。这里要区分两种监控：一种是克拉申提出的作为理论概念的一个组成部分，另一种指的是注意某人言语的行为。在后一种情况下，可以设想这样的情景：学习者在监控自己话语的时候，注意到自己成功使用了某一形式，因而在以后的会话中能够使用这种形式。也就是说，通过认真监控自己的话语，人们能够挑选出成功使用的语句，并把它作为未来练习的基础。

控制加工是语言使用的另一种机制。在控制加工的时候，尚未通过反复练习建立起联系，需要有注意控制，因此反应会慢一些。随着时间推移以及具体语言环境中语言经验积累，学习者开始以更自动的方式使用语言，因此可以在需要控制的新信息上投入更多的注意力。第二语言习得首先使用控制加工。

随着多种心智活动得到操练，操作速度会加快，用于具体行为的大脑活动时间会减少。随着操作速度加快，原来由速度决定的机制而不再由速度决定，其他运转较慢的机制自然成为由速度决定的部件。现在快速运转的机制如此之快，以至于其余运转较慢的过程不能干扰这些机制的运转。这些快速的大脑活动的结果已不再需要言语表述，因此感觉不到是有意识进行的行为。它们已经自动化了。

2. 重构

信息加工框架下的第二个重要的概念是重构，重构是指新的学习导致内在表征的变化。这种变化是不连贯的，或者说重构的内容与前一个阶段的内容在本质上不同。学习意味着

---

① （美）Susan Gass，（英）Larry Selinker. 第二语言习得（第三版）[M]. 赵杨译. 北京：北京大学出版社，2011：198.

新信息的增加,对这些信息必须进行组织并予以结构化,将新信息融入正在发展的第二语言系统中,使现有系统的某些部分必然发生变化,因此就出现了对现有系统的重构或重组,并创建一个(有些)新的第二语言系统。

下表列举了埃利斯(Ellis,1985)中的数据来说明这个问题。

表9-1 系统的重构

第一时间段	第二时间段	第三时间段	第四时间段
I am no go.	I am no go.	I am no go.	I am no go.
No look.	No look.	Don't look.	Don't go.
I am no run.	I am don't run.	I am don't run.	I am no run.
No run.	Don't run.	Don't run.	Don't run.

在第一时间段,只用一种形式"no + verb"。在第二时段,一个新形式"don't"进入了这个学习者的系统,此时"no"和"don't"显然以自由变体形式用于陈述句和祈使句中。在第三时间段,该学习者创造了一个系统,开始出现形式与功能的一一对应关系,在祈使句中只用"don't",而在陈述句中仍使用"no"和"don't"两种形式。在这一时间段,学习者开始理清形式与功能的关系,因此发生了重构。在这种情况下,学习者对自己的二语知识进行重新组织和重新安排,直到正确地理清形式与功能的关系。

重构之所以发生,是因为语言是一个复杂的层级系统,不同的组成部分之间以非线性方式相互作用。从这个角度看,在某方面偏误率的增加也许反映另一领域内复杂程度和准确度的提升,以及随后对新习得结构的过度概括,或仅仅因为复杂度增加而促使系统的另一部分发生重构,至少是出现简化。

在语言学习中,学习者学习固定短语,但可能没有把这些短语分解为有意义的成分。不过,语串是具有完整意义的语块,随着学习者语言水平的提高,这些组成部分会变得清晰。当发生这种情况时,学习者的语言在表面上看似简单,但实际上可能代表了句法上的复杂性。因此,学习者已经由公式化话语发展到蕴含对句子结构理解的话语。也就是说,学习者正从例证的学习向规则的构建发展。

3. U形学习模式

由于不稳定状态是重构的一种结果,往往导致U形学习模式(U-shaped learning)产生。

U形学习模式反映了语言使用的三个阶段。在最早阶段,学习者产出某种与目的语规范相一致的语言形式(即没有偏误的形式)。第二阶段,学习者好像失去了他在第一阶段已有的知识,这一阶段的语言行为与目的语规范相偏离。第三阶段看上去与第一阶段相同,再次出现了正确的目的语形式。下图描绘了这三个阶段。

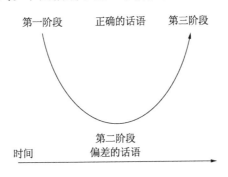

图9-4　U形学习模式

有人对母语是法语的学习这在课堂环境中学习英语的情况进行了研究,考察了六、七、八年级的学习者使用英语"-ing"的情况。发现这些学习者对"-ing"的掌握经历了一个U形学习模式。

三、竞争模型[①]

"竞争模型"(competition model)是由Macwhinney and Bates(1978)提出的一种认知与功能主义理论。像其他功能主义模型一样,竞争模型是关于语言表达(performance)而不是语言能力(competence)的模型。

竞争模型属于功能主义的理论,它的核心是语言形式与语言功能的关系。它将语言学习过程看作是信息处理过程。这一模型的核心概念是"语言形式与语言功能的对应"(form-function mappings):一种语言形式可以实现不同的语言功能;反过来,一种语言功能可以由不同的语言形式来实现。比如,绝大部分语言至少可以使用四种不同的语言形式来传达意义:句子语序、词汇、词素形态和语调。而大脑处理信息的能力是有限的,在一特定的瞬间只能处理数量有限的语言形式。语言形式与语言功能的关系往往靠语言标识(cues)[②]来提示。因此在语言信息的处理过程中,不同的语言信号为有限的信息处理通道而相互竞争。在不

[①] 本节内容引自王建勤.第二语言习得研究[M].北京:商务印书馆,2009:276—283.
[②] cue,有人翻译为"语言线索"(王建勤2009:276),有人翻译为语言信号(如蒋祖康,1999:68)。我们这里用"语言标识",因为它既包含语义特征(如"生命性")又包含语法特征(如"语序""格"标记)。

同的语言中,各种语言标识的竞争强度各不相同,如英语主要依赖句子语序(句子语序的信号较强),词素形态的作用就很弱(即词素形态的信号较弱);拉丁语主要依赖词素形态而不是语序;汉语注重语调;等等。根据这一模型,语言学习者的任务就是发现具有目标语特征的语言形式与语言功能的对应方式。

（一）竞争的含义

竞争就是指各种语言标识在提示语言功能时的竞争关系。学习者在语言形式与功能对应关系的认知过程中,各种语言提示标识通过竞争取得主导地位,并引导学习者顺利完成二者对应关系的认知,这种认知过程是通过语言标识的竞争来实现的,所以这种模式被称作竞争模式。例如：

a. 五个人吃一锅饭。

b. 一锅饭吃五个人。

从语序角度讲,汉语中施事主语通常位于句首,a 句中"五个人"可能是句子的施事,b 句中"一锅饭"则可能是句子的施事。同时,"生命性"线索则使得 b 句中更倾向于"五个人"作施事,因为"人"是有生命的,而"一锅饭"是无生命的。那么,哪种提示标识更具有竞争力呢？学习者会根据哪些标识来判定句子的施事呢？汉语母语者,通常会根据是否"有生命"来判断句子的施事,而不是通过语序。因为有生命的"我"更有竞争力。这样,b 句中"五个人"尽管位于宾语的位置,但仍是施事。

（二）竞争模型的核心

形式和功能的映射是竞争模型的核心。第二语言学习者的任务就是要发现目的语中形式和功能的映射关系。

不同的语言,形式和功能的映射关系也不一样。例如"施事"功能就有几个可能的形式成分：

（1）语序。及物动词句里第一个名词可以作为施事者,如："Mary kissed John"。

（2）一致性。具有施事功能的代词、名词或名词短语要和动词保持数的一致,句子的宾语对动词形式没有影响。如："She likes ice-cream""They like ice-cream"。

（3）格。具有施事功能的代词、名词或名词短语常常在形式上有一定的标记。如英语的施事通过主格来标记,宾语通过宾格来标记。如："She kissed him"。

（4）生命性。具有施事功能的代词、名词或名词短语通常是有生命的,具有受事功能的代词、名词或名词短语通常是没有生命的。如："This book Mary likes a lot"。

任何一种语言都会用几种形式来实现"施事"这一功能,但赋予这些形式不一样的权重。

任何语言的学习者都会使用其中的一些标识作为判断句子施事的主要手段,但不同语言的学习者用来判断句子施事的主要提示标识各不相同。例如,英语就利用以上四种形式来实现"施事",但主要依赖语序来表示施事;俄语主要用格标记来表示施事;汉语、日语主要用生命性来表示施事。

(三) 竞争模型中的语言标识

竞争模型依赖于语言标识的可靠性和可用性,把第二语言学习中语言功能对语言形式的作用进行量化。

1. 语言标识和语言理解

为了弄清楚标识和语言理解的关系,需要说明语言是如何在句子里分布标识的。竞争模型里大部分的跨语言研究,都集中在辨别施事的标识使用的研究,用以解释表层标识标记语法功能的方式。例如"The boy is annoying the Parrots",竞争模型把这个句子看作由七种标识组成的语言输入:

(1) 语序标识:动词前名词可以作为施事者。"the boy"在"is annoying"前的位置。

(2) 一致性标识:具有施事功能的名词或名词短语要和动词保持数的一致,句子的宾语对动词形式没有影响。标记"is"在数上要与"the boy"一致,而不是与"parrots"一致。

(3) 句首位置:句首的名词或名词短语可以做施事。"the boy"处于句子的开始位置。

(4) 格标记:具有施事功能的代词常常在形式上有主格标记。如"I"。

(5) 定冠词:使用定冠词"the"。

(6) "by":介词"by"标记施事处在被动句里。

(7) 被动语态:动词出现了标记被动语态的语素。

"动词前位置""一致性""句首位置"和"定冠词"这四种语言标识战胜了"主格""by"和"被动语态"这三种语言标识。这是因为这个句子不是被动句,而且"boy"是一个名词,英语名词没有格标记。

竞争模型则认为所有的句子处理都与标识的发现和标识的解释有关。跟其他标识相比,可靠性和可用性最强的标识,控制语言理解的能力最强,也最先被学习者习得。

2. 语言标识和语言产出

学习者的语言产出也基于语言标识之间最终的竞争结果。例如当标识A对标识B有正面作用,而对标识C有反作用,这时就产生了形式和功能之间的非线性关系。如在英语的主动语态里,动作者赢得动词前位置,而在有"by"被动语态中,动作者只能位于"by"后。

所以,动词被动语态的曲折变化这一标识会产生动作者两种位置标识的变化。还有上面举过的例句"The boy is annoying the parrots"里,有"boy"和"parrots"两个名词来竞争施事。动作者(actor)、话题(topicality)、视角(perspective)、已知信息(givenness)和有定性(definiteness)这五个标识获胜。所以在语言产出里,"boy"获得了施事的地位。

3. 语言标识的合作与竞争

在竞争模型里,不同的标识既存在合作关系,又存在竞争关系。① 合作关系。例如一个句子的话题通常是施事、已知信息、有定性和视角,它们构成了一种共存和互相包容的关系,并激活了动词前位置和无标记重音这些平行的标识。没有单一的形式来表达单一的功能,形式和功能之间的关系是复杂易变的,形式之间也有关联。② 竞争关系。如果句子里只有一个名词短语,它可能是施事也可能是受事。这意味着施事标记和受事标记之间会进行直接竞争。这种竞争关系在语言处理的各个层次上都存在——字词为了词汇的激活而互相竞争;短语为了句法顺序位置而互相竞争;音位为了嵌入音节中的空位而互相竞争。

4. 决定语言标识强度的因素

在寻找语言标识时,第二语言学习者要寻找:① 在目的语里用哪种形式实现哪种功能;② 形式所具有的不同竞争性。即学习者要发现目的语形式和功能的匹配关系。

语言输入为学习者提供了四种标识类型:语序、词汇、形态、语调。提示标识的强度的决定因素有四个:

(1)任务频次(task frequency)。某种语言项目出现频次的高低。例如几乎在每个及物动词句里都要决定动词的施事。

(2)标识的可用性(cue availability)。提示标识在语言输入中的出现频率。

(3)标识的可靠性(cue reliability)。即在多大程度上,提示标识总是将相同的形式匹配到相同的功能上,或者说提示标识提示形式和功能匹配关系的可靠程度。

(4)标识的有效性(cue validity)。提示标识在竞争环境里取得胜利的频率。例如非英语母语者了解英语里通常位于动词前的名词或名词短语是施事(标识的可靠性),接收到的语言输入里有充足的例子表现出了这种匹配关系(标识的可用性),而且语序这一标识比其他标识更重要(一致性标识除外)。所以在"Mary bit the dog"里,学习者尽管怀疑"the dog"是一个可能的施事,但仍会把"Mary"作为施事(标识的有效性)。

5. 母语语言标识的迁移

竞争模型的研究发现,第二语言句子加工标识的学习是一个逐渐的过程。学习者中介语对标识权重的设置开始时接近母语的设置,随着进一步学习,标识权重的设置会接近第二语言母语者。例如荷兰语的句子加工标识主要是格标记标识,英语的句子加工标识主要是语序标识。学习荷兰语的英语母语者对语序标识的使用逐渐减少,而格标记标识的使用逐渐上升;学习英语的荷兰母语者则正好相反,格标记标识的使用逐渐下降,语序标识的使用逐渐上升。

（四）语言学习环境的作用

竞争模型认为儿童如果生在一个与外界隔绝的环境里,语言习得是十分困难的。环境帮助儿童习得语言。第二语言学习者与习得母语的儿童所处的环境很不一样。在课堂教学环境里,学习者不能控制环境,而较成功的学习策略无非是注意教师、记好笔记和完成好任务。这样做的目的是将自己获得的语言输入最大化,得到产出言语的机会。另外,学习者在多媒体教室里,学习者也可以获得视频、音频等语言材料的输入。在自然的环境里,第二语言学习者尤其是成人,所获得的语言输入的质量并不高。在某些情况下,学习者会被目的语母语社团所排斥。为了弥补这个缺陷,学习者可以发展一个"自支持"系统,例如可以通过看电视、电影、听收音机、磁带,练习词汇和学习语法等方法,让成人学习者保持与语言输入的接触,提高大脑复述、记忆和学习的功能。

（五）相关的实验研究

竞争模型强调进行跨语言比较。所涉及的语言标识类型也很多,例如名词的格标记、语序模式、重音模式、"名词—动词"一致性标识、代词和主动被动态。

收集语料的方法是让被试解释句子(sentence-interpretation),即让学习者辨别第一语言和第二语言句子里的不同标识的功能,这些标识可能是合作关系也可能是竞争关系。被试包括各年龄段的儿童、成人、失语症病人、双语者和第二语言学习者。例如让学习者回答"小孩儿手里拿着汽车"这个语法和语义都合法的句子里动作的施事是什么？"汽车拿着这个小孩儿"这个语义不合法的句子里动作的施事是什么？后者生命性标识和语序标识相互竞争。然后比较具有不同语言背景的被试对句子的反应。

哈灵顿(Harrington,1987)以36个英语母语者、日语母语者和学习英语的日语母语者为被试,考察语序、生命性和重音对信息加工策略(processing strategies)的作用。三组被试要回答81个测试句,每个句子里两个名词之中哪个是逻辑主语(即施事)。被试并不知道这些句子里的标识可能是竞争关系或合作关系,有些句子是不合语法的或是不自然的。哈灵顿认为这样设计句子的原因是标识的竞争和合作对信息加工策略的影响很难从自然言语中发现。结果的分析基于"选择"(choice)和"反应时间"(latency),即选择名词作主语所花费的时间。实验结果很复杂,体现出被试之间和不同语言之间的变异。以语序标识为例,英语母语者把NVN句子里的第一个名词和NNV与VNN句子里的第二个名词作为施事;日语母语者对语序标识不敏感,多根据生命性标识判断施事;学习英语的日语母语者判断 NVN 句子里的施事的百分比处于上述两组的中间,但还是对生命性标识更敏感,而判断 NNV 与 VNN 句子里的施事的百分比则更接近日语母语组。这证明了第二语言学习者受到第一语言加工策略的影响,当学习者解释第二语言句子时,第一语言的加工策略会迁移到第二语言中去。第二语言所使用的加工策略可能会处于以目的语为母语者使用的策略和学习者自己的母语加工策略之间的某个位置上。

表 9-2 第一名词作为实施的实验结果

实验组	标准句子	非自然句子	
	NVN	NNV	VNN
英语母语者组	81%	35%	33%
日语母语者组	59%	56%	54%
中介语组	68%	59%	56%

基尔伯恩(Kilborn,1987)研究了学习英语的德语母语者。结果发现,水平较高的学习者在语序标识的使用上,比学习英语不久的学习者更接近英语母语者。但是学习者语言标识的重建涉及的是策略而不是形式;即不是第二语言形式代替第一语言的形式,而是第二语言的加工策略代替第一语言的加工策略。

Liu,Bates and Li(1992)比较了汉语母语者学习英语和英语母语者学习汉语的句子加工策略,发现在关键期之后学习英语的汉语母语者把生命性标识的使用迁移到英语学习里,在关键期之后学习汉语的英语母语者把语序标识的使用迁移到汉语学习里。而在关键期之前学习第二语言的学习者则不受母语标识的干扰,但有意思的是,第二语言标识却会干扰母语标识。

有证据显示有些标识比另外一些标识更有普遍性。例如加斯(Gass,1987)发现母语为英语的人在学习意大利语时很少使用基于英语句法的策略(语序标识);而母语为意大利语的人学习英语时却倾向使用意大利语的词汇和语义策略(生命性标识)。佐佐木(Sasaki,1991)比较母语为英语的人学习日语、母语为日语的人学习英语的表现,发现两组学习者都主要使用语义语用策略(生命性标识)。这说明第一语言策略的使用要依赖于策略的普遍性,策略越普遍,越有可能被迁移。

麦克唐纳(McDonald,1986)提出一个第一语言习得的"Learning-on-error"模型。这个模型认为儿童最初对那些显著的易觉察的标识进行反应(如语序),一旦这些标识建立起来,儿童又注意包含具有竞争关系的标识的句子(如"The Person we all love"中,语序和一致性这两种标识相互冲突)。最终,这些句子帮助儿童建立占支配地位的标识模式。麦克唐纳认为从依赖标识可靠性和标识可用性向依赖标识冲突有效性的转变可以解释第一语言习得的发展转变。

总之,竞争模型为理解第二语言学习提供了几个工具:① 可以直接预测语言输入对第二语言习得过程中的言语理解和产出的作用;② 依赖认知神经科学的研究结果,描述学习者的认知能力的特征;③ 详尽阐述了第二语言习得的社会和环境的概念,以理解语境的作用。竞争模型把第一语言习得和第二语言习得都看作是构建性的(constructive)、材料驱动的认知过程(data-driven process),这种认知过程不依赖于语言结构的普遍性,而依赖于认知结构的普遍性。竞争模型把语言的发展归因于学习和迁移,而不是普遍语法的原则和参数。

四、联结主义[①]

(一) 联结主义的产生

20世纪50年代末,乔姆斯基认为,语言知识从根本上是一种心理机制,这种机制的根本又是形式语法系统。人脑是通过一个规则系统(形式语法)来反映语言的,心理学家和心理语言学家们对规则系统深信不疑。这种认识基于这样一个假设:人脑是处理符号系统的机器。这样做的好处是,人们可以很方便地描述这个机器对符号加工与处理的方式。这种将人脑看作符号系统的观点与心理学的模块理论有着密不可分的关系。

当你听到"小明和小张在切蛋糕"这句话时,模块理论假设我们是由语音系统开始,然后对词汇,再对语法,最后对语义进行加工,是一个由低层到高层的过程。模块理论的线性顺序及其层次,对认知科学家具有极强的吸引力。但是,近十几年来它也受到了联结主义的强烈挑战及批判。符号系统的观点以及模块理论的假设最大缺陷是难以在生物及神经学上找到这种信息加工与处理流程的对应关系。

联结主义的一些初期理论就已经与模块理论的基本假设针锋相对了。最著名的要算互动激活理论。根据这个假说,语言加工的过程既包含从下至上的过程,也包含从上至下的过程。与模块理论的假说相反,这两种过程可以在同一时间互动。举例来说,当你听到"小明和小张在切蛋糕"这句话时,既可有语音至词汇、至语法、至语义的过程,也可以有语境的作用,由上至下帮助听者理解语义、语法、词汇及语音。

---

① 本节内容主要参考:李平.语言习得的联结主义模式[J].人大复印资料,2003(1):11—23.又,当代语言学,2002(3):164—175.

(二) 联结主义的基本特征

互动激活的假说给联结主义用于语言分析中打下了基础,但严格地说,它还不能算是联结主义的模型。

理论联结主义有以下两个基本特征。

首先在知识的表征方面它强调"分布表征"。分布表征与传统认知理论对知识的表征有很大的不同,传统认知理论将人脑看作是符号处理系统,因而采用的是地域表征(localist representatian)方法。地域表征的基本特点是一个信息加工的单位(或单元)只表达一个概念(例如语素、字、词等),而一个概念也只由一个单位来表达。它与概念之间有清楚的一对一的关系。而分布表征认为具有某种意义关系的词语共用部分相同的意义单元,比如"猫"和"狗"是两个不同的动物,但是两个词存在很多的相同的意义单元,如"哺乳动物""有毛""四条腿""宠物"等,同时两个词之间也有很多不同的单元,如"猫"和"捕鼠""食鱼""体积小"等关联,"狗"则有"食肉""啃骨头""体型大"等特征。分布表征强调一个概念由多个单元互扣作用的关系来表达。如"形"和"义"之间就存在从形到义和从义到形的双向联结。当学习者学习词形"狗"的时候,需要和表示意义的相关单元进行联结。这种关系的持续就形成了形和义之间的关联。

联结主义区别传统认知理论的第二个基本特征在于它对知识学习的看法。长期以来,心理语言学家认为学习语言就是一个学习规则的过程。这种观点是与乔姆斯基的语言学理论密不可分。联结主义则认为乔姆斯基理论提供了有效的规则系统来描述语言本身,但这个系统不能描述学习的过程。

联结主义采用分布表征,认为知识学习的过程就是学习分布表征的过程。换句话说,学习是经过调节单元与单元之间的关系来完成的,这种调节是经过改变单元与单元之间的权值(weight)来完成的。那么什么是权值呢,权值是表达单元与单元之间联结的强度,权值数越高,单元之间的联结就越强。一旦联结网络中相应的单元都由适当的权值联系好了,知识的表达和学习的过程也就完成了。如果我们已经学会了"猫"这个词,那么学习"狸猫""波斯猫"时只需要将最下部分的单元激活并给予高强度权值,将其与网络中其他单元联结起来。

很显然,联结主义的这些特点与传统的认知理论相比有较强的生理可解性。单元、激活、抑制以及联结强度等概念都能在人脑中找到直接的对应。联结主义的目的就是要通过对前类概念的描述达到对后类概念的解释。

(三) 联结主义网络在语言学及语言习得中的运用

在联结主义看来,我们现有的语法规则及语义范畴都只能作为有效的语言学理论描述,但不能作为心理表征的机制。换句话说,语言学理论有实用价值,但没有心理现实性。这种观点提出后引起了极大争论。这个争论一直持续到今天并无最后定论。

1. 联结主义网络对语法规则的学习

众所周知,乔姆斯基批判传统的行为主义心理学最有力的证据就是儿童并非简单模仿成人语言,而是利用对规则的掌握进行类推。比如儿童学习到一定阶段时,会说"breaked"作为"break"的过去式。"Breaked"在成人语言中根本不存在,模仿学说的理论显然难以自圆其说。根据乔姆斯基的理论,语言习得研究者一直认为,最有效地解释儿童"泛化"的方法就是假定儿童在学习的某一阶段已经掌握了一个抽象的内在规则。如在任何动词后加"-ed"成为该动词的过去式,或在任何名词后加"-s"成为该名词的复数形式。由于内在规则的普遍适用性,儿童便把不规则的动词当作规则动词来处理。要纠正这些错误,儿童必须逐字学习加以校正。这个逐字学习的过程与规则的掌握过程完全不同。所以 Pinker 等人认为儿童在掌握英语过去时态时有两种不同的学习机制在起作用:一种是学习一般性的形态规则,由此能产生泛化的结果;另一种则是"联想学习"(associative learning)将不规则动词的形态与其基本形式逐个对应起来。前者负责一般规律,后者负责单个例外。

在 Rumelhart 等人的联结主义网络中并无任何规则的表征,但网络却显现出规则的效应。这个网络是怎样达到这种效应的呢?在这个模拟中网络收到的是每个动词词根的语音特征,然后与它的过去式的语音特征加以匹配。每次匹配的同时网络中的联结权值得以改变。正是这些联结权值,使网络对动词的基本形态与它的过去式之间的关系有了详尽的了解。这些关系反映过去式形态变化的基本规律("flow""glow""slow"都是带"-ed"作为过去式)从而指导网络在学习新动词时的类推行为(如"blow"也应带"-ed"作为过去式)。在这种学习过程中网络能有效地将规则动词与不规则动词区别对待。同时这个过程所产生的结果既有将不规则动词当作规则动词的情况,也有将规则动词当作不规则动词的情况。后一种情况的产生是由于网络学到了一些不规则动词中的次规律。比如"lend""send""spend"的过去式分别是"lent""sent""spent"。这种情况似乎难以用上述 Pinker 等人提出的规则与例外的双机制来解释。

Rumelhart 与 McClelland 的模型的一个核心的思想就是语言学规则是浮现特征。也就是说联结主义网络通过单元、激活、抑制,与联结等特征能够有效地表达语言行为,而这种表达的有效程度仿佛其背后有语言学规则在支配。由上述所见单一的联结主义机制既能反映儿童对规则过去式的掌握,也能反映其对不规则过去式的掌握。规则本身不需要在系统中明确表征,但却通过网络学习浮现而出。

2. 联结主义网络与语言习得

邢红兵在《基于联结主义理论的第二语言词汇习得研究框架》一文中,分析了联结主义在二语词汇习得过程中的关键因素。①

(1)家族。具有相同特征单元的词语会形成聚类关系,聚类在一起的词语就会形成一个家族,一个家族的成员按照共同单元和不同的单元组织在一起,相同单元越多的词语聚集越接近,相同单元越少的词语,关系越远。例如"心"作为语素构词,在全部"汉语水平等级词汇大纲"中构成了43个词,如"关心、安心、心得、心情"等,这43个词或多或少都跟"心"的意义有关,因此,具备了一定的共同属性,这些由一个相同的语素"心"构成的词语就会在意义上形成一个家族。再比如同一个部件构成的汉字会在构形上形成一个家族。同一个家族各个成员的共性和差异的确立,是词汇习得中必须完成的任务,也就是说,所谓词汇的习得过程,实际上不仅仅是家族数量简单增加这个过程,而是在数量增加的同时逐步调整彼此之间的相互关系的过程,也是形成共性和差异的对立的过程。理论上说,家族越大,学习过程得到强化的机会也就越大,学习效果越好,但是家族中各个成员之间的相互关系决定了相互的特点,这些特点体现在频度、规则性、一致性以及它们之间的关系上。

(2)频度。频度的属性是通过对词语在语料库中的使用情况进行统计得到的,语料库基本上代表词汇在实际语言中的使用情况。从目前心理学的研究结果来看,频度因素是语言习得过程中非常重要的因素。这主要体现在:① 从某种意义上来看,频度决定了词汇习得的整个过程,因为频度因素决定了词语的常用度,而习得的过程一般来说就是从常用词习得到非常用词习得的过程。② 频度决定了加工策略的不同。高频的复合词倾向于整体存储,这是因为高频词语的音、形、义之间的联结强,而低频复合词倾向于分解,复合词的语素相关的信息在加工中起作用,这也是很多研究者的共识。③ 频度和联结强度。由于高频词学习的次数高于低频词,因此,高频词的形、音、义信息的联结强度更强,形、音、义之间的联结更为直接。

频度属性应该分布在各个方面,也就是说,频度应该从各个角度观察,我们认为词语的频度应该包括以下几个方面:① 使用频度。指该词语在真实语料中的使用情况,如何获得词语真实的使用频度,研究者已经进行了大量的研究,比如流通度概念的提出及在大规模语料库中进行流通度的计算。② 同现概率。词语和词语在一起出现的次数越高,建立的联结越强,彼此提供的属性就越具有代表性,学习者通过共现便可以获得词汇知识。③ 句法功

---

① 邢红兵.基于联结主义理论的第二语言词汇习得研究框架[J].人大复印资料.语言文字学,2010(1):81—89.

能。指词语在使用中所具备的各种句法功能。比如一个形容词,它的句法功能可能包括作谓语、状语、定语等,这些功能哪个占主要的数量,哪个使用次数相对低;再比如动词和宾语的搭配关系,一个动词可能会带很多宾语,但是每个宾语的使用次数可能有所不同,这是动词和宾语的搭配频度问题。

(3) 规则性。规则性(regularity)是指能够用规则推导的属性。例如"青"构成的形声字"清",两个字的读音一致,这里面隐含着一条规则,就是读这个字时,只要读声旁的读音就读对了,这样的特点可以推导到类似的汉字中,比如"蜻",学习者利用"青"的读音来推导"蜻"的读音的能力,就是规则性在起作用,这样的作用就叫作规则性效应。但是声旁和整字的关系往往又不全是完全规则的,也有不规则的情况,比如"菁"就不能读"青"的音。一般来说,规则的好学,不规则的难学。学习的过程就是不断地解决规则和不规则的矛盾问题。比如在教学用字中,"青"构成的形声字有 8 个,其中读"qīng"的字有"清"和"蜻"两个,其他 6 个都不读"qīng",如"请、精、睛、晴、情、猜"等,学习过程就不是一个独立的过程,而是要处理这一组字中规则与不规则的问题。规则性问题存在于词汇习得的各个方面,比如说语素构词中的规则性实际上是这个家族是否具有某个属性以及具有该属性的情况。

(4) 一致性。对于一个家族来说,家族成员中符合某种规则的成员占全部成员数量的比例,我们定义为一致性(consistency)问题。例如:"青"构成的形声字中,整字和声旁读音一致的规则字有两个:"清、蜻",整字和声旁读音不一致的不规则字共有 6 个:"请、精、睛、晴、情、猜",规则字占25%;而"胡"构成的 5 个形声字:"湖、糊、瑚、葫、蝴",读音都相同,规则字占100%。显然这两组字在读音规则性方面一致性程度不同。"胡"构成的形声字完全是一致的,而"青"构成的形声字则一致性不高。一致性是衡量一个家族关系共性多少的一个参数。理论上说,规则一致的好学,不规则、不一致的难学,但是实际语言中,完全一致的情况就比较少。

第三节 第二语言习得研究的社会文化视角

"社会文化理论"是苏联心理学家维果茨基(Vygotsky)提出的。社会文化理论的基础是社会化个体的存在,它认为语言及语言习得发生在语境之中,因此它考察的是与内在过程相关的环境中的语言。社会文化理论考虑社会交互和语言发展的关系,为我们提供了一个了解二语习得的新窗口。社会文化理论与其他心理语言学及二语习得理论的根本区别是社会环境和心理语言过程不再被看成是两个分开的现象,社会化和语言习得不从产生它们的语言交互环境中剥离出来。对二语习得者来说,语言发展产生于社会交往的过程中,在社会交往中二语学习者积极参与意义建构,并通过该过程习得第二语言。

广义社会文化理论包括维果茨基的社会文化理论、语言社会化、情景学习理论、批判语篇和社会关系理论。狭义的社会文化理论,即维果茨基的社会文化理论。其核心部分包括中介(mediation)、控制(regulation)、内化(internalization)、临近发展区(zone of proximal development)、支架(scaffolding)、私语(private speech)/内语(inner speech)、行为理论(activity theory)以及发展法(genetic method)等。

一、中介与儿童习得研究

中介是社会文化理论中最核心的概念。维果茨基认为,在儿童成长的过程中,由生物因素决定的低级心理机能(包括听觉、视觉、嗅觉、触前、自然记忆和无意识的注意)会被保持并发展成更复杂的由社会文化因素决定的高级心理机能(包括逻辑记忆、有意识的注意、概念思维、计划等)。生物因素决定了心理机能产生的必要前提,社会文化因素则决定了心理机能的发展。在高级心理机能发展的过程中,社会文化环境是首要的、起决定作用的因素。低级心理机能向高级心理机能的转化是通过文化制品(包括工具、符号以及更精细的符号系统,如语言)的中介作用来实现的,人的意识本质上来说是一种通过中介的智力活动。在改造世界的过程中,人类发明了工具,工具在主体和客体之间充当中介的作用。除了物理工具之外,人类还使用心理工具,包括助记技术、算术符号、图表、语言等人工制品(artifact)。人类的高级心理机能随时随地由符号作为中介,正如人类通过使用物理工具来作为和世界交互的中介一样。无论是物理中介还是符号中介,都是在连接人类和外部世界及精神世界的行为中引入的辅助工具。人类利用物理工具来组织和改变物理世界,利用符号工具来组织和控制心理活动。符号中最重要的是语言。物理工具和符号工具的重要区别在于前者是向外指向客体,而后者是向内指向主体。通过符号工具人类调节和有意识地控制生物因素所赋予的心理机能。

低级心理机能向高级心理机能转化的过程被称作控制。高级心理机能在符号的中介作用下最终被个体所控制。获取和维持对复杂心理活动的控制需要个体逐步实现。在儿童成长的过程中,他们起初要完全依靠他人,没有能力控制周围的环境。而在儿童心理发展的早期阶段,环境会影响儿童,这一阶段被称为他物控制(object-regulation)阶段。例如,父母叫儿童去拿远处的一个玩具,在去拿玩具的过程中儿童很可能会被其他的东西吸引而忘记父母的指令。在下一个阶段儿童可以完成某些任务,但必须在父母、年长或者能力更强的同伴帮助下完成,这些帮助是在有恰当的语言的同伴帮助下完成的,这些帮助是由恰当的语言作为中介的,这一阶段被称为他人控制(other-regulation)阶段。他人控制的功能主要通过对话来实现。儿童会逐渐掌握大部分策略性功能,并最终获得完全独立的策略性功能,即获得自我控制(self-regulation)。因此,认知发展是儿童通过符号的中介作用来获得对策略性心理活动的控制。

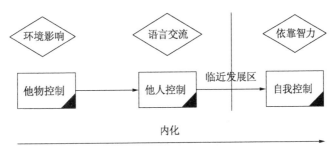

图 9-5　儿童获得自我控制的过程

二、内化与语言习得

临近发展区、内化和支架这三个概念紧密相连。他人控制向自我控制的转化发生在临近发展区。在儿童心理发展过程中存在着实际发展水平和可能发展水平。前者的特点是儿童可以完全独立于他人完成某些活动,反映了某些智力过程或者功能已建立和稳定下来,后者的特点是在其他人的帮助下儿童可以执行某些智力功能。儿童或新手能独立胜任的和在有更多经验的其他人指导下能够胜任的区别被称作临近发展区。维果茨基把这一转化称为文化发展的一般定律:在儿童文化发展过程中每一项功能都出现两次,或出现在两个层面,首先出现在社会层面、人与人之间,然后出现在心理层面、个体内。社会层面向心理层面的转移标志着儿童开始控制自己的行为,即自我控制的形成。这种个体由在物质性的人工制品和他人的帮助下执行具体的动作到不依靠任何明显的外部帮助而仅仅利用智力执行行动的过程叫作内化(Lantolf,2000)。内化是通过模仿机制来实现的。儿童学习语言的实验表明,模仿发生在交际活动模型之后,但也经常会延迟,甚至在儿童一个人的时候出现。私语中的模仿行为在儿童和成人学习中都会经常出现。他们会对语言模型进行试验,有选择地注意语言模型的某些特征。

和临近发展区密不可分的概念是支架,即专家为新手提供的获得更高水平控制的帮助。课堂里的支架则可被定义为为学习者提供的通过见习获得技能、概念和不同理解的临时而不可缺少的帮助。支架有 6 个基本的功能,即吸引注意力、简化任务、维持目标、确定已完成任务和理想方案间的差距、控制解决问题时所产生的挫折和演示将执行的理性行动。

在儿童成长过程中,话语先有交际功能后有认知功能。话语的交际功能用来建立社会联系、执行社会交互以协调社会交往中的行为。皮亚杰认为,自言自语没有特别的功能,只是反映了个人言语转向社会言语的一个发展阶段。维果茨基则认为,自言自语在智力活动发展和执行中扮演主要角色,会转到"地下"成为管理自己的思维语言,即内语。内语是一种浓缩成纯粹意义而丧失形式特征的语言。起初自言自语和社会语言有着相同的结构,但在转变成内语的过程中逐渐变得不完整。自言自语转变成内语后不会永远存在于"地下",而会在个体遇到困难时重新变成私语。私语来源于社会交互,但呈现的却是认知功能。和语言在他人控制中具有策略功能一样,私语也具备策略功能,它外化了个人在试图控制自己认知功能时的心理过程,表明人类在不能自我控制时会转向以前的认知策略。内语既有口头的,也有手势的。手势不但是与他人交际不可分离的,也是与自己交际的一个重要特征。

三、行为理论简介

行为理论源于维果茨基,后经他的学生里昂塔夫(Leont'ev)等发展成一门独立的理论体系。维果茨基把行为(activity)作为观察和研究意识的框架,也就是说,意识是心理学研究的对象,但只有在行为的层次上才能观察到。里昂塔夫提出分析行为的三个层次:行为、行动(action)和实施(operations)。与这三个层次相对应的三个概念是动机(motive)、目标(goal)和条件(condition)。行为是由习俗决定的社会场景,在这一场景中参与者的身份、目标和方式都有约定俗成的看法。动机告诉我们事情发生的原因。行为总是指向一定的目标。行动是指服从某一具体目标的行为过程。目标可以调节行为。实施则是完成目标的具体行为。总之,导致高级心理机能发生的社会文化行为包括文化背景、意图、情景三个纬度。目标决定了方向,动机决定了努力的程度,行为最后在具体的情景中实现。因此,动机回答了原因,目标回答了事件,实施则回答了方式。动机和行动及实施间的联系是符号系统,而最重要的符号系统是语言。

四、发展法与二语习得研究

人类的文化制品是一代人一代人地相互传承的。比如,汉朝从秦朝继承了文字、历法、典章制度并继续发展,隋唐又从秦汉继承了文化制品。纵观人类的发展,人类的高级心理机能是一个过程而不是结果,这些过程只能从社会和发展的角度来研究。维果茨基是一个马克思主义者,他以马克思主义的社会发展观创立了自己独特的研究方法——发展法。该方法注重心理过程在四个发展领域的出现和发展:系统发生领域(phylogenetic)从生物种类角度探讨人类高级心理机能的生物进化;历史领域(historical,也称社会文化领域)关注人类的物理制品和心理工具使用的社会和文化背景;个体发生领域(ontogenetic),考虑生物和社会因素的相互作用,论述涉及儿童心理发展过程中中介工具的出现;微观发生领域(microgenetic)涉及心理过程的短期形成。发展法的绝大部分研究(包括维果茨基本身的)都是在微观发生领域。

社会文化研究方法和主流二语习得研究方法有着不同的隐喻。主流研究方法的隐喻是习得，即学习者接受语言输入，习得语言并储存在头脑中，在需要的时候输出。社会文化研究方法的隐喻是参与，个人在学习中起一定的作用，但个人最终能独立完成的能力必须在社会交往中以协作的方式获得。社会文化理论因此为语言学习提供了一个更全面的视角，认为个人和社会融为一体，语言知识和语言使用不可分离。以临近发展区为例，二语习得领域相关研究大部分集中在微观发生领域，即在逐句的话语交际中认识学习者第二语言的内化。该方法可分为三步：选择分析用的对话片段、确定交互的模型和确定微观发生领域的发展。对话片段的内容和长度主要取决于研究目的，方法则和主流二语习得领域的对话分析(conversational analysis)相似。因为对话参与者之间的关系对社会文化分析至关重要，分析者必须尽可能地确定这种关系的性质。知道他们如何参与对话、各自的角色、参与程度和贡献水平有助于更深刻地理解对话过程。知道参与者之间的关系可以为分析者解释交互提供一个背景。埃利斯和Barkhuizen综合其他人的研究成果确定了四种角色关系模型，即分别以平等(equality)和相关(mutuality)为坐标，分成协作、主导/主导、主导/被动和专家/新手四个象限。其中，平等指对任务的控制程度，相关则是指对对方贡献的反应水平。本阶段的目的是确定所选择语料中的主导模型在哪一个象限，并确守其平等和相关的水平。下一步则是寻找中介参与后微观发生的证据，目的是确定学习者从他人控制转向自我控制的证据。总之，社会文化理论的微观发生研究方法从认为交互导致语言学习转向认为交互是语言学习发生的场所，从而为二语习得研究提供了更多的方法选择。

社会文化理论消除了语言学习和语言使用的界限，把个人从乔姆斯基理想的听说者世界和实验室中移出来，放到他们的日常生活中(包括真实的课堂环境)，迫使我们以不同于主流二语习得的角度来考察二语习得的问题，已经为二语教学实践提供了许多全新的认识。但在这一理论框架下仍有许多工作要做，特别是语言游戏在二语习得中的作用、第二语言手势的获得和使用、同伴中介的学习效果以及行为理论(尤其是行为理论运用于计算机中介的学习和基于任务的学习)等。

思考和练习九

一、填空题

1. 程序性知识的习得方式是(　　)。
2. 在ACT-R中，陈述性知识表象为(　　)，而程序性知识表象为产生系统。
3. "ACT认知模式"提出，在获得自动化基本技能的过程中，人的大脑要历经从陈述性知识到程序性知识发展的三个阶段:认知阶段、联合阶段和(　　)阶段。

4. 竞争就是指各种(　　)在提示语言功能时的竞争关系。

5. 物理工具和符号工具的重要区别在于前者是向外指向客体,而后者是向内指向(　　)。通过符号工具人类调节和有意识地控制(　　)所赋予的心理机能。

二、连线题

1. "风格连续体"　　　　　　　A. Rumelhart
2. "文化适应"理论模式　　　　B. 安德森
3. 社会身份理论　　　　　　　C. 舒曼
4. 联结主义　　　　　　　　　D. 维果茨基
5. 社会文化理论　　　　　　　E. 贾尔斯
6. ACT认知模式　　　　　　　F. 塔容

三、名词解释

1. 文化适应
2. 洋泾浜化
3. 社会距离
4. 心理距离
5. 陈述性知识
6. 程序性知识
7. 图式
8. 联结主义

四、简答题

1. "社会距离"因素包括哪些方面?
2. "心理距离"因素包括哪些方面?
3. 什么是U形学习模式?

五、论述题

1. 在"ACT认知模式"看来,语言习得过程同样是一种技能的获得过程,获得自动化的过程要经历哪些阶段?
2. 提示标识强度的决定因素有哪些?

第十章 课堂环境与二语习得

在课堂环境中,由于学习者是处于特殊的环境中习得语言,课堂条件对学生的习得有多方面的影响。这方面的研究大多围绕教师应进行何种课堂行为,如何提问、如何纠错、如何激发课堂中的意义交流等问题展开的。[①]

第一节 课堂交流与二语习得的关系

课堂环境作为学习者进行各种交流的地方,研究者致力于观察并描述课堂环境中出现的交流行为,以求理解课堂如何为学习者提供习得语言的机会。

课堂交流既包括教师与学生的交流,也包括学生之间的交流。教师话语、教师提问、改错方式、学生交流、小组交流等对二语习得究竟有何影响,这些都是研究者研究的内容。

就课堂语言来说,麦克蒂尔(McTear,1975)区分出四种类型的课堂语言使用:

[①] 本章内容主要参考黄冰.第二语言习得入门[M].广州:广东高等教育出版社,2004:209—233.

表 10-1　麦克蒂尔的四种类型的课堂语言使用

类型	表现	特点
机械的交流	不涉及意义的交流，机械操练	侧重语言形式
有意义的交流	有情景，但并非传达新的信息	侧重语言形式
不真实的交际	有新的信息传达，但传达方式在自然语言环境中不存在可能性	形式+意义
真实的交际	自发的交谈，如交换意见、开玩笑等	真正的意义交流

范·利尔(Van Lier,1982、1988)指出,根据教师是否控制"话题"(即谈论什么)和"活动"(即以何种方式谈论这些话题),主要有四种类型的课堂交流：

表 10-2　范·利尔的四种类型的课堂交流

教师控制项目		举例	教师控制项目		举例
话题	活动		话题	活动	
不控制	不控制	学生之间的私人谈话	控制	不控制	教师授课或讲座
控制	控制	教师引导	不控制	控制	小组活动中，按规定程序的自由讨论

了解了课堂语言使用类型以及课堂活动的类型之后，下面我们将对课堂交流的方方面面逐一进行描述。

一、教师话语

在语言输入部分，我们介绍了教师话语的一些特点及在语言习得过程中的作用。关于教师话语的研究一直引人关注，由于每个教师在使用教师话语时千差万别，每个人情况各异，所有，迄今为止研究者仍无法确定理想的教师话语具有哪些特征。同时，课堂情况各不相同，而且教学内容、学生状况、授课时间及教学计划等都有差别，所以很难弄清教师在语音、词汇、语法、语篇等方面的调整是以什么为基础的。这些方面仍需进一步研究。

肖德龙(Chaudron,1988)对有关教师话语的研究进行一番全面的调查后得出一些结论(见下表)。

表 10-3　教师话语的主要特征(Chaudron,1988)

特征	主要结论
谈话数量	教师的谈话时间占据总谈话时间的2/3
功能分配	教师占主导地位，教师的主要作用是讲解、提问、命令，学生则做出反应

续表

特　征	主　要　结　论
语速	教师放慢对学生说话的速度,对水平低者尤为缓慢。然而在这一点上不同教师之间差异很大
停顿	与学生谈话时,教师停顿的时间长过与本族话者谈话时的停顿时间
语音、语调、重音	这方面的研究寥寥无几,但已有研究表明,教师对二语习得者谈话时会加大音量,使其话语更清楚
词汇方面的调整	教师根据学习者的实际水平来变换所使用的词汇
语法方面的调整	教师与水平较低的学习者谈话时倾向于使用短句,较少使用从属句、有标记的结构(如过去式)。与真实的谈话相比较,教师较多使用陈述句,较少使用疑问句,很少发现有不合语法的教师话语
语篇方面的调整	有证据表明教师与二语习得者谈话时,较多使用自我重复,尤其是面对低水平的学习者时

拉申·弗里曼和朗(Larsen-Freeman & Long,1991),从二语习得角度进行了两个方面的分析:语言特征(即输入特征维度)和互动特征(维度)。其分析框架如下:

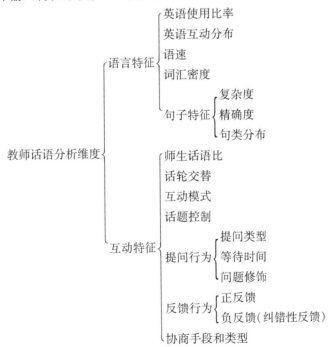

图 10-1　拉申·弗里曼和朗的分析框架

这些研究框架可供我们在研究时借鉴参考。

二、如何纠错

有关如何对待学习者错误的研究,焦点包括:学习者的错误应否被纠正;应何时纠正;应如何纠正以及应由谁来纠正;等等。而至于教师对待学习者错误的方式对学生的语言习得有何影响,这方面的研究则很少。

首先,研究者发现学习者们对待错误的态度是"欢迎纠错"。卡思卡特和奥尔森(Cathcart & Olsen,1976)发现以英语为二语的学习者喜欢教师纠正其错误,且往往觉得获得的纠正还不够。切诺韦思等人(Chenoweth ect. ,1983)发现学习者不仅在注重语言形式的活动中喜欢被纠正,即使与本族语者交谈时也不例外,他们同样喜欢本族语者能纠正其错误。

其次,关于教师纠正学习者的错误的"度"。关于这一点有不同的观点,因为大家对提供纠正的必要性看法不一。我们先来看看教师是如何对待学习者的错误的。有关这方面的研究得出以下结论:① 学习者在语篇、内容、词汇方面所犯的错误受到的关注要比语音和语法方面的多;② 教师对许多错误置之不理;③ 某种类型的错误出现的频率越高,教师越少纠正这种错误;④ 不同教师纠正错误的频率大不一样。

最后,关于对待学习者错误的最佳方法。许多观点都缺乏实验依据,有两种观点是大家普遍认同的:① 对待学习者的错误应考虑他们的中介语的发展,应与他们的中介语的发展阶段相符合(如有些错误只有当学习者的语言发展到某一阶段,学习者做好被纠正的准备时,纠正才会有效);② 自我改正也许比他人改正更有效,因为这样可以避免因他人改正而引起情感上的负面反应(Van Lier,1988)。这两种观点虽然得到许多赞同,但也仍需实验依据。

在我国,一直以来我们都很关注学习者的错误,现在仍有一些教师对学生的错误十分谨慎,有错必纠,但是这样做究竟有没有效果? 这需要实验来证实。应如何对待学习者的错误? 是否有错必纠还是只需纠正某些错误? 这些问题都还值得进一步研究。

三、教师提问[①]

课堂交流离不开教师的提问。教师提问语的难易度、教师的提问形式、问题的类型等都有可能对学生产生不同的影响。教师提问语的难易度可以分为六个档次:

(1) 重复型:例如,只要求重复教师或课本上的话语;

(2) 理解型:例如,要求学生用自己的话将教师讲的或书本上写的内容再说一次;

[①] 黄冰.第二语习得入门[M].广州:广东高等教育出版社,2004:214—217.

(3)应用型:例如,要求学生通过举例说明自己对某一概念或规则的理解;
(4)分析型:例如,要求学生分析某种语言现象的结构、原因或功能;
(5)综合型:例如,要求学生应用多种规则来解决某个问题;
(6)评估型:例如,要求学生对某一概念或规则做出评价。

在以上六种不同难度的提问语中,第(1)、(2)种是较为容易的,(3)至(5)都要求学生对某一概念或规则进行分析、应用,而最后一种则是最难的。

教师的课堂提问有哪些形式呢?有一项对我国初中英语优质课和实习课的教师提问话语的调查显示,教师课堂提问语的形式主要有:

(1)一般疑问句,即学生只需回答"yes"或"no"而不需要生成完整句子;多用于小组或全班性的集体回答;学生有可能不需思考,随大流作答。

(2)选择疑问句,学生的回答只需要重复教师问句中的某一部分(单词或词组);可作为减轻提问难度的一种选择。

(3)特殊疑问句,即以"who""what""which""where""when""why""how"等词开头的提问;学生的回答多为短语以上的语言单位;其中的 why 一式提问通常会引出短句以上的回答。

(4)断句式提问,即教师说出句子的前半部分之后让学生接着说出后半部分;教师话语部分通常用平调或升调;可以作为减轻提问难度的另一种选择。

(5)对译式问答,教师说完中/英文后,让学生译成英/中文;可以强化目的语和母语之间的对应关系。

该项调查还发现优质课教师提问的问题重复率低、启发式的提问多、提问个别学生的多。而实习生则问题重复率高,中英对译式的问答较多,要求集体齐答的多。当然为了确保学生理解教师的提问、减缓学生对提问的紧张情绪,适当重复所问的问题是可以的,然而一堂课里问题重复率太高,会占用一定时间,则学生所接触的信息量会较少。该项调查还发现,优秀教师的提问以启发学生的思维为目的,不是机械的中英对译,且较多学生能有单独的机会回答问题,而不是一窝蜂地回答。一窝蜂地回答的缺点是教师无法判断究竟谁对谁错,也无法得知是否所有的学生都开口了。

许多有关教师提问语的研究都关注教师提问的类型。综合一些分类方法,教师提问的类型可以分为以下几种:

(1)事实型与理据型(factual and reasoning questions)。以"what""when""who"和"where"打头的疑问句称为事实型问题,以"why"和"how"打头的疑问句称为理据型问题。

（2）封闭型与开放型（close and open questions）。仅有一种答案的提问为封闭式问题，可能有多种答案的提问为开放式问题。

（3）演示型和参阅型（display and referential questions）。教师已预先知道答案的，旨在检查学生对知识掌握情况的提问类型为演示型或教学型；教师未知答案，旨在真实信息交流的提问为参阅型或社交型。

除关注教师提问的类型以外，有关教师提问语的研究还关注各种类型提问语使用的频率、教师等待学生作答的时间长度、教师提问语的类型对学生的语言输出有何影响、学生的水平对教师的提问有何影响等。

许多研究都发现，在二语课堂中的教师提问语中，演示型及开放型的提问比参阅型及封闭型的更多。而事实上，在本族语者之间的交际中，演示型问题则占主导地位。

教师们似乎都喜欢学生能对提问做出快速反应。在课堂上，有些老师急于完成教学任务，没有给学生足够的时间来思考，这不利于发展学生的思维能力。

教师提问语的类型对学习者的语言输出是否有影响呢？布劳克（Brock,1986）发现学习者对参阅型问题反应的长度（平均长度为10个单词）比对演示型问题反应的长度（平均长度为4.23个单词）明显要长。朗和克鲁克斯（Long & Crookes,1987）、怀特等人（White,1992）的研究也得出了类似结果。然而朗和克鲁克斯的研究显示演示型问题总是比参阅型的更能引发学生之间的话轮转换。因此，究竟问题类型与学习者的语言输出之间关系如何仍需更多研究。

学习者的水平对教师提问语的选择是否会有影响？这方面的研究仍然很少。作者认为这是值得研究的。在课堂中，学习者的水平各异，他们对同一问题的理解程度也会不同，我们应如何针对不同水平的学生进行不同类型的提问，哪种类型的问题更适合低水平的学生，哪种类型的问题更适合高水平的，这些都不能凭空下结论，而需要有关研究的支持。

由于有关教师提问语的研究结果还不是很一致，目前我们仍未清楚各种类型的教师提问语对二语习得所产生的影响。

四、课堂活动①

在课堂中，学习者的活动往往局限于充当反应的角色（教师的提问—学生做出反应），学习者在二语课堂中主动参与的机会很有限。

有研究者对学习者在课堂中的参与和他们的二语水平进行了相关性研究。研究结果很

---

① 黄冰.第二语言习得入门[M].广州:广东高等教育出版社,2004:21—218.

不一致,因此至今仍未有证据充分证明学习者参与课堂活动的主动程度将影响其语言发展的速度。

从学习者参与课堂活动的质量来看,斯韦恩(Swain,1985)的"可理解性输出假设"(comprehensible output)认为,当学习者有机会进行受推动的输出(pushed output)时,语言习得将得到促进。决定学习者参与课堂活动的质量的一个可能因素是他们对课堂交流的控制程度。卡思卡特(Cathcart,1986)对8名说西班牙语的儿童的不同交际行为进行研究后发现,当受试者可以对谈话进行控制时,他们的交际行为以及使用的语法结构会形式多样。然而如果教师控制了谈话,则学习者的语言输出往往只是一些单词、短语或套语。

要学好一门语言,必须增加对这门语言的运用。课堂中学生的参与是极其重要的。教师除了给学生提供高质量的语言输入之外,还应多创造机会让学生进行语言的输出。精心设计好每项课堂活动,把握好学生参与课堂活动的质和量。

五、小组交流

课堂中的交流既包括教师与学生的交流,也包括学生之间的交流。学生之间的交流可能是一对一的交流(如两人对话),也可能是小组交流。

有关课堂中的小组交流的研究显示,学习者能从小组交流中获益。他们在小组活动中将有更多的谈话机会,有更多的思想交流,有更多的共同完成谈话的机会。这些都有可能促进二语习得。然而也有研究者提出,小组交流中学习者的目标语体系仍未完善,有可能会出现一些不规范、不合语法的表达法。而长时间接触不正确的表达法有可能导致僵化现象的产生。这一猜测是否正确至今仍未清楚。有关小组交流的研究还显示,小组交流有可能对社交能力的发展并不起任何作用。此外,对于小组交流中何种组合才是最佳的,我们更是不得而知。但有关研究似乎表明,不同性别、水平的学习者组合在一起也许是最佳的。

第二节 课堂教学与二语习得的关系

以前人们往往认为课堂教学等同于语法教学。诚然,课堂教学中离不开语言形式的教学,但课堂教学并不仅仅是语法教学。课堂教学可以根据其目的分为两大类(见图10-2):① 以认知为目的的课堂教学(formal instruction directed at cognitive goals,这种教学目的在于发展学习者的语言能力和交际能力);② 以元认知为目的的课堂教学(formal instruction directed at metacognitive goals,这种教学旨在发展学习者对有效的学习策略的运用)。第①类的课堂教学又可以分为两类,一种以语言为中心,另一种则以学习者为中心。

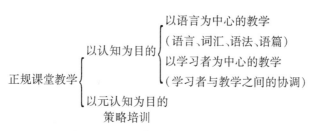

图 10-2　不同类型的正规课堂教学

从图中我们可以看出,以语言为中心的教学,教学的目的是语音、词汇、语法、语篇。而以学习者为中心的教学,教师根据学习者的特点有针对性地进行教学,不同的学习者接受不同的教学。在本节中,我们先讨论教学法,再讨论第一类正规课堂教学。

一、不同教法的比较研究

教学法比较研究旨在找出哪些教学法是最有效的。这方面的早期研究大多数持续的时间为几周、几个月甚至几年,后期研究则倾向于研究学习者短时期内接触到不同教法所得出的不同结果。

20世纪60年代被称为"语言教学争论"的年代,主要是唯理论者和经验主义者之间的争论。例如,传统的语法翻译法强调对语言规则的解释及运用,这是一种演绎法,而功能派教学法(如听说法)则强调通过大量的听说来归纳语言规则。研究者对语法翻译法和听说法进行过比较,研究方法是调查分别接受两种不同的教法的学习二语的大学水平的学生。第一年和第二年年终时调查者对受试者进行语言测试,检测他们进步的情况。结果显示,接受语法翻译法的学生在阅读和写作方面表现更好,而接受听说法的则在听说方面表现更好。由此可见,两种教法的结果与它们的侧重点有关。

斯密思(Smith,1970)进行了大规模的教学法比较研究——宾夕法尼亚项目研究。该研究对比的教学法有三种:① 传统法(即语法翻译法);② 功能法(实际上是听说法);③ 功能法加语法教学。调查内容是受试者的听说读写能力。结果表明,分别接受这三种教法的受试者没有显著区别。

以上研究都无法有力地证明哪一种教学法更优越。但这方面的研究并未因此而停止。阿什尔(Asher)与其他合作者进行了一系列研究,把全身反应法(该教学法由 Asher 提出)和其他教法(主要是听说法)的教学效果进行对比。阿什尔指出,其研究结果证明:接受全身反应法的受试者对语言材料的长期、短期记忆及对新话语的理解都显得更好。阿什尔还指出,这些受试者还能把听力训练中所获得的技巧迁移到听、说、读、写等技能的提高当中。此外,他们还持有更积极的态度。克拉申(1982)也认为阿什尔的研究结果是很显著的,然而埃利斯(Ellis,1994)则提出:① 全身反应法由阿什尔提出,其本人也期待能得到证明该法更优的结果;② 受试者接受训练的时间相对较短(在某些研究中只有20小时);③ 接受调查的都是初学者,因此我们无法得知这种方法是否具有长期效果,对高水平的学习者是否有效。在所有的教学法比较研究中,阿什尔的研究是唯一证明某种教法优于其他教法的研究。

目前,教学法研究都强调为学习者提供交际机会的重要性。因此,也有少数研究对比传统法与交际法的优劣,然而研究者并未找到显著性区别。

综上所述,除了阿什尔关于全身反应法的研究之外,其他的教学法比较研究都无法证明某种教法比其他教法更成功。通过以上研究还可看出,许多教法(如语法翻译法、听说法、交际法)都各有其长处和短处,教师应根据教学目的、任务、内容的不同以及学习者的差异而有针对性地采取恰当的教法,一堂课中可以穿插使用不同教法,而不是局限于单一教法。

二、课堂教学与二语习得

(一) 正规课堂教学对二语习得的影响

关于正规课堂教学对二语习得的影响已有大量研究。总体而言,这些研究涉及四方面:① 正规课堂教学对学习者获得二语能力有何影响;② 正规课堂教学对学习者使用具体的语言项目和规则的准确性有何影响;③ 正规课堂教学对习得的顺序是否有影响;④ 正规课堂教学对二语习得的影响是否具有持久性(即这种影响是短期的还是长期的)。因为第④方面的研究至今仍未有确定的结论,我们不讨论。

1. 正规课堂教学对学习者总体语言水平的影响

朗(Long,1983)回顾有关正规课堂教学对学习者总体语言水平的影响的十一项研究,其中五项研究是支持正规课堂教学的;有三项研究则表明正规课堂教学不起作用;有一项研究甚至显示未接触正规课堂教学对语言水平反而有帮助;最后两项研究,朗则认为得出的结果模棱两可。总的来说,他的结论是:正规课堂教学对二语习得确实能产生影响。他还指出,这些研究表明:① 正规课堂教学对儿童和成人同样都有利;② 正规课堂教学对高水平和中等水平的学习者都有益;③ 正规课堂教学在不同的测试检验下,都被证明是有益的;④ 正规课堂教学在不同语言环境下,都是有益的。

研究结果表明,正规课堂教学的作用大于课外接触目标语的作用(Ellis,1994)。朗和克拉申后来就正规课堂教学和课外接触目标语的作用进行了一场辩论,然而许多学习者事实上既接受正规课堂教学,也有不少课外接触目标语的机会。也许两者结合才使语言习得达到最佳效果。这一猜测后来得到一些研究的验证。萨维尼翁(Savignon,1972)的研究表明正规课堂教学和课外接触相结合对外语学习者交际语言技能的提高有帮助。斯帕达(Spada,1986)的研究认为"学习者不仅需要非正规的语言接触,同样也需要正规的语言教学。如果两者能够合理而有效地结合,语言习得的效果要胜过单纯的正规课堂教学或单纯的语言接触"。还有一些研究表明,当学习者同时接受正规课堂教学并有机会获得交际性的语言接触时,他们的进步是最快的。

2. 正规课堂教学对学习者语言输出的准确性的影响

正规课堂教学能否帮助学习者更准确地运用具体的语言项目呢?课堂中针对某个语言特征的操练能否提高学习者的语言准确性呢?有些研究得出了肯定的结果。莱特博恩等(Lightbown, Spada & Wallace, 1980)要求175名说法语的英语学习者进行语法判断测试,其中牵涉的语法结构有"名词复数'-s',所有格'-s',第三人称单数'-s',系动词'-s',助动词'-s'以及地点介词(这是唯一一个学习者未学过的结构)"。研究者们发现,接受了半小时的语法教学之后,受试者语法判断的准确性比测试之前的提高了11%,而未接受这半小时语法训练的控制组只提高了3%。派克(Pica,1985)也发现学习者使用某些语法结构的准确度在他们获得相关的正规训练之后会得到提高。她的研究中的受试分为三组:① 自然语言环境中的受试组;② 混合组;③ 接受正规训练组。接受正规训练组的受试使用名词复数的准确性比自然语言环境中的受试的更高,然而前者使用现在进行式"-ing"的准确性却比后者更低。而在冠词的使用上,第三组的准确性与其他两组无显著区别。派克对该结果是这样解释的:正确课堂教学对形式上较容易习得的结构(特别是有明显的"形式—功能对应关系"的结构,如名词复数)的习得有助。由此可见,正规课堂教学的成功与否与目标语结构的复杂与否可能也有一定的关系。

还有一些研究表明正规课堂教学对经过有准备的语言运用的准确性会产生影响,而对未经准备的语言运用(如自发的谈话)的准确性则没有影响。

甚至还有一些研究发现正规课堂教学有可能会对语言习得产生负面影响。莱特博恩(Lightbown,1983)发现说法语的英语学习者接受训练后过分概括现在进行式"-ing"的用法,在本该用动词的一般式的时候却用了动词的现在进行式。此外,有些研究者还指出正规课堂教学有可能使学习者变得保守。Felix等(1991)要求受试者判断一些英语句子是否合乎语法。结果受试者们把一些合乎语法的句子也排除在外,原因是他们认为老师没教过的最好认为是错的,正规课堂教学使他们变得过于谨慎。

尽管以上有关正规课堂教学的研究结果各异,但总的来说,可以得出以下结论:有充分的研究证据表明,正规课堂教学对学习者语言输出的准确性的提高是有助的;当学习者接触的是简单的语言结构,而这个结构又明显对应于一个具体的功能时,正规课堂教学往往会起促进作用;然而如果正规课堂教学讲授的是一个较难的语言结构(如没有明显的"形式—功能对应关系"的结构),且该结构的难度超出学习者当时的中介语水平,那么往往只有在有准备的情况下,学习者语言的准确性才有可能提高(因为这时他们注意语言结构),在无法有准备的情况下,正规课堂教学几乎不起作用。

3. 正规课堂教学与习得顺序的关系

正规课堂教学对学习者天然的习得顺序是否有影响呢?有关这方面的许多研究都表明,正规课堂教学对习得顺序的影响甚微,正规课堂教学不会改变课堂学习者的语言发展顺序。皮纳曼(Pienemann,1987)研究发现,提前对学习者进行某个语言特征的教学,甚至有可能会产生负面影响,如会诱发学习者的回避行为。在皮纳曼的研究中,三名德语学习者避免使用现在完成式,取而代之的是"情态动词+动词"的结果,原因是他们被迫提前使用"现在完成式"这一结构,而在他们的语言发展过程中,该结构应在较晚的阶段习得。皮纳曼的研究表明有可能正规课堂教学会影响习得的正常进程。然而他的另一研究(Pienemann,1984)则表明,如果某一语言特征不受语言发展阶段制约,那么不管学习者处于哪个语言发展阶段,对这一语言特征进行正规课堂教学都能取得成功。

正规课堂教学的成功与否似乎与学习者所处的语言发展阶段有很大关系,当学习者的语言发展未达到某阶段时,提前讲授这一阶段中会出现的语言特征将有可能白费工夫甚至导致不良后果(如使学习者产生回避行为),而当学习者正处于某一语言发展阶段时,讲授这一阶段会出现的语言特征则会促进这些语言特征的习得。

(二)不同类型的课堂对二语习得的影响

正规课堂教学也可分为不同的类型,有的基于结构大纲,有的则遵循任务大纲;有的注意语言形式的学习,而有的则注重语言技能的培养。究竟何种正规课堂教学对二语习得的影响更大呢?

第一组正规课堂教学有两种类型。一种关注的是多种语言形式,而另一种则关注某一种语言形式。第一种采取结构大纲。在这种教学中,各种语言形式的教学是孤立进行的,对这些形式的测试也是互不相干的。第二种则遵循任务大纲,这种教学与语言形式也有关,但是往往就某个具体的语言特征进行任务设计以及一些交际性活动的设计,学习者通过完成这些交际活动来掌握这个具体的语言特征。朗(Long,1991)指出第一种正规课堂教学有可能会起反作用,而第二种则有可能加快习得的速度及效果。

第二种类型的正规课堂教学(即关注某一种语言形式的教学)常常通过两种方式进行。

一种是学习者参与交际活动的同时要把注意力放在某个具体的语言特征之上,另一种则是在学习者进行交际的过程中,教师在必要时对学习者出现的错误给予纠正反馈(corrective feedback)。纠正反馈在习得中的作用一起引起很大争论。有些研究发现纠正有一定的作用,而有些研究则发现对语言形式的纠正对习得作用甚小。也有研究者发现接受纠正后学习者某些语言结构的准确性提高了(如运用正确的"There is..."来代替错误的"It has..."表示存在结构),但其他结构的准确性并未提高(如形容词的位置)。

埃利斯(Ellis,1994)认为关注某个具体的语言形式的教学既注重交际能力的培养,又顾及语言形式的学习。换句话说,这种方法同时顾及了学习者语言的流利度和准确性,因此这种方法比关注多种语言形式的方法更好,但目前若全盘否定后者还为时过早。从有关研究来看,已有大量证据证明正规课堂教学对提高学习者已学的语言形式的准确性还是有所帮助的。

第二组正规课堂教学可以分为隐含的和明晰的教学。前者指的是学习者从所给的例子中归纳出语言规则,后者指的是学习者被告知某一语言规则,并不断操练、使用这一规则;前者是一种归纳法,后者则是一种演绎法。这两种正规课堂教学究竟孰优孰劣,研究者一直都争论不休。至今虽然有一些结果,但仍未定论。

还有一些研究对这两种教学的效果进行比较,但比较的不是整个项目过程,而是一些独立的课。塞林克发现在美国学习英语(二语)的成人学习者,当语法规则被明晰地呈现给他们之后,他们则记得更牢。也有学者发现有些语法规则适合用归纳法,有些则适合用演绎法。雷柏(Reber,1976)发现当学习材料较"简单"时明晰的教学法较有用,当学习材料"复杂"时则不然。

独立呈现语法规则以及把规则和例句同时呈现,这两种呈现法的效果是否有别?埃利斯测试受试者对威尔士语一些语音规则的掌握情况。受试者接受了三种不同的教法。结果表明,接受隐含教法的受试者(注:在这种教法中,语言材料随机出现,受试者必须自己总结出规则)对所测的语音规则的知识很模糊;接受明晰教法的受试者(注:在这种教法中测试者对语言规则有一定的说明)对有关规则有很牢固的知识,然而往往无法准确地运用;接受最后一种教法的受试被告知规则的同时还接触到一些例句,他们在三组受试者中成绩最好,他们不仅对有关规则有清楚的了解,也能正确地运用。由此可见,规则配例句的呈现法也许是最有效的方法(尤其当语言材料或规则有一定的难度时)。

我们往往提倡学生自主学习,提供给学生一些材料,让他们从中总结出规则或规律。然而埃利斯(Ellis,1991)的研究结果似乎表明,隐含教法的效果往往不如明晰教法。当然这方面的研究结果仍未定论,且研究者们也指出,用哪种方法应视具体情况而定。

就目前有关的研究来看,至于哪种类型的教学更有效至今仍未有定论,不过有些假设已获得证据支持:① 关注某个具体的语言形式的教学强调学习者在交际的同时注意语言的形式特征,实验结果表明这一方法对语言习得产生促进作用(Lighthown & Spada,1990);② 关注多个语言形式的教法在下列情况下更有可能成功:一是规则明晰地呈现且配有例句(N. Ellis,1991);二是教学通过一些唤起学习者的注意的活动(这种活动旨在使学习者对规则产生认知表征,学习者不需运用这些规则)来发展学习者的明晰语言知识;三是教学旨在使学习者通过理解建立起语言形式与意义之间的联系。

三、学习者与教学的协调

研究者对学习者与教学之间如何协调进行了探讨,他们猜测最佳的课堂教学法应与学习者喜爱的方法相匹配。

柯隆巴和史诺(Cronbach & Snow,1977)进行了一项如何根据学习者的能力而采取合适的教学方法的研究。该研究名为"语言学能与教学方法的相互作用研究"(Aptitude-Treatment Interaction,简称ATI)。ATI研究中值得一提的是帕斯克和斯科特(Pask & Scott, 1972)的研究。其做法是:将受试者分类两类——序列主义者(serialists)和整体论者(holists)。两类受试者被分为四组,一些教学按照受试者喜爱的学习风格并进行,另外一些受试者不按照他们的喜好来进行教学。研究结果显示,不同的教学效果存在明显的不同。接受与其本人相匹配的教学的8名受试者,不管他们喜爱的是何种学习风格,他们都比另外8名未接受匹配教学的受试者成绩更好。

采用与学习者匹配的教学方式对学习者有益,他们不仅会提高学习成绩,而且会增强学习兴趣,减少课堂焦虑,提高学习主动性。

四、正规课堂教学的作用

正规课堂教学在语言习得过程中究竟起什么作用?主要有三种观点:① 零作用观点(即正规课堂教学对语言习得不起作用,是不需要的);② 促进作用观点(有些研究者认为虽然正规课堂教学不是语言习得过程中必不可少的,但它可以加快学习者的习得速度);③ 正规课堂教学是必要的(有些学者认为至少对目标语的某些方面而言,正规课堂教学是必不可少的)。

(一) 零作用观点

持这种观点的研究者(参见 Ellis,1994)认为我们应抛弃正规课堂教学。他们认为如果课堂学习者被允许"自然地"(即在交际过程中习得语法)建构其中介语系统的话,学习效果将更有效。普拉布(Prabhu)和克拉申是零作用观点的提倡者。普拉布是交际教学研究项目的主持人,其研究旨在表明"当学习者把注意力放在意义表达之上时,他们能更好地习得语言形式功能"。值得一提的是,普拉布并不认为语法不能通过正规课堂教学来习得,而是认为通过交际来习得语法会更有效。

认为第二语言习得过程中课堂教学收益甚微的其他证据,来自于语素的研究。克拉申(1982)列出九项语法语素,声称把英语作为第二语言学习时,这九项的习得顺序是不变的,所以叫"自然顺序"。(见第五章第一节。)在探讨学习英语的疑问句和否定式的研究中,又有证据表明第二语言习得遵循某种自然顺序。不论母语是哪种语言,学习者都会经过如下四个阶段:

表10-4 把英语作为第二语言学习时疑问句式的发展顺序

阶　　段	例　　句
1. 用升调	He work today?
2. 特殊问句不变语序	What he [is] saying?
3. 语序调换过头	Do you know where is it?
4. 已区分出第二语言系统	Does she like where she does?

由于以上证据表明,不管学习者的年龄和母语如何,第二语言习得有一种普遍发展顺序,于是人们开始怀疑课题教授第二语言的结构到底有没有必要,有没有益处。[①]

克拉申认为语法能力是不可教的。她指出,在正规课堂教学中,不管学习者如何操练,最终他们获得的只是明晰的(或显性)知识,而明晰的知识是不能向正常交际中所需的隐含的(或隐性)知识转换的,因此正规课堂教学对隐性知识的发展不起作用。

舒曼(Schumann,1978)和卡迪亚(Kadia,1988)发现,正规课堂教学只在学习者有准备的语言使用中起作用。这一发现支持了克拉申关于正规课堂教学只对监控有用的观点。另外,有些研究显示习得的自然顺序不受正规课堂教学的影响,这似乎也证实了无接口假设(non-interface hypothesis,即显性知识不会向隐性知识转换)。所谓"接口"是指学习者"习得的语言知识"与"学习的语言知识"之间是否存在双向流通的问题(蒋祖康,1999:173)。然而,许多研究(如White等,1991)显示正规课堂教学有助于提高语法准确性,即使在无准备的语言使用中也不例外,且学习者的提高是持久的。简言之,有大量证据表明正规课堂教学

---

① 刘润清.第二语言习得中课堂教学的作用,载:戴炜栋.中国外语教学环境下的二语习得研究[M].上海:上海科学技术出版社,2006:197.

的作用并不仅仅在于它为习得提供了可理解的输入,至少在某些情况下学习者确实学会了他们被教的知识。因此,后来零作用观点受到一些学者的挑战也就不足为奇了。

(二) 正规课堂教学对二语习得起促进作用

持这一观点的学者认为尽管正规课堂教学对语言习得并非必不可少,但是它可以促进语言习得,尤其是可以加快"自然地"习得语言的进度。这个观点有几个版本:① 有接口假设(interface hypothesis),该假设指出对具体语言结构进行操练后学习者可以"控制"这些结构(即显性知识可以逐渐转变为隐性知识);② 可变性假设(variability hypothesis),该假设认为正规课堂教学对学习者使用语言结构的某种能力会产生直接影响,而对学习者使用该结构的其他能力则没有影响;③ 可教性假设(teachability hypothesis);④ 有选择的注意假设(selective attention hypothesis),该假设认为由于正规课堂教学帮助学习者对一些规则引起注意,因此从长远来看,正规课堂教学能使学习者对这些规则的内在化更容易发生。

1. 有接口假设

根据这一假设,正规课堂教学通过以下渠道对习得产生促进作用:①使学习者对语言规则产生注意;②为学习者提供练习的机会,使他们有意识地"控制的"知识慢慢转变为"自动化的"语言知识。斯密思(Sharwood Smith,1981)极力支持这一假设,他认为大多数自发的语言运用能力都是通过不断练习而获得的。Stevick(1980)也认为"学得的"知识(learnt knowledge)可以向习得的(acquired knowledge)转变。在一些情况下,学习者交际时使用学得的知识,从而慢慢习得这些知识。有接口假设的主要问题在于它没有指出为何习得语言的天然顺序难以改变,为何不管学习者如何操练,他们都无法习得他们仍未准备习得的结构。

2. 可变性假设

该假设认为给学习者讲授语言结构将有可能影响他们的语言的正式体而不会影响他们的语言的白话体。因此当学习者有准备地使用语言时,正规课堂教学的作用较明显,而在学习者无准备的情况下,正规课堂教学的作用不明显。

正规课堂教学除了对学习者语言的正式体产生直接影响外,还有可能间接影响其口语形式。一些以正式体进入学习者中介语系统的形式逐渐会在学习者与他人无准备的交流(用的是口语)中出现。

埃利斯(Ellis,1994)认为可变性假设有很多优点,该假设可以用来解释为何有些研究者发现正规课堂教学会影响有准备的语言使用,但无法影响无准备的语言使用;它解释了为何正规课堂教学难以改变习得的天然顺序(因为这与学习者的白话体密切相关);它还解释了为何接受正规训练的学习者比没有教师指导的学习者做得更好(因为前者的语言正式体得以发展后会对其白话体产生影响)。然而,埃利斯(Ellis,1994)也指出该假设也有不尽人意之处,它无法解释为何在某些条件下正规课堂教学对无准备的语言使用也可以产生直接的影响。

3. 可教性假设

该假设也认为正规课堂教学可以促进二语习得,但是它强调教师讲授的语言结构需要和学习者所处的习得阶段相吻合。当两者相吻合时,该语言结构是可教的,在这种情况下,正规课堂教学会对二语习得产生促进作用。该假设的提出已有较长的历史,至今尤以皮纳曼(Pienemann,1985:63)的观点最为详细,他的主要观点如下:

(1) 不要强求学习者提前学习语言结构(即教学的顺序应与学习者语言发展的顺序一致);

(2) 不要向学习者介绍错误的语言形式;

(3) 给学习者提供的输入里可以包含不需要他们马上学会运用的语言结构。

4. 有选择的注意假设

该假设认为正规课堂教学虽然不能直接导致学习者新的语言结构的内在化,但可以为这种内在化提供途径和帮助。这一观点在斯密思(Sharwood Smith,1980)的教学语法假设中得到体现。斯密思认为教学策略(instructional strategies)使学习者对语言结构和规则产生注意。在某些条件下,教学将明显加快学习者的习得速度,这种速度快过学习者在自然语言环境下自己习得语言的速度(因为在自然的语言环境中,学习者对语言形式的注意较少,且都是零零散散的)。可见正规课堂教学对语言的学习(尤其是语法的学习)是有帮助的。正规课堂学习激活语言学习的初始阶段,导致学习者的语法重构。正规课堂学习的作用在于帮助学习者对语言形式以及形式与意义之间的关联产生有选择的注意、帮助学习者意识到其中介语哪些地方仍需改进。

总而言之,有很多研究支持"正规课堂教学会促进二语习得"这一观点。正规课堂教学似乎能加快习得速度、提高学习者的语言水平。在以上几种认为正规课堂教学对语言习得具有促进作用的观点中,埃利斯(Ellis,1994)认为有选择的注意假设是最站得住脚的。有接口假设强调通过操练使学习者"控制的"知识向"自动化的"知识转化,然而操练并不总是有效的,尤其是操练往往难以影响到学习者语言的"白话体"的发展。可教性假设指出应教给学习者他们正准备学的东西,虽然很多研究都强调这一点对完整地习得语言是非常重要的,但是要做到这一点仍有很多实际的问题。有选择的注意假设设计的教学活动使学习者对语言规则产生注意,或者帮助他们注意并理解输入中的语言结构特征。埃利斯认为这样做既可行也有操作的可能性。最后我们还应注意正规课堂教学只有在与学习者本人喜爱的学习风格相吻合时才能发挥最大的促进作用。

（三）正规课堂教学的必要性

尽管人们普遍认为发生在课堂中的语言学习都是在学习者对新接触的输入进行处理的过程中"自然地"发生的，然而埃利斯指出有些语言特征是二语习得者（尤其是成人学习者）必须接受正规课堂教学才能学会的。因此对某些语言特征的学习而言，正规课堂教学是必需的。

当学习者的目标语范围太广（over-inclusive）时，他们往往需要正规课堂教学的帮助。根据子集原则（the subset principle），有时候两种语言会互为超集（superset）与子集（subset）。例如，日语中只允许主语作反身代词的先行词，而在英语中主语和非主语都能充当反身代词的先行词。就这点而言，日语是英语的子集，而英语是日语的超集。英语中"John showed Bill a picture of himself"中的"himself"既可以指"John"，又可以指"Bill"，会造成歧义。在日语中则不会，在相应的日语句子中"himself"只能指"John"。所以说英语的日语学习者学习反身代词的时候会出现过度概括错误。如果没有正规课堂教学，学习者很难学会这一语言特征。

此外，还有学者指出，良性的过度概括错误（即在有正面证据的条件下学习者能自行改正的错误，如看到"went"后知道"*goed"是错误的）的改正也需要正规课堂教学。拉瑟福德（Rutherford, 1989）指出即使面对正面证据，学习者未必会认为原先的表达法是错误的，因为他们都知道许多语言都有同义或近义现象。例如，见到正确的表达法"went"之后学习者未必会抛弃错误的表达法"*goed"，他们有可能认为"went"和"*goed"是同义词。在这种情况下，教学者需要向学习者指明，在英语中"go"是个不规则动词，"go"的过去式不是"*goed"，而是"went"。由此看来，至少对某些语言特征而言，正规课堂教学仍是必需的。

思考和练习十

1. 教师话语的主要特征有哪些？
2. 课堂交流中教师提问应注意什么问题？
3. 课堂中的小组交流有什么作用？
4. 正规课堂教学有哪些类型？
5. 不同类型的课堂对二语习得有怎样的影响？

参 考 文 献

1. Chomsky, N. (1995). *The minimalist program.* Massachusetts: The MIT Press.
2. Clark, H. & Clark, E. (1977). *Psychology and language.* New York: Harcourt Brace Jovanovich.
3. Corder, S. P. (1967). The significance of learners' errors. *International Review of Applied Linguistics*, 5:161—170.
4. Dörnyei, Z. (2005). *Teaching and researching motivation.* 北京:外语教学与研究出版社.
5. Ellis, R. (1985). *Understanding second language acquisition.* Oxford: Oxford University Press.
6. Ellis, R. (1997). *Second language acquisition.* Oxford: Oxford University Press.
7. Ellis, R. (1994). *The study of second language acquisition.* Oxford: Oxford University Press.
8. Gass, S. M. & Selinker, L. (1994). *Second language acquisition: an introductory course.* Hillsdale: Lawrence Eribaum Associates.
9. Krashen, S. (1982). *Principles and practice in second language acquisition.* Oxford: Pergamon.
10. Rod Ellis. 第二语言习得概论, 上海:上海外语教育出版社, 1999.
11. 陈昌来. 对外汉语教学概论, 上海:复旦大学出版社, 2005.
12. 盖苏珊(Gass Susan), 塞林克(Larry Selinker). 第二语言习得(第三版), 赵杨译, 北

京:北京大学出版社,2011.

13. 黄冰.第二语言习得入门.广州:广东教育出版社,2004.
14. 蒋祖康.第二语言习得研究.北京:外语教学与研究出版社,1999.
15. 刘珣.对外汉语教育学引论.北京:北京语言文化大学出版社,2000.
16. 刘颂浩.第二语言习得导论——对外汉语教学视角.北京:世界图书出版公司,2007.
17. 吕必松.汉语和汉语作为第二语言教学.北京:北京大学出版社,2007.
18. 施家炜.国内汉语第二语言习得研究二十年.语言教学与研究,2006(1):15—26.
19. 王建勤.第二语言习得研究.北京:商务印书馆,2009.
20. 吴旭东.第二语言习得研究——方法与实践.上海:上海外语教育出版社,2006.

后 记

2007年上半年,我开始担任对外汉语专业本科学生的"第二语言习得"课程的授课任务。几年来,每次上课几乎都要重新编写讲义。一是因为语言习得方面的教材或著作不多,且大多不适合作为授课的教材来使用;二是由于二语习得学科发展时间短,且不大成熟,已出版的各种著作对于初学者大多不太适合。授课讲义要根据上课的反馈和学生的实际情况不断修订。

等到汉语国际硕士研究生开始招生,我又担任研究生的"第二语言习得"课程的授课,原来编写的讲义内容已经不合适,所以,我就重点讲授一些二语习得研究方法方面的问题。

现在,学院领导决定扶持出版一套"汉语国际教育系列教材",《第二语言习得》有幸作为该系列教材之一。本人忝列其中,深感自身水平有限,对课程把握不够,对内容深浅吃不准。所以,在原来所用讲义的基础上进行了重新编写:"理论"部分进行调整,又增添了原来为研究生讲授的"研究方法"的一点内容,同时列出参考引用的文献目录,形成了现在的《第二语言习得》一书。由于本人水平所限,错误之处期望得到斧正和帮助。

《第二语言习得》除了适合汉语国际教育研究生学习外,也可以作为本科生的语言习得课程用书。本科阶段的学习,以掌握概念、理清脉络为主;研究生阶段,应掌握方法、了解研究者的研究思路,尽量借鉴他人的研究来指导自己的研究实践。

将原来的讲课稿编写为正式的教材,既要考虑内容、格局的合理,又要考虑到使用者的现状和需求,加上自己实属外行,感觉压力颇大。好在多年以来文学院各级领导对本课程一直鼎力支持,才使得本讲义能以如今的面貌问世。在此,深深感谢王尧教授、刘锋杰教授、黄镇伟教授和李勇教授。特别是黄镇伟教授,多年来一直关心和支持本教材的出版。感谢苏州大学教务处、研究生部先后对本课程建设给予的大力支持。苏州大学出版社董炎女士为本书的编辑出版付出了大量心血,在此表示衷心感谢!

对多年来使用过本课程前期讲义的本科生、研究生表示感谢,感谢你们提出的宝贵意见和建议。

高永奇
2014 年 6 月